湖北省公益学术著作出版专项资金
Hubei Special Funds for Academic and Public-interest Publications

王梦林　王者　著

长江流域古陶瓷文化

韦也题

WUHAN UNIVERSITY PRESS
武汉大学出版社

图书在版编目（CIP）数据

长江流域古陶瓷文化/王梦林，王者著 . —武汉：武汉大学出版社，
2025.2
2021 年湖北省社会公益出版专项资金资助项目
ISBN 978-7-307-23721-6

Ⅰ.长…　Ⅱ.①王…　②王…　Ⅲ.长江流域—古代陶瓷—文化研
究　Ⅳ.K876.34

中国国家版本馆 CIP 数据核字（2023）第 071354 号

责任编辑：胡国民　　　责任校对：李孟潇　　　版式设计：韩闻锦

出版发行：**武汉大学出版社**　（430072　武昌　珞珈山）
（电子邮箱：cbs22@whu.edu.cn　网址：www.wdp.whu.edu.cn）
印刷：湖北金港彩印有限公司
开本：720×1000　1/16　印张：16.75　字数：279 千字　插页：10
版次：2025 年 2 月第 1 版　　2025 年 2 月第 1 次印刷
ISBN 978-7-307-23721-6　　定价：78.00 元

王梦林

王梦林，男，1963年6月出生于中国武汉；

汉口学院艺术设计学院院长；

湖北工业大学艺术设计学院教授、硕士生导师；

湖北省美学学会常务理事、美学与文物鉴藏专业委员会主任；

湖北省民间文艺家协会常务理事；

湖北省风景园林学会常务理事；

中国古瓷器鉴定与评估师；

湖北省作家协会会员；

资深中国古代瓷器收藏家；

发表学术论文80余篇；

出版著作：《历代名窑诗谱》《居住建筑室内设计与施工》《历代名窑图谱》《空间创意与思维》《湖田白瓷美境》。

王 者

王者，男，1994年4月出生于中国杭州；

获意大利罗马美术学院学士学位及硕士学位；

获西班牙巴塞罗那大学博士学位；

旅意学者、艺术家；

欧洲影视广告与时尚艺术行业知名制片人；

2006年，艺术作品《故乡印象》在湖北省第十届学生美术书法作品大赛中获银奖；

2014年，油画作品《罗马的早晨》参加第三届地中海国际双年展；

2015年，油画作品《阳台》参加意大利米兰世博会EXPO milano KIP pavilion展览；

2016年，油画作品《眼力》在武汉大学万林艺术馆参加"一带一路中意文化交流展"；

2017年，油画作品《小屋子》在日本东京参加"共生国际艺术巡回展"并荣获金奖；

2017年，主持《历代名窑图谱》《历代名窑诗谱》套书艺术策划和装帧设计，并被中国美术学院收藏；

2020年，负责《湖田白瓷美境》专著的全书图录艺术摄影；

2022年，多幅艺术作品被编入《长江文艺》核心期刊；

2022年，油画作品《头像，斗兽场与NFT》参加罗马国际自画像与风景展；

2023年，作品《摩洛哥男孩》参加佛罗伦萨第十四届双年展FIRENZE BIENALE；

2018年，制作中国驻意大利使馆《安全出行文明旅行》宣传片；

2019年，参与拍摄威尼斯双年展设计展VENICE BIENNALE VENICE纪录片；

2020年，与欧洲设计学院IED合作拍摄采访纪录片；

2022年，制作EUROPE HEALTH欧洲医疗中心企业宣传片；

2023年，与凤凰卫视合作，拍摄王毅外长访问意大利；

2022年，制作圣马力诺国家形象宣传片；

2023年，制作第十四届佛罗伦萨双年展FIRENZE BIENALE宣传片；

2023年，拍摄华为与WWF合作纪录片《意大利自然守护者》。

商代三锥足陶杯之一

商代三锥足陶杯之二

春秋粗方格印纹硬陶罐

战国青釉兽首鼎

唐代鎏金银棱平脱雀鸟团花纹秘色瓷碗

唐代绿釉胡人

唐代釉下彩绘双系罐

唐代五瓣葵口秘色瓷碗

唐代青釉贴双鱼执壶

唐代秘色瓷海棠碗

五代青釉莲花粉盒

五代秘色莲花盏托

五代青白釉莲花平肩梅瓶

五代青白釉素面盒

宋代窑变釉双耳瓶

宋代青瓷海棠式盒

宋代窑变釉兽足双耳炉

宋代青瓷三登方壶

宋代青白釉瓜棱贴花瓶

宋代青白釉双线瓜棱执壶

宋代哥窑米色釉鱼耳炉

宋代黑底绿彩沥纹执壶

北宋黑釉洗三件套

宋代青瓷贯耳尊

宋代玳瑁釉盏

宋代青白釉兽足立耳炉

宋代青白釉龙首莲花水注

南宋梅子青釉吉字瓶

宋代竹颈净瓶

宋代青白瓷观音菩萨塑像

宋代褐釉双耳炉

明永乐宝石红釉高足杯

明弘治黄釉盘

明成化斗彩鸡缸杯

明代娇黄锥拱兽面纹鼎周丹泉造款炉

明代蓝釉双鱼戏莲盘

明成化青花龙纹高足碗

明成化青花法轮团花纹碗

明宣德宝石红釉僧帽壶

明代青瓷花口刻花盘

清雍正珐琅彩青山地把壶

清乾隆茶叶末六联瓶

清乾隆黄釉粉彩八卦如意转心套瓶

清雍正珐琅彩瓷青山水碗

清乾隆粉彩开光花鸟双连瓶

清乾隆粉红锦地番莲碗

民国刻填书法黑陶瓶

民国白陶字画汽锅

民国人物双指扣柄壶

前　言

　　中华大地上流淌着两条美丽的河，她们是长江与黄河，犹如母亲一样养育着居住在两河流域的人们，创造出各具千秋的艺术文化，分享各自创新的造物技术，共同开创了中华文明。

　　长江流域覆盖中国半壁江山，其文明始创源远流长，陶瓷的发明及使用、制瓷技术的不断改进与发展、陶瓷艺术表现形式的丰富性及审美性，可以凝练地体现长江流域文明的演变状态，是长江文化的缩影。笔者通过几十年对中国古代陶瓷文化的深入研究，探索出长江流域与黄河流域陶瓷艺术的异同之处以及相互影响，以及它们为中国陶瓷艺术的发展而作出的重要贡献。基于此，本书以长江流域古陶瓷为题材，在贯穿东西的长江流域大背景下，按长江的上、中、下游进行划分，以西藏、青海、云南、贵州和四川为上游陶瓷篇，以湖北、湖南和江西为中游陶瓷篇，以江苏、安徽、浙江和上海为下游陶瓷篇。书中也涉及深受长江流域文化影响的邻近区域，并介绍了著名陶瓷产品的窑口，从而使长江流域陶瓷文化的基因得以更全面、系统和合理地呈现。

　　对于古陶瓷文化的发展规律，本书依据现有的考古史料，以长江流域为主脉，以尽量尊重地域性的历史文化为原则，来挖掘不同地域的特点。在没有足够充分史料支撑的情况下，通过结合中华文化中经典的历史传说进行论述，以弥补历史时空的空缺，从而增强陶瓷文化的连续性。

　　长江流域古陶瓷可谓丰富多彩，每个区域都有各自的特色与经典，书中均逐一介绍。笔者时而以诗描述，时而以考古史料佐证，时而谈及田野考察之趣闻轶事，时而对古代陶瓷的制作技艺及艺术审美畅所欲言。虽然，长江流域古陶瓷种类繁多，但陶瓷生产的方式大致是相同的，对陶瓷技艺的认知是一致的。

陶的起源是早期人类为了储物、熟烹饮食而发明的，是火与土对人类思考的启示。陶的产生在人类文明史上具有划时代的意义，它是土与水与火恰如其分地结合而产生的化学及物理反应，从而转化成一种新的物质。以现代标准来看，远古的陶器是粗陋的，但面对它们，远古人们的惊喜是不言而喻的；它使早期人类对大自然的探索有了动力与信心，使广袤的大地冉冉升起科学与技术的曙光。

经过长时间对粗陶的使用，先民对自然的模仿能力越来越强，制造生产工具的能力也越来越强。他们开始尝试把这种能力运用到粗陶制作上，这促进了制陶工艺的进一步完善。人们先用泥捏塑模仿对象，再用泥条盘筑成型，结合拍打成型的泥板拼接。另外，烧制方法也有所提高，即从平地堆烧改进为封泥烧，其烧制温度可保持在800℃左右，使得陶的硬度和耐用性有了较大的提高。

从实用性和审美性来看，采用快轮制陶、慢轮修坯、竹片粗磨、兽皮细磨的方法，使得陶坯密度加强，能承受更高的火温而不开裂，器物更加规整细腻。由于烧造方法的改进，半地下式的横穴窑和竖穴窑开始使用，烧造的窑温可以提高到1000℃左右，陶器的质量因而得到很大提高。

原始瓷，亦称原始青瓷，由印纹硬陶演化而成，是人类对原料的淘洗、温度控制和烧制技艺提升的表现。原始瓷器物表面施石灰釉，经过1200℃高温烧成，胎体烧结后呈灰白色或褐色。陶升级为原始瓷，依旧保留了陶的一些基本属性，因此原始瓷成为陶向瓷发展的一种过渡产品，起着承上启下的作用。

瓷彻底改变了陶的属性，是以瓷土为原料，经过配料、成型、挂釉、干燥、焙烧等工艺流程制成的器物，它是陶器发展的完美升华。瓷器经过1300℃以上的高温烧成，胎体烧结后呈白色或灰白色，致密坚硬，扣之有清脆铿锵的声音。瓷器的胎釉结合紧密，釉层不易剥落，几乎不吸水。从汉代开始，中国的陶与瓷形成了两个并行的种类，并按照各自的特征和要求演变。一些产品偶有结合陶与瓷的属性，称为陶瓷。人们充分发挥两者的长处，制造了许多优良的产品。陶在作为日常使用器皿与祭祀用具之外，也成为陶艺工作者的创意媒介，形成了独具魅力的艺术形式与特质。

　　瓷与中国结下了不解之缘，中国因瓷而闻名于世，瓷因中国而能传承至今。经过不同时代的发展，瓷文化在中国历史上的汉代、宋代及清代取得了三次辉煌的成就。

　　长江流域文化和黄河流域文化，共同组成了中华文化的核心部分，共同创建了中华的文明。深解中国传统陶瓷的技艺发展规律，才能更准确、更真实地使中国的陶瓷艺术之花永恒绽放，从而更好地传承中华文明！

王梦林　王者

目　　录

史前篇：开天辟地 云袖长江

啊，你们这些仙女！穿透她那大理石的岩脉，再携提
她那喷涌的泉水流向干渴的草地；
横越那些耀眼的溪谷和流动的山丘
把明亮的宝藏洒向一千条小溪流。

——达尔文

一、话说长江

1. 女神的纽带

在炎热的夏夜，人们会露宿在长江边。凉凉的江水溅洒在身上，老人摇着扇子重复吟唱着词句不清的歌。也许是代代传唱的缘故，歌词逐渐残缺，但女娲两字常常出现。记忆之中，她好像是一位了不起的创世女神，手托天穹，顶天立地，长江就是她飘逸的衣带。

在遥远的冥古代，地球是那么年轻，地表平坦，几乎都是海洋。在距今1.4亿年前的侏罗纪时，有一次燕山运动，使中国长江上游地区发生了剧烈的地质变化，形成了唐古拉山脉；随着青藏高原缓慢抬高，有许多高山深谷、洼地和裂谷随之而来。地球的剧变像蜘蛛网一样波及，大别山和巫山等山脉隆起，四川凹陷成盆地，古地中海进一步向西部退缩。白垩纪时，距今1亿多年前，四川凹陷的盆地又缓缓升起。地球惯性的夷平作用不断产生，云梦、洞庭盆地继续下沉。距今5300万~3650万年前的始新世又发生强烈的喜马拉雅运动，青藏高原隆起，古地中海退却并消失，长江流域普遍间歇上升。其程度是东部和缓，西部急剧。金沙江两岸高山突起，青藏高原和云贵高原显著抬升，同时形成了一些断陷盆地。远古时，由于高山雪水倾泻，加之地势复杂，群山

阻隔，导致洪水泛滥。相传女娲用火炼土补天，并用舞带引水劈山。天晴了，大地出现了许多深邃险峻的峡谷和深浅不一的沟壑，肆意横流的高山雪水相互归并，向东沿着女娲劈出的河道驯服地流淌。

传说远古时代，瑶池宫里住着西天王母的第 23 个女儿，名瑶姬。她在紫清阙里，向三元仙君学得了变化无穷的仙术，被封为云华夫人，专司教导仙童玉女之职。距今 300 万年前时，喜马拉雅山剧烈隆起，长江流域西部地区进一步抬高，水势愈加凶猛。此时的瑶姬生性好动，哪里耐得住仙宫里那般寂寞生活。一日，她终于带着侍从，悄悄地离开了仙宫，遨游东海。但是，当她看见大海的暴风狂涛给人间造成严重的灾难时，便出东海腾云西去。一路上，仙女们飞越千峰万岭，阅尽人间奇景，好不欢快！岂料来到云雨茫茫的巫山上空，却见 12 条蛟龙正在兴风作浪，危害生灵。瑶姬大怒，她决心替人间除龙消灾。于是，她按住云头，用手轻轻一指，但闻惊雷滚滚，地动山摇。待到风平浪静，12 条蛟龙的尸体已化作 12 座大山，堵住了巫峡，壅塞了长江，使得滔滔江水不再汹涌，漫向林间，流进湖泊。江水顺地势而流，古长江从此东西贯通，江水浩浩汤汤，注入东海，形成今日之长江。

9 世纪，富有才华的诗人李群玉作过两首绝句，题为《宿巫山庙》，其一曰："寂寞高堂别楚君，玉人天上逐行云。停舟十二峰峦下，幽佩仙香半夜闻。庙闭春山晓月光，波声回合树苍苍。自从一别襄王梦，云雨空飞巫峡长。"

水患虽已治理，但瑶姬并未离去，她仍然屹立在巫山之巅，为行船指点航路，为百姓驱除虎豹，为人间耕云播雨，为治病育种灵芝，为开启智慧而制造工具及生活用具。年复一年，她忘记了西天，也忘记了自己，终于变成了那座令人向往的神女峰，人们敬称她为巫山神女。她掌管着长江上游，即长江源头至湖北宜昌山峡南津关的大片流域。

滔滔江水流经浪漫的三峡，向东而下融入华中大地温润的气候和青翠的景色。汉水是长江最大的支流，"汉"这个名称曾作为刘氏王朝统治国家的名号，也是中国汉民族的词源。从宜昌的南津关至江西湖口为长江的中游，关于这片富饶的江域同样也有美丽的传说。如隋炀帝所作乐府诗《春江花月夜二首》，其一曰："夜露含花气，春潭漾月晖。汉水逢游女，湘川值两妃。"对此，我们能够深有感触。

由此，我们知道传说在长江中游有汉女和湘妃女神，汉女住在汉江和荆江流域，并统治这一片神奇的区域。所谓"巴姬弹弦，汉女击节"，即是此说的印证。巴姬看来是巫山神女的另一种说法，她似乎彬彬有礼地将汉女吸纳为同伴。

湘妃最初活动之地，其祭祀的核心地区是在洞庭湖，她所统治的水域较复杂，主要是在湘江。湘江向北流经湖南，带着江水汇聚其他一些更小的支流，如沅江和澧江则从西面和西北流到这里。从巫峡而来的浩浩江水，朝东海奔流而去，在流经洞庭湖后汇集湖中倾泻的洪流，消逝在滚滚的长江波涛之中。

5世纪后期有一个故事：在江苏的一条水路上，有一书生于祠庙旁泊舟，他一边休息一边赏月。从前面来了一位十六七岁、极其可爱的女子，她身边紧簇着一群侍女。刚开始，女子把橘子掷到书生的怀里，有相当明显的诱惑之意。他们一起欢歌饮酒，欢饮达旦，然后女子与随从动身离去。翌日，书生到祠庙中去，惊奇地发现墙壁上画着那位可爱的女子与众侍女的画像。画壁上有一行隽秀的题字，称女子为"东海姑"。

这样一位海中神女和她的姐妹们沉浸于海水中，云游于长江下游，时而化身为龙，时而变身为美人鱼，在人群中以美丽的公主形象出现。她与长江流域的众位女神一道，受女娲的教化与重托，分别负责长江流域的上游、中游和下游。她们为百姓抵御自然灾害，教人们春播秋获，筑屋织衣，百草为药，使长江流域的人们以江水为源，勤奋劳作，生生不息。

2. 女娲炼土

相传女娲用火炼土，待补完天穹以后，剩下了许多土。她云游大江南北，体察芸芸众生，感受到大地上生命的艰难与脆弱。女娲悲天悯人，思考如何改变众生的生存环境，以给人间播撒一些希望之种。她用补天余下的土塑牛羊，施予人们亦用亦食；撒散土化作万物之种，让人们耕作取用；捏陶器以盛江水、贮藏食物。唐代诗人李白称女娲为人类的创造者："女娲戏黄土，团作愚下人。"（《上云乐》）

女娲之躯可触天地，有一天，她看着眼前奔腾不息的滔滔江水，沉思良久，为何不把众位神女召集一起，教她们如何用土捏陶？她把补天所剩之土分别装在陶器内，送与诸位女神，让她们带回自己负责的区域，教当地的人们去做他们喜欢的东西。众位女神应允，纷纷前来学捏土造物，满载炼土回到自己居住的地方。

3. 长江流域

中国古代文献中，常用"江"特指长江。东晋王羲之和孙绰是较早用"长江"之名的。王羲之写信给殷浩说："今军破于外，资竭于内，保淮之志非复所及，莫过还保长江！"（《晋书·王羲之传》）孙绰上疏曰："天祚未革，中宗龙飞，非惟信顺协于天人而已，实赖万里长江画而守之耳。"（《晋书·孙绰传》）

长江发源于中国西部，流经青海、四川、西藏、云南、重庆、湖北、湖南、江西、安徽、江苏、上海，后汇入东海。雅砻江、岷江、嘉陵江、沱江、乌江、湘江、汉江、赣江、青弋江、黄浦江等为其重要支流，其中汉江最长。干流以北的是雅砻江、岷江、嘉陵江和汉江；干流以南的是乌江、湘江、沅江、赣江和黄浦江，并流经滇池、草海、洪湖、洞庭湖、鄱阳湖、巢湖、太湖等重要湖泊。长江在江苏省镇江市同京杭大运河相交，汉江中上游的丹江口水库为南水北调中线水源地。

从西至东，长江可分为上游地区：青海省、四川省、西藏自治区、云南省；中游地区：重庆市、湖北省、湖南省、江西省；下游地区：安徽省、江苏省和上海市。最后由上海市的崇明区流入东海，其支流流域还包括甘肃、贵州、陕西、广西、河南、浙江、福建、广东等省、自治区的部分地区。

长江的正源沱沱河发源于唐古拉山脉的主峰各拉丹冬雪山西侧姜根迪如雪山的冰川，与位于青海西藏交界处的长江南源当曲汇合后，称通天河。通天河与位于可可西里腹地发源的长江北源楚玛尔河汇流后，向东南流到玉树巴塘河口。从此，以下至四川省宜宾市间的长江干流称金沙江，宜宾以下始称长江，四川境内又称川江，重庆到湖北宜昌称峡江，湖北枝城至湖南城陵矶称为荆江，扬州以下旧称扬子江。

二、长江与文明

> 长江，流淌的是智慧。只因她来源于圣山雪岭，她那绢长的云袖轻抚着生灵。抹去了混沌，开启了思索，懂得了创造，拉开了文明的序幕！

1. 智慧之光

长江流域为人类居住时间最长的地区之一。如安徽省江北直立人化石，以及数处包含人类遗迹的遗址，表明这一区域早就有人类存在。虽然中国以华北和黄河流域为政治中心，长江地区却以其农业经济优势而对历代王朝始终具有重大经济意义。

长江上游除成都平原外，东至三峡地区，西北至甘孜、阿坝境内，西南至安宁河、雅砻江流域，均有遗址发现，初步统计有数十处，其中最著名的属巫山大溪文化遗址。巫山大溪文化遗址经 1959 年和 1975 年两次发掘，共发掘墓葬 214 座，出土器物有石斧、石凿、石镜、鱼钩、网坠、纺轮、箭链等生产工具，碗、罐、釜、曲腹杯等生活用具，还有耳坠、玦等装饰品，展现了新石器时代从早期到晚期不同发展阶段的特征。

长江中游的新石器时代遗址几乎遍布江汉地区，尤其是以江汉平原分布为密，仅湖北已发现的新石器时代遗址就有 450 多处，经发掘和试掘的有 60 多处，多集中分布在汉江和长江交汇的江汉平原。新石器时代早中晚期文化特征都具备的屈家岭文化，以薄如蛋壳的小型彩陶器、交圈足豆、彩陶纺轮等为主要文化特征；出土有大量的稻谷及动物遗骸，畜牧业也相应发展；饲养的动物种类增多，并已有了渔业。该文化的影响范围甚广。

位于长江中游的江西万年仙人洞、吊桶环遗址有着从旧石器时代晚期过渡到新石器时代早期完整而清晰的地层堆积。特别是 20 世纪 90 年代中美合作农业考古，在该遗址早期地层中发现了距今一万年前的水稻栽培稻物硅石，由此可知，该遗址为目前已知世界最早的水稻栽培稻起源地之一。同时，考古人员该地层中还发现了距今 17000 年前的大量原始陶片，这可佐证其是目前世界已知的最早原始制陶的发源地。

长江下游的新石器时代文化以河姆渡文化、马家浜文化和良渚文化为代表。位于杭州湾附近的浙江余姚河姆渡文化遗址发现于 1973 年，曾先后两次发掘，出土的约 7000 件珍贵文物中，有成堆稻谷、稻壳遗存；出土的大量"骨耜"，证明该时期人类已脱离"火耕"，开始用骨耜翻地；还出土了大片木构建筑，已出现榫卯，这表明其是迄今已知最早的"干栏式"木构建筑。

20 世纪 50 年代，在长江流域陆续发现了一批殷商文化遗址。四川新繁水观音遗址的出土文物说明"蜀"与殷商中期王朝有密切的文化交流，为以后的科学考察奠定了基础。

　　长江中游湖北黄陂盘龙城遗址是已发现的长江流域第一座商代古城遗址，距今 3500 多年。城邑和宫殿遗址壮观齐全，遗址、遗物、遗骸中明显反映了奴隶社会的阶级分群。属于商晚期的大冶铜绿山古铜矿是中国现已发现的年代最早、规模最大而且保存最好的古铜矿。江西清江的吴城遗址是长江下游重要的商代遗址。1989 年江西新干出土大量商代的青铜器、玉器、陶器，距今约 3200 年，具有明显的南方特色。这些遗存对于了解至今仍较为模糊的长江流域商代文化十分重要，具有很高的科学及学术价值。

2. 土与火的艺术

　　经过漫长的摸索与实践，人们逐渐掌握了对土的提炼与火度的把控，使土与火有了完美的结合。人们开始按照自己的生活需求制作各种容器，并且出于对神秘自然的好奇与理解，总结出各类纹饰描绘在器物上，从而使实用器承载了艺术的形式。土火交融，体现出人类的精神寄托，蕴含着物我相合以及人类创造性的无穷智慧，留存着物态化的人之万般情愫。

　　土与火的碰撞，是人类对大自然的一次大胆尝试，人们用两种不同的物质结合在一起而产生一种新的物质后，惊喜地发现，原来生存的环境可以依据自身的需要而进行改变，由此人类向文明迈进了坚实的一步。土与火是人类赖以生存的必备条件，也是人类文明之根。陶瓷这项"土与火"铸就的艺术，正是中华民族古老文明中厚德载物、生生不息的生动见证。

3. 陶的创造

　　陶器的发明，是人类社会发展史上划时代的标志。陶器的烧制是人类最早通过化学变化将一种物质改变成另一种物质的创造性活动，也就是把制陶用的黏土，经水湿润后塑造成一定的形状，干燥后，用火加热到一定的温度，使之烧结成为坚固的陶器。这种把柔软的黏土变成坚固的陶器，是一种质的变化，是人力改变天然物的开端，是人类发明史上的重要成果之一。陶器是随着史前人类进入新石器时代的定居生活而出现的。制陶技术的出现，巩固了人类定居生活的稳定环境，使生产力的发展得以加速，开辟了农业生产对人类社会进步的前景。陶器出现后，其功能进一步细分，并由此衍生出艺术特性。远在 8000 年前就出现了陶器，但它的起源，据考古发现，可追溯到更早的阶段。

至于陶器是怎样发明的，目前还缺乏确凿证据。所以，我们只能通过神话中的故事来漫想、臆测这段神奇而美妙的历史。由于地域的不同、土壤的酸碱程度不一样，以及干湿气候对土壤的影响，烧制成的陶器呈现出不同的颜色，有红陶、灰陶、黑陶和白陶。它的装饰绚丽多彩，造型千姿百态，展现了先民的艺术天赋和造物才能。

先民制作陶器的方法，经过了三个阶段的演进。远古时期，人类的力量甚至无法与自然中极小的阻力相抗衡，人们不得不联合起来，共同保护自己的家园。在这个艰难的过程中，先民们从火中体验到熟食。地穴式的简易灶膛经过长期烧火的高温，其面层黏土烧结度很高，有时雨水飘进灶膛内，人们偶然发现灶膛里的水长时间渗透不出去，琢磨出火可以使黏土牢固凝结，可以用来储物、盛水。于是，人们开始把灶膛做在地面上，发现灶膛越烧越坚固。通过这一发现，人们用手捏出了初级的容器，大火烧结后，用来盛水装物。

经过长时间对粗陶的使用，在陶器制作方法演进的第二阶段，先民们对自然的模仿能力越来越强，制造生产工具的能力越来越强。他们开始尝试把这种能力运用到粗陶上，于是进一步完善制陶，如捏制成葫芦、篮子和皮带的形状。其技艺手法由低级向高级逐渐丰富，先用泥捏塑模仿对象，再用泥条盘筑成型，结合拍打成型的泥板拼接，手工修坯，适度晾干后，用兽皮或其他材料打磨。烧制方法也有所提高，从平地堆烧改进为封泥烧，其烧制温度可保持在800℃左右，陶的硬度和耐用性有了较大的提高。

慢轮和快轮工具的使用，以及对陶器形制规整性和艺术性的追求，是陶器制作方法演进的第三个阶段。先民们经过艰苦卓绝的生存努力，生活形式逐渐丰富，精神追求日益强烈，对创造的渴望日趋强烈。陶制工艺的提高是他们追求的目标，这段时期的制陶主要是按照生活日用品的需求来归纳形制，如盘、碗、杯、壶、罐、盆、鼎、瓶、簋、豆、盂、钵、釜等。他们依照存放方式来调整器型局部，如器物出现了平底、锥底、单耳、双耳、柄、盖等。他们采用快轮制陶、慢轮修坯、竹片粗磨、兽皮细磨的方法，使陶坯密度加强，能承受更高的火温而不开裂，由此器物更加规整细腻。

由于烧造方法的改进，半地下式的横穴窑和竖穴窑开始使用，烧造的窑温可以提高到1000℃左右，陶器的质量得到了很大的提高。

在陶器上彩绘、划纹和印纹饰表现了先民们内心世界的释放、对神秘图腾的畏惧与信仰，以及对大自然美的追求。当时的陶器绝大部分为素面磨光，少数陶器有纹饰，如戳印纹、弦纹、瓦纹、蓝纹、篦纹、绳纹、人字纹、菱形纹、漩涡纹、条纹、网纹、点纹、弧线纹、三角纹、波浪纹、同心圆纹、太极式、附加堆纹等。多半纹饰简洁抽象，也有小部分纹饰具有浪漫的意象形式，充分体现了先民卓越的智慧和艺术品质。

据《姓氏考略》记载，山东定陶为陶姓最初的发祥地。周朝以前，陶姓不见于史书记载，春秋时才出现一位以节义名垂青史的女性——陶婴。春秋战国时期，陶姓逐渐南移，今河南兰考一带是陶姓主要的居住地。其繁衍与发展，在历史上形成了陶姓的第一大郡望——济阳郡。西汉时，有陶舍、陶青出仕长安，而陶青功封开封侯，子孙世袭其职。两汉时期，陶姓人又逐渐南迁于江苏、安徽一带，并首次在长江之南安家、落籍。如东汉徐州牧、溧阳侯陶谦即为丹阳（今安徽省宣城）人。魏晋南北朝时，中原士族大举南迁，山东、河南的陶姓开始继续南迁江浙，而原居苏、皖的陶姓亦渡江入浙赣。这段时期，在江南一带涌现出不少陶姓名人，如晋代的陶侃，由于行事认真，勤奋，曾先后出任晋朝8个州的都督，并统率军队长达40年。其曾孙陶渊明，因不朽的诗歌作品而誉满天下，其"采菊东篱下，悠然见南山"的超脱境界，为历代的文人墨客所仰慕。除陶侃、陶渊明外，还有南朝宋孝昌相陶贞宝、晋安侯陶隆等。陶姓逐渐成为江南地区的名门望族。

宋代，陶姓在长江流域和黄河流域都得以发展。明初，陶姓作为明朝洪洞大槐树迁民姓氏之一，被分迁于河南、河北、山东、江苏、安徽、北京等地。

陶姓人氏，究竟起源于何方？他们的始祖是谁？与我们所谈的窑冶与制陶有没有关系？这些陶姓人氏是不是古代陶工的后裔呢？我们不妨探究一下。

山东定陶远古时代为帝尧的属地，据《元和姓纂》和《姓苑》所载，尧在担任部落首领之前，曾在山东定陶西北之地居住，以做陶器为职业，其地世称为陶丘。尧的后裔，有的以祖上职业命姓，遂形成陶姓。尧禅位舜以后，舜的一支后裔也以陶为姓。据《元和姓纂》记载，舜把部落首领禅位给禹以后，禹的儿子启建立了夏朝，把舜的后裔封于虞，故舜之后为虞姓。西周初年有人名虞阏，是舜的裔孙，其父名虞思，官至陶正，即管理陶器制作的官职。虞阏继承父职，仍为陶正，其子孙遂以官职名命姓，称为陶氏。商代七族中也有陶姓，据《元和姓纂》《风俗通》记载，商代七族中的陶氏，都是以陶冶为职业者。陶，指陶工。冶，指铸工。原为掌握此项制造技术、役使奴隶的低级贵族。春秋战国之后，从事制陶业的庶民也有以"陶"技为姓。纵观陶姓起源的早期记载，有一个共同特点，就是以职业为姓，而从事的职业恰恰是制陶或者管理陶务。

尧，陶姓人氏的祖先，是名副其实的最古老的陶工。《通典》记载，"尧旧都在蒲"。《水经注》记载，"雷首，俗亦谓之尧山，山上有故城，又曰尧城"。《十三州记》记载，"蒲阪，尧都。盖尧帝亦都此，后迁平阳"。龙山文化的山西陶寺遗址，极有可能就是尧都，而且已经具备了国家起源的一些象征性标志，如城市、礼制、青铜器等。如果这些最终得到认证的话，那么我国在奴隶制"世袭"国家之前还存在着禅让制"选举"国家，我们的历史关于国家的起源就必须改写。

陶是中国远古时代最伟大的发明，在世界物质文化发展史上占有重要的历史地位。由陶发展到瓷又经历了千年的历史。陶瓷在精细繁多的工艺流程里聚合了无数工匠的心血，并凝练为"土与火的精灵"。陶是东方世界古代灿烂辉煌之文化中一颗耀眼的明珠。

三、远古陶的"意蕴"

巫女的奔放与热情，融化了青藏高原的雪水，长江之源清澈明丽，流淌着巫女辛勤的汗水，把巫女的意志浸灌给大地，土地上生活的人们感恩女神巫女的眷顾，传唱着她的美德，在造物中膜拜她的语境，归附于她的精神！

江水东流，途经湘江、汉水，长江中游水泽丰华，有千湖美誉。洞庭湖和鄱阳湖如珍珠般点缀着长江中游，更是女神们闲暇漫步的花园。江汉平原土地肥沃，湖积湿地，鱼米之乡。而湿地是人们赖以生存的环境，青山绿水，田野家园。湘妃、汉女在帮扶人们农耕的同时，授业造物，取火炼泥土成陶，并感念水之恩泽、敬畏生命之神秘，化为图式语境以纹饰陶。

滚滚长江东逝水，流尽千古传奇。江水归于东海，流淌着沿江两岸人民的智慧。飘逸女神东海姑辛勤往来于东海与长江下游流域，拾掇着这智慧的闪耀灵光。

1. 巫女滋土的陶

风光旖旎的滇、蜀等地，自古以来就是少数民族聚居的地区，特别是地处川西北、滇西雪山地带，由于交通闭塞，这里的陶器保持着浓厚的地方特色。

在云南西南边陲的西双版纳地区，有一项具有 4000 多年历史的原始手工制陶术保存至今，它就是"傣族慢轮制陶技艺"。据明钱古训《百夷传》记载，傣族器皿"所用多陶器"。

巫山县大溪镇位于长江瞿塘峡南侧，其西有一条溪河，注入长江。因其水色如黛，名曰黛溪。黛溪汛期时水势浩浩，因而又名大溪，大溪文化遗址由此而得名。大溪文化遗址距今 6000~5000 年，是中国著名的原始社会古文化遗址之一。在深入了解大溪文化之前，我们需先了解在湖北宜都城背溪文化遗址。它是大溪文化的先导，即前大溪文化，距今有 6500 年的历史。1959—1975 年，这里进行了三次大规模的发掘，总面积达 570 平方米，共清理出墓葬 208 座。此后在长江中游及其支流的沿岸地区也发现有同类型的文化遗存，考古学界因此将其统称为"大溪文化"。大溪文化遗址存在于母系氏族公社的全盛期至父系氏族公社的萌芽期。遗址内发现了为数众多的建筑地基、墓葬等遗迹，并出土了大量的文化遗物。大溪文化的发现，揭示了长江中、上游的一种以红陶为主并含彩陶的地区性新石器时代文化遗存。大溪文化与中原地区的仰韶文化，都是新石器时代不同类型的重要文化遗存，它们之间存在着相互交流影响的因素。

大溪文化遗址中的陶器以红陶为主，灰陶、黑陶次之，三足器极少，普遍涂红衣，盛行长方形、圆形、新月形等戳印纹，纹饰多为红陶黑彩，如口索纹、横人字形纹、条带纹和漩涡纹。大溪文化遗址出土陶器有豆、曲腹杯、碗、罐、盘、瓶、盆、钵等，其中筒形瓶、高圈足深腹豆和曲腹杯是大溪文化具有代表性的器物。在大溪遗址墓葬中，死者均埋在氏族公共墓地，头部所处方向一般为正南，早期以仰身直肢葬为主，同时也有俯身葬和侧身葬。绝大多数墓内有随葬品，女性墓一般较男性丰富，多的有 30 余件，有部分石镯、镶牙镯出土时还佩戴在死者臂骨上。大溪文化遗址早、晚两期墓葬所反映的社会性质，有很大的变化。目前，学术界一般认为大溪文化与屈家岭文化是同一文化类型的两个不同发展阶段，即屈家岭文化是在大溪文化的基础上发展起来的。

2. 湘妃，汉女润土的陶

长江中游湖南省澧县澧阳平原中部，有一处长江流域最早的史前文化，即彭头山文化遗址，距今 8200~7800 年，从中我们可窥见长江文明历史之悠久。

1954 年冬季，湖北省荆门市屈家岭管理区境内的一次水利施工，意外揭开了屈家岭文化的神秘面纱。1956 年 6 月—1957 年 2 月，由中国社会科学院考古研究所主持进行了以探索长江中游史前考古学文化为目的的考古发掘。此次发现的文化遗存与其他文化现象相比具备特有的文化特征，属于一个新的文化系统，因地得名"屈家岭文化"。

屈家岭遗址是中华人民共和国成立后，江汉地区发掘的第一个遗址，也是长江中游发掘的第一个文化遗址。屈家岭文化氏族酷爱艺术，彩绘和造型艺术水平较高。他们在与南北原始文化的交融中，创造了独特的艺术风格与"语境"，烧造出胎体薄如蛋壳的彩陶，其制作和烧造技术水平之高，令人惊叹。屈家岭文化中的陶鸡、陶羊、陶兽等造型工艺品反映了先民丰富的想象力和艺术创造力，代表着当时的最高生产水平，对石家河文化产生了深远的影响。

新石器时代的人类通过自己的智慧改造自然生物及植物，并把它们驯化和培植成家畜、农作物，便产生了农耕文明。屈家岭文化遗址在前期发掘中首次发现的人工稻谷遗存，与现在长江流域所种植的水稻已经非常接近。由此可以明确，屈家岭文化为历史悠久的农耕文明，它的发现重新修正了中华文明起源于黄河流域的起源论，确定了中华文明起源的多元性。因此，中华文明的起源不再仅限于黄河流域，长江流域也同样是重要的发祥地。

在距今 4600~4000 年的时候，在长江中游湖北天门的石家河地区，生活着一个庞大的聚落群体。这个聚落的居民，以勤劳勇敢的生存力量和变革图强的聪明才智，创造了非常发达的石家河文化。石家河文化以其丰富先进的内涵，成为长江中游新石器时代文化的重要组成部分，堪称史前文化集群中一颗美轮美奂的珍珠。

山背文化遗址位于九江修水县上奉乡山背村，包括跑马岭、杨家坪等 43 处遗址，上层为商代遗址，下层为新石器晚期遗址。它的发现有一段传奇故事。

20 世纪 50 年代初期，居住在山背村跑马岭周边的村民经常有人患上一种英名肿痛的病。因此，有村民到山上采草药，敷在痛疽处。有一次，村民在山上采药时发现泥巴地里有许多三角形的大小石块，形似箭头，便拾了几块带回村里，称其为"阴箭"。1961年夏季，一位稍有文物知识的村民到跑马岭山上拾来一块三角形石块，送给文物部门的工作人员识别。这名工作人员看过之后也辨认不出，就送到当时的江西省文化管理委员会考古鉴定组鉴定。经鉴定，考古鉴定组一致认定村民所说的"阴箭"，实为新石器时代晚期的文化遗物。

同年，江西省考古人员在这里对地下石器发掘后证实，山背文化遗址系公元2800多年前的新石器时代晚期文化遗址，是长江中下游和鄱阳湖地区一种以段石锛和红砂陶为主要特征的文化遗存。山背文化、石峡文化、昙石山文化并列为中国东南地区三种具有代表性的新石器晚期文化。以山背文化遗址为代表的新石器晚期文化遗存，与江汉平原屈家岭、浙江良渚、岭南石峡等处新石器文化有较多近似点，可见与这些地区的原始居民有不同程度的交往。

原始社会考古表明，九江的先民们早在中石器时代就在这里劳动、生息、繁衍。进入新石器时代，人们已经较熟练地掌握了制陶技术。新石器时代早期，山背文化的陶制品就与江西万年仙人洞出土的陶品有相似之处。这表明，山背文化既有其发展规律，又受邻近各省文化的影响。到了新石器时代晚期，山背文化遗址下层那种以有段石锛和夹砂红陶为主要特征的文化遗存，广泛地分布在鄱阳湖滨和赣江中下游地区。

山背文化就其族属来讲，应是三苗部落的文化遗存。三苗族也叫苗蛮族，这个氏族人民大约在尧舜时，从中原到达长江中下游。"尧战于丹水之浦，以服南蛮"(《吕氏春秋·召类篇》)，"昔以天下让舜，三苗之君非亡，帝杀之，有苗之民，叛入南海，为三苗国"(《山海经·大荒南经》)，"昔者三苗之居，左彭蠡之波，右洞庭之水，文山在其南，而衡山在其北"(《战国策·魏策二》)。著名考古学家俞伟超教授认为："在洞庭、鄱阳之间，北抵伏牛山麓、南达江西修水一带的屈家岭文化为中心的三大阶段的原始文化为三苗遗存。"[①]

山背文化是东南地区新石器时代晚期的典型遗存之一，距今约4300年，因首次发现于江西修水山背而得名。文化遗址中的陶器成形方式基本为手制，少量经慢轮修整。陶器可以分为夹砂红陶、夹砂灰陶、泥质灰陶、泥质黑陶和黑皮陶，其中夹砂红陶最多。三足器和圈足器比较普遍，器型以鼎、鬶、豆、簋、壶、罐、钵等为多见，其中大袋足带把鬶、杯形豆为典型器；鼎以侈口束

---

① 俞伟超. 先楚与三苗文化的考古推测[J]. 文物，1980(10)：9.

颈鼓腹侧扁足的罐形鼎的数量最多，鼎足变化较多，有扁平、圆锥和羊角等式；鬶的特点是细长颈、瘦长袋足；豆有子母口的浅盘豆、盖豆和高杯形豆。陶器多为素面和磨光，部分饰"BR"形弦纹或齿形弦纹，个别器物出现了拍印几何纹饰，对我国东南地区印纹硬陶起源的研究有重要价值。

3. 东海姑化土的陶

浦江上山遗址代表着我国新石器时代早期的一种新发现的文化类型，目前已被学术界命名为"上山文化"。根据对该地出土的夹炭陶标本进行的碳14测定数据推断：遗址下层年代距今11400~8600年。因此从时间和空间的角度来看，浦江县上山文化是迄今为止长江下游地区发现的最早的新石器时代的遗址。

上山遗址出土的夹炭陶，是长江下游地区目前所发现的最早的夹炭陶。其中早期前段和后段主要为夹炭化后的植物茎叶和稻壳的陶器，而晚期陶器则主要为含炭的夹石英砂颗粒陶器。

上山遗址所发现的陶片，其原料的矿物主要由石英、绢云母和长石类矿物等构成，烧制温度不高，这一切均与跨湖桥遗址及河姆渡遗址陶器分析结果相似。

在上山文化早期，制陶先祖们为改善成型性能以及为防止陶器干燥和烧制过程中开裂，大量加入草木灰，而后期则大量加入细砂粒，但到了上山跨湖桥文化时期两者加入量都较多，加入的砂粒则主要是粗砂。

上山遗址出土之陶器表层为红色、内层为黑色，主要是由烧制过程中气氛不同变化引起的，少数陶器可能外表涂抹了一层与制陶原料相同的黏土以改善外观。

上述考古学家的科学研究结论表明：位于浙江中西部金、衢盆地的婺州先民，早在新石器时代，距今约10000年前的上山文化时期，就已经能烧造出原始陶器，并且已熟练掌握了往黏土中羼合草木灰、木炭、砂粒及稻壳等原始陶器生产制作的专业技术，而且开始出现利用细洁之黏土涂抹陶胎，使之更加美观的装饰工艺。

浙江余姚河姆渡可能是中国乃至世界稻作文化的最早发源地，1973年在此发现了公元前7000—前5000年的文化遗址，该遗址因此名而得名河姆渡文化。它主要分布在杭州湾南岸的宁绍平原及舟山岛，是新石器时代母系氏族公社时期的村落遗址，反映了 7000 年前长江下游流域氏族的情况。

　　河姆渡文化分早期和晚期：早期为约公元前 5000—前 4000 年，晚期约为公元前 4000—前 3300 年。河姆渡文化发展的时间介于裴李岗文化、磁山文化及半坡文化之间，分布以长江流域为主，环境与华北不同，所以观察河姆渡遗址立体造景，可发现自然景观与裴李岗文化、磁山文化及半坡文化有相当大的差异。

　　经过两次考古发掘，出土陶片 40 万件，获得完整器和复原器 1221 件，占总出土器物的 1/6 左右。出土陶器中最具特色的是早期的夹碳黑陶，这说明河姆渡先民有意识地在陶土中掺和了炭末，以降低陶土黏性，提高成品率。陶器的种类很多，主要有釜、罐、盆、盘、钵、豆、盂、甑、鼎、器盖、支座等。按使用功能可以分为炊煮器、饮食器、储存器、汲水器，较为特殊的有灶和盉两种。陶灶形似簸箕，内壁有 3 个乳钉状足，为安放釜而设置。陶灶发明后，解决了木构建筑内煮炊防火的问题，是后世南方居民一直使用的缸灶的前身。河姆渡文化的陶器制作有一定的水平，估计最高烧成温度达 1000℃。陶器中以夹炭黑陶为主，少量夹砂、泥质灰陶，均为手制，烧成温度为 800~930℃。器表常有绳纹、刻划纹。有一些彩绘陶，绘以咖啡色、黑褐色的变体植物纹。陶埙也是河姆渡遗址的出土物，埙身呈鸭蛋形、中空，一端有一小吹孔，是中国的一种古老乐器。陶盉形似酒壶，前有冲天管状嘴，后为喇吹口，中间以扁平半耳环联结。器壁内外打磨光滑，制作精细，今天来看仍有很高的艺术欣赏价值。

　　河姆渡遗址还出现了陶器刻画作品。部分陶器口沿和腹部刻有图案，内容包括月亮、太阳、鱼鸟虫兽、花草树木等，画面风格朴实、简洁舒展而又生机盎然，既反映了河姆渡先民热爱生活、热爱大自然的美好情感，也折射出先民期望风调雨顺、农业丰收的内心世界。代表作品有鱼藻纹陶盆、稻穗纹陶盆、猪纹陶钵、五叶纹陶块等。这些带有刻画艺术的陶器，出土时基本完整，即使是碎片，也是原地压碎，可以拼复完整。这说明河姆渡先民对它们特别珍视，应是祭祀用品，由此可推测原始宗教意识已在先民中萌芽。

　　河姆渡遗址充分显示出南方长江流域在新石器时代中期文化的发展不亚于华北，证明中国文化其实是多元发展、各有特色的。早在 7000 年前，我们的祖先就在长江流域这块富饶的土地上劳动生息，为中华民族的形成和发展作出了重大的贡献。

距今 5300~4000 年的太湖流域，分布着又一个新石器时代文化类型的良渚文化遗址，这里也是世界上第一片丝绸的产出地。该遗址位于杭州城北 18 千米处的余杭区良渚镇。1936 年发现的良渚遗址，实际上是余杭县（今余杭区）的良渚、瓶窑、安溪三镇之间遗址的总称，是新石器时代晚期人类聚居的地方。1959 年依照考古惯例，按发现地点良渚命名，是为良渚文化。其遗址分布最密集的地区在太湖流域的东北部、东部和东南部。该文化遗址最大的特色是所出土的玉器包含有璧、璜、琮、钺、玉珠、玉镯、玉管、玉坠、冠形器、三叉形玉器、柱形玉器、锥形玉器、玉带及环等。另外，陶器也相当细致。

古史传说中大致与良渚文化在时间与空间上吻合的部族有蚩尤、防风氏、羽民国等部族，因此，学术界认为良渚人属于上述任何一个部族的都有。但是良渚人究竟是古史传说中的哪一支部族或方国，到底可不可以与某一方国、部落或部落联盟对上号、挂上钩呢？我们也来考证一下吧。在良渚文化的玉器上有一个非常神秘的图案反复出现，这个图案的形态特别像一尊英武的战神，不由得使人联想到好战的蚩尤。古史传说中的蚩尤是中国东南方的蛮夷，非常英勇好战，为了扩大势力范围，不断地与其他部族发生地盘争夺战。由于其屡战屡胜，被尊为战神；但是当他与中原南下的黄帝部族开战时，最终战败。这一则传说与良渚文化的族属、地望和传说极为吻合。良渚文化中石钺非常发达，表明良渚人也好勇强悍。蚩尤战争节节胜利之时，也正是良渚文化非常发达之时，而蚩尤最终被黄帝打败的时候，又正是良渚文化衰败的时候。传说中的蚩尤与其他几个部落联盟同属东夷集团，居于山东和长江三角洲一带，而蚩尤部族中有一支首领叫九黎的大部落联盟，它的分布范围包括良渚文化的所有地域，因此，强悍的良渚人可能就是九黎族中的一支。九黎族中有一支叫羽人或羽民的，他们信奉鸟、兽，把它们当作祖先，因而崇拜鸟、兽图腾。而良渚文化中玉器上的神秘图案下部分似乎也像鸟、兽，也是良渚人崇拜的一种图腾，所以良渚人可能就是羽人或羽民。

良渚古城遗址的发现非常意外，缘于一次保护区域内农民住宅外迁安置点的基建项目。当时，文物考古研究所在瓶窑葡萄畈遗址高地西侧挖掘时，发现了一条良渚时期的南北向河沟。随后，考古队员深入挖掘。在 4 米多深的地方，工作人员的洛阳铲铲头碰到了石块，换个地方再铲，在差不多的深度再次碰到了石块。当泥土一层层挖去，一大片石块露出来，经过局部解剖发现，这一高地是由人工堆筑而成，宽 60 多米，深近 4 米。考古人员发现整块土地其实都是人工夯筑而成，其土质为黄土，不同于良渚一带灰黑色淤泥，明显是人工从外面搬运而来。在黄土下面，铺着一层石块，石块比较圆滑，应该是直接从周边拣来的。之后的挖掘证明，这大堆的黄土就是良渚古城的西城墙，稻田下的沟渠是护城河。其工程之浩大，世所罕见。因此，考古学界认为"良渚文化是中华文明的一个源头"。

良渚陶器中引人注目的黑陶，当时被认为与山东的黑陶相类似，因此良渚文化也被视为龙山文化的重要分支。1939 年，有人把龙山文化分为山东沿海、豫北和杭州湾三区，并指出杭州湾区的文化与山东、河南的有显著区别。1957 年，有人认为浙江的黑陶干后容易褪色，不是标准的蛋壳黑陶，在陶器、石器的形制上有其自身的特点，便于 1959 年提出了良渚文化的称谓。良渚出土的陶器，以泥质灰胎磨光黑皮陶最具特色，采用轮制，器型规则，圈足器居多，用镂孔、竹节纹、弦纹装饰，也有彩绘。以夹细砂的灰黑陶和泥质灰胎黑皮陶为主，轮制较普遍。一般器壁较薄，器表多素面磨光，少数有精细的刻划花纹和镂孔。圈足器、三足器较为盛行。代表性的器型有鱼鳍形或断面呈"丁"字形足的鼎、竹节形把的豆、贯耳壶、大圈足浅腹盘、宽把带流杯等。

良渚文化的陶器已普遍采取快轮成型的方法，各种陶器造型优美，胎质细腻，器壁厚薄均匀，火候较高。当时极少出现彩陶，常在器表用镂刻技巧加以装饰。一般的器物在突出部位刻画有精美的花纹图案，既有形态生动的鱼、鸟、花、草等动植物，也有线条纤细、结构巧妙的几何形图案。上海青浦福泉山和江苏吴县草鞋山出土的良渚文化陶鼎，在丁字形足部镂以新月形和圆形的孔，器盖、盖钮及器身则精细雕刻着圆涡纹、蟠螭纹图案。带盖的贯耳壶有的厚度仅 1~2 毫米，上面也分别细刻着繁复的圆涡纹、编织纹、曲折条纹、鸟形纹、蟠螭纹等纹饰。有一些陶器把手上附加的编织纹饰，竟是用细如丝线的泥条编叠粘贴而成，足见其制作之精良。良渚文化的许多陶器，既是美观、大方、实用的生活器皿，又是精致巧妙的工艺美术品。

良渚城墙是长江中下游地区首次发现同时代中国最大的良渚文化时期的城址，亦称为"中华第一城"。良渚古城的发现，改变了良渚文化文明曙光初始的原有认识，标志着 5000 年前的良渚文化时期已经进入成熟的史前文明发展阶段。分布于余杭境内的"良渚遗址群"，是良渚文化的中心，良渚遗址群将成为实证中华五千年文明史的圣地。

好川文化属良渚文化的晚期形态，其遗址位于浙江遂昌县城西 12 千米的三仁畲族乡好川村。粉砂状泥质灰陶是好川文化最主要的陶系，泥质灰胎黑皮陶有一定的数量，也是其重要特点。

马家浜文化属于长江下游地区的新石器时代，因浙江省嘉兴市乍浦镇马家浜遗址而得名，它与河姆渡文化有着千丝万缕的联系。马家浜文化主要分布在太湖地区，南达浙江的钱塘江北岸，西北到江苏常州一带。据放射性碳素断代并经校正，该文化年代约始于公元前 5000 年，到公元前 4000 年左右发展为崧泽文化。马家浜文化及其后续的崧泽文化、良渚文化的发现，表明太湖地区的新石器文化源远流长、自成系统，并具有鲜明的地域特色。

在马家浜文化中，居民主要从事稻作农业，多处遗址中出土了稻谷、米粒和稻草实物，经鉴定，这里早已普遍种植籼、粳两种稻。农用工具有穿孔斧、骨耜、木铲、陶杵等，还饲养狗、猪、水牛等家畜。渔猎经济也占重要地位，发现了骨镞、石镞、骨鱼镖、陶网坠等渔猎工具，以及陆生、水生动物的遗骸。在吴县草鞋山出土了葛麻纤维织造的纬线起花罗纹编织物，远比普通平纹麻布精美。遗址中的多处房屋残迹，已有榫卯结构的木柱，木柱间编扎芦苇后涂上泥即成为墙；屋顶用芦苇、竹席和草束铺盖而成；居住面经过夯实，内拌有砂石和螺壳；有的房屋室外还挖有排水沟。红色陶器、腰檐陶釜和长方形横条陶烧火架（或称炉箅）是该文化独特的炊具。死者埋入公共墓地，各墓随葬品不甚丰富也不太悬殊。在常州圩墩和吴县草鞋山发现用陶器覆盖人头骨或把人头骨置于陶器中的特殊葬俗；还发现几座死者年龄相近的同性合葬墓，属母系氏族社会的葬俗。

根据圩墩遗址的地层堆积，结合罗家角、马家浜、草鞋山等遗址的地层关系和陶器演变的排比资料，目前可将马家浜文化遗址分为三期。早期为马家浜下层和罗家角第四层。陶器以灰黑陶和灰红陶为主，绳纹较多见，器型以釜为主。中期为马家浜上层、罗家角第一、二、三层、圩墩下层和草鞋山第十层。陶器以夹砂（包括夹蚌）红褐陶为主，仍有一定数量的灰黑陶和灰红陶，多为素面，绳纹基本消失，器型仍以釜为主，另有少量的鼎和较多的豆，还有牛鼻形耳的罐。晚期为圩墩中层和草鞋山第八、九层。陶器以夹砂红陶和泥质红衣陶为主，主要器型有釜、鼎、豆。

马家浜文化的手工业发展不平衡，石器制作技术和葛麻纺织技术水平较高，而制陶业尚处于比较落后的阶段。出土的陶器有釜、鼎、豆、罐、瓮、盆、钵、盂等，还出土了陶质的炉、箅、三足长尾鸟形陶壶。这些陶器均为手制，主要是夹砂陶器，泥质陶器很少，一般陶色不甚纯正，器表以素面不加装饰的为多，没有彩陶，大部分陶器火候不高。炉、箅的出现是马家浜文化的一大发现；宽檐陶釜则是马家浜文化的代表性器物。

有人认为，马家浜文化由河姆渡文化发展而来。持此意见者把河姆渡遗址第三、四层定为河姆渡文化，将第二层归属马家浜文化，并认为在地层叠压和器物演变上，这两种文化是承袭发展的。另有意见认为，河姆渡遗址第一至第四层均属河姆渡文化，马家浜文化另有来源，需再作探索。持此意见者指出，马家浜文化的中、晚期，与河姆渡遗址第二层的年代大体相当，而分属于两个考古文化，存在相互影响的关系。例如，河姆渡遗址第二层的泥质外红里黑陶、牛鼻形耳的罐等，与马家浜文化有相似之处，是河姆渡文化晚期受马家浜文化影响的结果；同时，在河姆渡遗址还发现一件作为马家浜文化代表性陶器的残宽檐釜，明显是在马家浜文化影响下产生的。

至于马家浜文化的去向，在草鞋山遗址第七层发现了六座墓葬，其头向、葬式与叠压在其下的第八层、第九层马家浜文化墓葬相似，而陶器的陶质和大部分器型，又具有崧泽文化的特点。因此，有学者把这一层作为马家浜文化向崧泽文化过渡的例证。通过发现崧泽文化、马家浜文化的上下层叠压关系，以及从整体上分析这两种文化遗存的内涵，可以推测马家浜文化演变发展成为崧泽文化。

凌家滩遗址于 1985 年发现于安徽省含山县铜闸镇凌家滩村，遗址总面积约 160 万平方米，经测定距今 5600～5300 年，是长江下游巢湖流域迄今发现面积最大、保存最完整的新石器时代聚落遗址。自 1987 年以来，由安徽省文物考古所主持的四次考古发掘发现，聚落遗址包括居址、墓地、祭坛、作坊以及近 3000 平方米的红陶块建筑遗迹。同时，发掘出土大批精美玉礼器、石器、陶器等，这反映出同时期其他遗址中器物所无法比拟的精美程度和工艺水平。由此推断，远古时期的凌家滩曾出现了一座文化程度相对较高的城市。

单就红陶块本身而言，它是经过 800℃～1000℃ 的高温烧制而成的，质地坚硬，至今我们仍很难将其砸碎。红陶块属人类有意识加工的建筑材料，凌家滩的红陶块可说是中国建筑史上的第二次革新。

在发现红陶块的遗迹中，有一口井，井壁上半部用红陶块圈成，直径 1 米，深 3.8 米。井的出现从侧面说明凌家滩的先民们此时已进入文明社会，知道饮用干净卫生的井水了。但从井底仅有少数陶片的现象以及井的位置来看，它应不属于一般人能使用的水井，而是最高权力者使用的，或有重要的祭祀活动时才使用的"圣水"井。该井使用人工建筑材料和垒建技术，为目前国内已知最早的实例。

在凌家滩遗址中，还发现了石钻。石钻是 20 世纪中国新石器时代考古最重大的发现之一，它的发现对研究新石器时代工具制造有着极其重要的意义。石钻的设计和制造，体现了凌家滩先民的聪明才智和先进技术，石钻的设计本身包含机械学、力学、几何学的基本原理。其中，钻头上的螺丝纹的钻头这种独创的设计，其学术价值是无可估量的。

凌家滩遗址是中国第一个以地势分层次建筑的聚落遗址，是中国和世界文明史上极具代表性的一处文化遗产，在研究中国古代社会的演化、东西南北文化的交流与碰撞中，具有突出的地位。凌家滩祭坛、红陶块遗迹和玉礼器的出现，对研究古代宗教的起源、国家的起源、原始哲学思想的起源、历法制度的起源、金属冶炼技术的起源、龙凤文化的起源，以及建筑史、工艺美学都具有重要意义，同时也表明凌家滩文化是中国玉文化发展的一个高峰。

上游篇：青藏云滇　巴蜀黔土

陶，是远古神与人合作的结晶，是一个传奇、一段神话！
瓷，是上古人类探索自然的智慧，是一个惊喜、一段辉煌！

一、边陲古陶语境

1. 慢轮傣陶

西双版纳傣族自治州的景洪曼斗寨、勐罕曼峦站寨、勐海曼扎寨及勐龙寨等地保留着较为完整的傣族传统慢轮制陶技艺。傣族人自古喜爱用陶，制陶在傣语中称为"板磨"，俗称"土锅"。

2. 白羊村遗址

地处金沙江流域的云南省宾川县城东北3千米处的白羊村遗址，现存面积约3000平方米，是中国西南地区新石器时代的遗址。其文化层分早、晚两期，早期为公元前2200—前2100年。它是滇西洱海地区内涵比较丰富、文化特征鲜明的典型遗址，也是云贵高原地区目前所知年代较早的以稻作农业为主的文化遗存。陶器均夹砂，褐陶最多，绳纹、划纹较普遍，还有特点丰富的点线纹和篦齿纹，器型有罐、圜底钵、圜底匜、弇口缸等。

3. 元谋大墩子文化遗址

元谋大墩子新石器文化遗址位于云南省元谋盆地莲花村东南河岸的高地。根据地层堆积与出土文物分析，大墩子新石器文化可分为早、晚两期。其文化层共两段，第三至第六层为晚期居住遗存，第七至第九层为早期居住遗存。

早、晚两期出土物差异不明显，属同一文化相互连接的两个发展阶段。根据中国科学院考古工作者进行的碳14测定，推断时间为距今3210年左右的商代晚期。出土陶器以夹砂陶为主，仍处于手工制作阶段。器型以小底、深腹的罐类与型器高大的瓮类为代表；有少量圈足器，但未发现三足器。早期陶器的火候较低，多夹砂橙黄陶；纹饰以篦齿状划纹与粗绳纹为主；器型以钵、盆与窄沿鼓腹罐、小口宽肩罐为代表；器皿口沿较窄。晚期陶器的火候亦低；夹砂橙黄陶绝迹，新出现少量的泥质红陶与泥质灰陶；纹饰以篮纹、附加堆纹与印制的点线纹为主；器型除罐外，尚有瓮、壶、瓶、杯等新器物；早期所流行的钵、盆在晚期不见；器皿口沿加宽。

二、彩云之南

云南，彩云之南，这是天空赋予它的称谓。

千载，时光轮回，光影交错。

天空给了这片净土以彩云，而大地恩予这片土壤多彩的泥土。

云南的陶器，尚难明确出现的具体年代，考古资料显示，在6000年以前的新石器时代，由于烧造工艺的不同，出现了红陶、灰陶和黑陶等不同品种的陶器。远古人类把黏土加水调和后，制成各种生活器物，干燥后经火焙烧，制成陶器。陶器的制作成功揭开了人类利用自然、改造自然的智慧篇章，具有划时代的意义。陶器和磨制工具的出现，是新石器时代的开端。

与此同时，人们为防止陶器经火烧或被水浸泡断裂，而在泥土中掺入砂石粉，烧制成泥质夹砂灰陶和夹砂红陶。此类陶器多用作烹食器、盛水器和大型容器，故又有泥质陶和夹砂陶之分。

云南少数民族地区出土的陶器瓷片与中原出土的陶片相比，主要在装饰上有区别。陶器在古时主要以杯、鼎、罐为主，如宾川白羊村新石器时代遗址中就发掘出罐、杯、鼎等陶片；在元谋大墩子新石器遗址中，出土了一件鸡形陶壶，体形如蹲踞的母鸡，栩栩如生、生动可爱，是云南最早的造型精美的原始工艺品。

云南滇池周边地区出土的陶器，先民们在制作时将湿黏土用手搓成很长的泥条，然后用螺旋式的方法把泥条盘筑成器皿。有的则是直接把湿黏土捏成口形，如小罐、小碗、小杯等。还有一种更为巧妙的原始工艺：用草、竹、藤等编织成形的器物作为模子，将湿黏土涂抹在上面，置入窑内焙烧。出窑后，编织物烧尽而留下成型的黏土容器，这就是陶器。据考古推测，史前陶器上的篮纹、绳纹就是这样起源的。

红陶最早出现在云南，它的烧成温度在 800℃ 左右，根据考古发掘的资料可知，距今 6000 年的大理洱海流域的南诏文化和距今 5000 年的李家山文化，都以泥巴质红陶和夹砂陶为主。

还有一种彩陶具有浓厚的生活气息和独特的艺术风格，它用赭、红、黑、白等色绘饰陶器。其纹饰在陶器未烧成之前就画在陶坯上了，烧成后颜色固定在器物表面不易脱落。在彩绘之前，先涂上一层白色釉陶衣，使彩绘纹饰更为清晰、鲜明。入窑烧制后，花卉、动物等几何形图案所呈现的颜色鲜艳，极具风情。

云南的火葬习俗从南诏国时期就已经盛行，到了元、明时期，火葬仍是云南最主要的葬俗。因此，安放骨灰是烧制陶器主要的用途之一。随着生活方式的变化和经济的发展，瓷器成为居家生活中必不可少的陈设与生活用具。

云南的陶器历史久远，自新石器时代开始，一直到明清时期都在生产。其中以夹砂灰、红、黑陶为主，宋以后开始大量使用绿釉陶。云南自然条件适宜，是多民族聚居地，因而造就了陶器的多元化。

这些出土的陶器所展现的民族特色和异域风情，具有别样的风采：国内独有的长舌鸡冠、神情怪异的汉代灰陶巫师立像；造型独特、制作规整的元代黑陶舍利塔式火葬罐；带有云南地方文化及宗教特色的明代绿釉印贴八仙杂宝陶罐，在红胎上模印莲花、八仙人物、宝杵、杂宝等纹饰，再罩绿釉烧成。外来文化的影响与民族之间的交流痕迹也很明显，如安佛拉式陶壶、陶罐等。

春秋战国至西汉时期是云南青铜史上最辉煌的时期，出现了独特的、具有滇文化特质的青铜。这时，青铜器成为生活中的主要器具，陶器的使用逐渐减少。根据考古资料分析，这段时期云南并没有出现瓷器，而是陶器和青铜器并用。直到元朝，云南各地才出现瓷器。

遥远的古滇国时期，在滇池和抚仙湖周边地区生活着土著居民，他们使用的直釉杯和带流壶等，有着浓厚的长江下游地区陶器的风格。位于滇西北的居民则使用的是双耳罐，这与民族迁徙有很大的关系。西汉时期大量汉人迁入云南，至东汉初古滇国衰亡。这一时期，一部分汉人在少数民族化，一部分少数民族上层则在汉化。那时使用的陶器则与四川接壤地区的汉墓中陪葬的陶俑、陶器皿一样，具有浓厚的川陶风格。

唐、宋时期，云南建立了南诏国和大理国。两个王国均信奉佛教，崇尚死后火葬，其陶瓷器物因价廉物美、易于储存，而成为当地最主要的葬具。在实用器物中，除了高档金银器，陶器占居主要地位。如文房用品、建筑构件等均有相当的制造水平，此时的云南陶器进入巅峰时期。据考古调查，云南各地在当时均有陶瓷器出土。宋、元时期以来的陶瓷器出土范围，遍布除迪庆州以外的广大地区。

云南墓葬遗址出土的陶瓷，在唐、宋以前主要是灰陶、红陶、黑陶。到元代大量出现了绿釉陶和压模印花绿釉陶，并一直延烧至清初。

元代是云南青釉陶器的发展时期，青釉陶器在云南经济、文化、交通发达的地区多有发现。1253年，忽必烈率十万大军，乘革囊及筏渡金沙江，平定大理。由于地方民族政权分散，闭关自守，不便于中央统一领导，有碍经济文化的发展。于是，1273年朝廷"立云南行中书省，初置郡县"，把政治中心从大理迁至昆明，从此云南成为全国行省之一。

内地汉人迁入云南地区后，促进了经济的发展，进而带动了手工业的进步，由此，设立了管理手工业的机构——"人匠提举司"。云南土司也规定，其管辖的农奴只能耕种放牧，不得从事手工业。为了云南手工业的发展需要，朝廷就从汉军中抽调一些人为"军匠"，或从民屯中挑选原从事手工业者为"匠户"。手工业者不得转业，世袭生产，精艺者则调入大都供宫廷使用。元朝统治者通过一系列的改革措施，对云南的经济和文化发展起到了一定的推进作用，并为明代时期云南的发展奠定了基础。

到了明代，云南屯田人数有50多万户，为历史上入滇人数最多的一次。由于内地人大量入滇，不仅推进了云南的农业发展，而且也带来了内地先进的生产技术，特别是陶瓷手工业，如建水窑就是以"湖广"籍命名。另临安府所辖华宁境内《重修慈云寺功德碑》载："冶北里华盖山下，大明洪武年间，有车姓江西景德镇人来滇办厂于此。为生活之计，继则汪氏、彭氏、高氏、仲氏，以及范、刘、柯、杨姓，因亲及亲，因友及友接踵而至，遂萃处焉……"这说明内地陶瓷手工业者迁移到云南，并促使陶窑兴起。另外，明《云南通志》首次提及"窑课"。在云南窑址和墓葬出土的文物中，陶以元代居多，瓷以明代居多，与历史记载的情况相符合。

明代青花高足洗

明代中后期，江西景德镇的瓷器大量进入云南，品种繁多，价廉物美，在很大程度上冲击了云南的陶瓷市场，使得云南瓷器的产量逐渐减少。一些窑炉改烧细陶和粗瓷，多数窑址为了生存，只能烧一些粗陶罐、盆、坛等。就在此时，云南出现了青花瓷器。

白釉青花一火成，花从釉里透分明。可参造化先天妙，无极由来太极生。

——（清）龚轼《陶歌》

青花瓷，又称白地青花瓷，简称青花，是中国元代以后瓷器的主流品种之一。青花瓷属釉下彩瓷，元代时在景德镇有了大规模生产，至明代，云南才开始大量涌现青花瓷器。明代中期，云南的青花瓷器生产达到鼎盛时期。据考证，云南出土的青花瓷，当时产量已在中国排列第二位，仅次于景德镇。就目前已发现的云南古窑址中，除昆明灰土窑外，都曾经烧制过青花瓷器，而元明时期的墓葬中，普遍有青花瓷器出土。不论是窑址还是墓葬出土的瓷器，青花瓷所占比例远远超过其他陶瓷。可以说，青花瓷是云南陶瓷中最重要的品种。

青花瓷是用含氧化钴的钴矿为原料，在坯体上描绘纹饰后，再罩上一层透明釉，经高温还原一次烧成。云南有几十处矿区产钴料，为烧制青花瓷器提供了优质价廉的原料。因此，云南各窑大批量烧制青花瓷器。当时云南烧造青花瓷的工艺技术是从江南传过来的，聪明的云南陶瓷工匠依据其地域、风俗和文化的不同，制作出的青花瓷独具异彩。

如果我们一眼望去，就会发现这样几个特点：云南的青花瓷器上，花纹密而繁多，题材以缠枝花、牡丹、鱼藻、龙凤、瑞兽、海涛等图案为主。浙江的青花瓷器呈现暗蓝色，江西景德镇青花瓷器则呈现天蓝色。据考证，云南元明时期的窑址和墓中出土的青花瓷片数以万计，完整和较完整的青花瓷器有200多件，主要有青花瓷盘、碗、碟、盅、杯、壶、瓶、罐等。

明代青花双鱼盘

素胎勾勒，钴料呈色，釉下彩绘，犹如水墨画般明净素雅的青花瓷，姗姗而来。当人们走进云南陶瓷从坯胎到成品的世界，它们曾经在如母体一样的窑中孕育烧制，最终幻化出千年风姿的秘密存在于座座古窑之中。

千年以来的云南古人，在纵横起伏的山旁、蜿蜒曲折的沟渠河流边、茂密的森林里，顺着山势搭建起一垄垄长龙般的古窑，谓之龙窑。龙窑又称长窑，它依一定的山体坡度构筑，因似龙斜卧状而得名。

据考古发现，目前云南已发现的窑址有 10 多处，共有龙窑 30 多处，每处窑址旁均有大量的瓷片和窑具堆积。其中，已正式发掘的仅玉溪窑一处，其他未发掘的窑址有 8 处：红河州的建水窑、禄丰县的罗川窑和白龙井窑、昆明市的灰土窑、玉溪市的易门窑、大理白族自治州的洱源窑和凤仪窑、丽江市的永胜窑。在这些窑中，规模与产量最大的是易门窑和建水窑。

云南是一个多民族集居地，土壤变化丰富，土质和颜色也不同，各地区的陶瓷器呈现出不一样的特色。明末清初，云南建水发现了五色陶土，开始生产紫陶。至清康熙年间，这里生产的紫陶"体如铁、明如水、亮如镜、声如磬"。当地民间流传着这样一种说法：花瓶装水不发臭，花盆栽花不烂根，茶壶泡茶正浓香，餐具存肴隔夜不馊。

千年陶土就来源于这片神奇的土地上，在火的燃烧中幻化出各种古朴、精美的陶器：汉代墓砖，唐代的瓦当、鸱吻，宋、元时期的青花瓷，清代的紫陶，如今在我们的生活中广泛使用的建水紫陶、丽江金沙陶、华宁绿白釉陶、祥云土锅、永胜瓷器、傣族陶罐等，都让我们感受到泥土的深情、陶瓷艺匠的智慧与技艺的延续，以至于千年之后还散发着如此美丽的生命气息！

揭开历史面纱后的云南陶瓷，我们惊叹，它悠久的历史、多样的品种、精湛的工艺、精美的产品，不仅是中国陶瓷文化的瑰宝，也是世界文化史上的珍贵遗产。

1. 青花曼舞

玉溪依阑观青幔，砾砾沉蓝片中情。

稚心随笔尽狂放，青花亦舞曼陀铃。

玉溪窑，明代景德镇窑以外生产青花瓷的重要窑场，因在今云南玉溪市而得名。该窑始烧于宋、元时期，而止于明代，共发现三处窑址，均烧青釉和青花瓷器。云南最大的玉溪窑和建水窑，前者已停烧，后者则改烧紫砂陶器并成为中国四大名陶之一的建水陶。

从窑址出土文物来看，云南地处边远，古陶瓷研究起步较晚，绝大多数窑址尚未调查和发掘，许多瓷器的窑口至今仍不能明确与细分，只能拟为"云南烧制"。玉溪窑虽已发掘，但可查资料较少，且没有正式及全面的考古发掘报告，可以借鉴和利用的研究成果十分有限。但玉溪窑的发现，还是让国内外学者惊喜不已——想不到地处边疆，生产力相对落后的云南竟会有青花瓷器生产。玉溪窑的发现可证实一个问题——自古以来，云南同内地有着密切的联系，云南地方文化是中华文化的组成部分。已故学者冯先铭先生将江西景德镇、云南玉溪和浙江江山称为中国青花瓷器的三大产地，这也体现了云南瓷艺匠人对中国陶瓷史的重要贡献。

考古界曾经以为，玉溪窑为元代至明代之间的瓷窑，通过田野考古发现，初步明确其发源于宋末元初，直到清代仍有烧制瓷器，约有 600 年的历史。玉溪窑主要烧制地方性日用瓷器，盘碗居多，亦有玉壶春瓶及罐类（疑为酒器）。该窑烧制的器物以青釉和青花瓷占大多数，青釉瓷器与耀州窑系产品类同，其青花瓷器亦采用青釉为面，因釉内铁元素的浸渗，故青花色泽暗淡、发灰，釉面呈乳浊状。青花瓷器所绘纹饰，既有中原主流青花的特点，又有极其鲜明的地方色彩。所绘游鱼更是特别，身子细长如棒，宛若在激流之中奋力游动。

从器型上看，该窑器物主要产品有碗、盘、杯、壶、罐、瓶、炉等。产量较高的是器型简单的盘碗等，器型越复杂产量就越少，反之产量就越多。如碗有五种形制：第一，碗为敞口、曲腹、圈足，基本同于明中期景德镇碗的造型，不同之处在于圈足端为平切，而景德镇为双面斜削，足端较尖。第二，碗为直口、深曲腹、圈足，足端也为平切。第三，碗为直口、曲腹、饼型圈足。一般来说，这种造型的碗在内地年代都比较早，近似于唐代越窑青瓷碗，但在玉溪窑中

明代青花玉壶春瓶

却于明末清初的地层出土，年代较晚。第四，碗为斜口，斜直腹，在腹足相接处刻一弦纹喻示以下为足部，底部为卧足。第五，碗是剔菊瓣纹鸡心式碗，造型与明代永乐鸡心碗近似，不同的是圈足足端也平切，在碗外壁剔出条条直线以模仿菊纹。在这几种造型中，第一、第二种多为青花瓷，第三、第四、第五种多为青釉瓷。

玉溪窑瓷器多模仿内地的瓷器造型，自创造型较少。玉溪窑借鉴和学习了景德镇青花瓷器的装饰手法，所以它的内容与景德镇一样，带有鲜明的民间及民族色彩。其图饰主要有人们喜闻乐见的植物、动物、人物、文字、辅助纹饰等，以适应当时人们追求吉祥寓意的审美风尚。植物题材主要有牡丹、菊花、宝相花、兰花、西番莲、水仙花等。玉溪窑青花瓷具有如下特征：一是青花瓷有印花和划花及无纹饰三种，印花多为阳纹花卉，划花为简单的云纹及水波纹等。二是青花瓷器胎质较松，釉色灰青，纹饰简单粗壮，以鱼藻、折枝花及四佛杵等花纹居多。

玉溪窑生产的青花瓷虽然在工艺技术上全面学习景德镇，但其因造型粗犷、纹饰简朴生动、青花呈色深沉、遗存数量较多而独树一帜。

玉溪窑烧制的瓷器品种有青釉瓷、酱釉瓷、青釉印花瓷、青釉划花瓷、青釉褐彩瓷、青釉刻划花加绘青花瓷和青釉青花瓷。玉溪窑产品造型古拙敦厚，线条简洁，胎体也较厚重。玉溪窑产品胎质为高岭土和瓷土的混合物，胎泥淘洗不净，有夹砂和气孔，断面吸水率较高，多为土灰色和浅灰色。青釉为高钙草木灰釉，呈青黄或青绿色。由于施釉较厚，釉面厚薄往往有不均匀现象，常见开片纹，以肉眼可看出大小不一的气泡。胎面蘸釉和刷釉，施釉不及底，足

端处常有流釉痕迹。酱釉瓷器的施釉方法与青釉一样，除颜色不同外，釉面外观与青釉完全一致，釉汁中氧化铁的含量较高和烧成温度提高、时间略长而导致呈色不同。青釉印、划花瓷器是在未干透的湿胎上，用模子压印或用竹刀刻划出纹饰，再涂上青釉烧成。从制作手法和纹饰上看，玉溪窑的青釉印、划花瓷器受浙江龙泉窑影响较大，与广西钦州窑、四川邛崃窑近似。青花盘也有印花的，多印阳纹花卉。青釉褐彩瓷器是用含氧化铁的原料在瓷胎上绘制，罩上青釉入窑烧成。在玉溪窑所发现的残片中，凡属青釉褐彩瓷器的纹饰均较简单，有的纹饰简略到无法辨识，也许是褐彩烧制技术还不成熟所致。青釉刻划花加绘青花瓷是在湿胎上刻划纹饰的，胎干后用青花料加绘，罩上青釉后入窑烧成。这种瓷器视觉效果层次分明，纹饰更加生动自然，富有真实性和立体感；但这类瓷器品种发现不多，目前在其他地方的青花瓷中未曾见到，只有玉溪窑和建水窑烧制，是云南陶瓷的经典独创。青釉青花瓷是玉溪窑中产量较大、较典型的产品，它是用钴料在胎上绘制，然后罩上青釉烧成。

　　玉溪窑是唯一一座由博物馆正式发掘的云南窑口，共有三处龙窑，属元末明初时期，另有古窑和龙窑两处。玉溪窑的发现，证实了云南自古以来和内地就有密切的联系，说明云南地方文化是中华文化的组成部分，填补了中国陶瓷史云贵地区古代陶瓷生产的空白。

2. 滇南琼玉

> 任性青花建水窑，恣意挥洒艺匠情。
> 宋元青花明有陶，清紫陶泥腻膏脂。
> 无釉光泽天成玉，字画残贴植于陶。
> 刻女亦有金石气，杨林锅满声如磬。

　　云南建水古城北郊有一个窑火烧出来的村落——碗窑村，其窑火始于何时已无从考证，人们只知道这里世代以陶瓷为生。村落由制陶而形成，村子后的红土坡由东向西绵亘数里，沉寂着一大片痕迹清晰的古窑遗址，以及堆积如山的陶瓷残片。建水青花瓷器的烧造地就是在这个距建水古城1.5千米的碗窑村，这里依山傍水，群峰叠翠，树木茂密，有着瓷业生产的天然条件。碗窑村地下蕴藏着大量的瓷土和黄黏土，瓷土质地纯净，呈灰白色，少部分呈黑灰色，均出自村后山。黄黏土是青釉的主原料，经与本村附近的白沙土、外地的

"螺丝土"按一定比例混合，再加石灰和草木灰配制，经烧造即为青釉。青花以氧化钴为着色剂，以铁、锰等为调色剂，故青花色泽深黑，浓重悦目，并有晕散现象。

建水窑因地而得名，现存旧窑、湖广窑、潘家窑、洪家窑等瓷片堆积区，占地4000多平方米。相传宋代碗窑村就开始烧造瓷器，后来窑业兴旺，加之兼烧陶器，碗窑村便发展为上、中、下三窑，成为滇南陶瓷生产的重要场所。

建水窑由三组窑群构成：一组是以洪家窑为中心的姜家窑、高家窑、大窑、小窑、小新窑、张家初窑、杨家窑等；一组是以张家窑为中心的湖广窑、何家窑、陈家大窑、老窑、旧窑、向家窑、陈家双胞窑等；一组是以老潘家窑为中心的潘家老窑、潘家新窑、安太窑、土窑、袁家窑、大坝窑等。在这些窑址中，烧造时间最早的是张家窑群中的老窑和旧窑，属元代早期窑址，其余为元代中晚期和明代窑址。建水窑生产的青花瓷器纹饰也独具新意，在我国陶瓷发展史上写下了光辉的一页。

时光流转，历史变迁，如今龙窑的全貌已都败落，窑旁堆积的大量瓷片和窑渣仿佛在低吟曾经的辉煌。从考古调查的资料判断，建水窑可能烧制于元明时期。建水窑主要烧制青釉瓷器、青釉印花和划花瓷器，也烧制青釉青花瓷器，烧瓷方法与特征同玉溪窑相近。

建水窑器型有碗、盘、杯、炉等。器物内壁有些划双线葵花、莲瓣纹；有的器外也装饰这种划花，花瓣内再划花。其中部分碗、盘印有团花、折枝花等纹饰。盘一般有圆口与花口之分。盘的烧法采用叠烧，绝大部分盘心留有5~7个支烧痕。褐釉器主要为印花盘，装饰纹饰及口沿特征，还有支烧方法与青釉瓷器相同。

青花瓷器主要为盘、缸。盘有直口与折沿之分，折沿中又有花口造型。盘心双圈内主要绘有莲池、鱼藻纹两大类纹路，此外还有折枝菊花、折枝花、缠枝菊纹等。鱼藻纹有单鱼与双鱼两种，如莲瓣口鱼藻纹盘，盘壁上印有菊瓣纹。一般在盘的沿面画一圈蓝色，再画曲线纹装饰。支烧痕以7个居多，足上也留有7个支珠，支珠多少因器物大小而异。

由上可知，建水窑明代青花是在元代青釉和原始青花的基础上演变过来的，其造型、纹饰、图案布局深受景德镇青花瓷器的影响；窑址所在地丰富的瓷土、硅石、钴土矿则是窑场生存发展的主要保障。

在龙岔河谷发现的西汉古墓中出土有陶罐残片，该残片距今已有两千多年，云南建水陶瓷可谓源远流长。近年来，在建水城东郊与北郊的古窑址进行考古发掘，证实早在宋代这里就已经生产青瓷，到元代有了青花瓷，至明代更是达到鼎盛状态。建水窑与同时期景德镇的青花瓷器相比，春兰秋菊，各具特色。史载元代景德镇烧造的青花原料即产自建水笔架山，称为"类碗花石"。郑和下西洋时，曾带有一部分建水窑生产的青花瓷器。自元迄明，建水青花瓷除满足本地需求外，还远销云南全省和东南亚一带，产生了广泛的影响。但后因建水地处边陲，交通闭塞，致使建水青花瓷器湮没无闻。近年来，随着建水苏家坡等地元明古墓的挖掘，大量出土的青花瓷器引起人们的广泛关注。

早在我国唐宋时期，用蓝色钴料描绘瓷器就已经渐露端倪，但出土与传世的实物极少。在14世纪30年代的元代中期，成熟的青花瓷器才真正形成，江西景德镇造就了青花瓷器的辉煌，云南建水等地的瓷匠们在总结前人经验并吸纳中原制瓷技术的基础上，推陈出新，演绎了青花瓷又一异彩。

我国青花瓷器的产地以南方为主，已知的有河南、浙江、江西、云南、福建、广东、湖南、广西、四川等地。以目前出土的资料为证，用蓝色钴料描绘瓷器首创于河南巩县，但质量最好、影响最大的非江西景德镇莫属，其次是云南建水。建水青花瓷器与景德镇等窑口的同类产品有着明显的区别，建水窑青花瓷釉色和装饰纹样具有鲜明的地方特色：一是器物一般均为砂底，部分有流釉漏底现象，胎内灰黄色，胎中含铁量约3%。二是除大罐为浅底宽圈足或平底外，一般器物均有圈足和卧足，胎体较厚，造型古朴庄重。三是釉中含石灰最高，约在20%，烧成后收缩比例很人，开片情况十分普遍。又因含铁量在3%左右，钠和钾的含量很低，所以釉显得不够清亮，不是泛青绿，就是泛黄。四是在钴土矿料中，锰和铁的比例较高，因而烧成的青料发色呈铁灰色。其中分为三种，一种色深如豆青，一种浅青而又略显黄色，一种色泽竹黄而又隐泛青蓝。建水青花瓷器与浙江的青花瓷器呈现暗蓝色、江西景德镇青花瓷器呈现天蓝色不同，一眼望去，便知是建水窑的青花瓷器。五是青花瓷器上纹饰密而繁多，题材以缠枝花、牡丹、莲花、月季、梅兰竹菊、龙凤、鱼藻、瑞兽、海涛、杂宝及山水人

元代青花玉壶春瓶

物图案为主。六是器型大、品种多，以碗、盘、将军罐、荷叶盖罐、玉壶春瓶、香炉及象耳花瓶为主，其次有碟、钵、盅、杯、盏、缸及盒等器物。七是形式活泼，运笔流畅，具有浪漫粗犷之美趣。

建水窑青花瓷的形制、纹饰、题材、技法和色彩，明显受到中原文化的影响，同时有自己的理解与创新，散发着浓郁的乡土气息。建水窑青花瓷器不像景德镇等窑口那样有严谨的程式化特征，而大量地以写意花鸟、人物山水以及各种大小动物为题材，构图灵活，线条洒脱。时而逸笔草草，画景自然逼真；时而率意勾勒，人物形神兼备。无论是吹箫引凤图、寒山萧寺图、秋江晚渡图，还是狮子戏球图、婴戏风筝图、临江远眺图、春水泛舟图、几何纹样图、梵文香草图，都匠心独运，别具一格。从形式到内容，都力求在人物、动物的个性上用心，借以寄托作者的无限遐思，使观赏者产生联想，并为之动情。建水青花瓷画面不强求过多过繁的纹样来显示华丽贵重，而是瓷艺匠人们运用流畅自如的笔法、自然朴实的风格、精练独到的创见，来展现自己独特的风采。在元代这种风格就已经表现得非常出色，明代则体现得更加淋漓尽致。青花瓷器中的盘、玉壶春瓶、荷叶盖罐均有其代表作品。

（1）青花瓷盘。有圆口盘和菱口盘，盘心和内壁的装饰图案有莲花瓣、蕉叶、牡丹、蝌蚪、鱼藻、双鱼、翔鹤、猴、狮子滚绣球、水波、云龙海涛纹、菊花点线纹、龟背纹等。在这些饰纹中，有的双鱼游弋于水中，两条鱼之间有莲叶或浮萍、水草，其小小的瓷盘把鱼戏水中怡然自得的神态描绘得惟妙惟肖。还有一种青花瓷盘，绘有三层花纹，内层绘牡丹含苞怒放、枝叶茂盛，中层绘缠枝莲花，外层绘回纹、几何纹，纹饰丰富又层次分明。

（2）青花玉壶春瓶。这类器物的基本器型是撇口、细颈、削肩、硕腹、圈足，用变化精美的弧线构成柔和匀称的瓶体，如婀娜少女亭亭玉立，极为典雅。纹饰题材多种多样，以"青花鱼藻纹"和"青花花卉纹"为主。前者瓶之撇口内沿装饰如意头、弦纹、斜格纹，颈部饰蕉叶，肩部绘莲瓣纹或复线，分成四组开光，内绘折枝花果，肩腹部带状斜格纹或编织纹，主体装饰花纹是腹部两组鱼藻纹，下面为水波纹。后者器型略小，口、颈纹饰略同"鱼藻瓶"。肩上四组莲瓣开光，内绘牡丹或水涡纹，颈肩部是一周斜线编织纹。腹部绘莲花或缠枝牡丹，或者弧线开光三组，内绘折枝花卉，腹下绘变形莲瓣，宛若春深似海、荷香四溢。

（3）青花荷叶盖罐。常见的器型有四种特征：一是敞口，无颈或短颈，肩

元代青花荷叶盖罐

腹交接处大。器身上大下小，往上收成平底。器盖为圆纽碗形，腹部装饰花纹为折枝牡丹或莲花、变形莲瓣等。一般高 33~35 厘米，多出现在元朝"泰定"年以前。二是盖为狮纽或莲干纽，盖边沿为荷叶边。器型稍显矮胖，中间大而上下小，多出现在元代"至正"年间到明代初期。三是器型修长，纹饰由繁至简，器盖为扁圆纽荷叶边和宝珠纽圆口盖，有的还在肩腹部贴塑 2~4 个对称的象鼻形器耳，此类罐多出现在明代初期。四是器型接近第三种罐而稍小，纹饰由简单变成粗糙，盖上饰叶纹，此类罐多出现在明代中晚期。总的来看，建水青花荷叶盖罐纹饰丰富多彩，形制变化有序，新颖别致。

元明时期的建水青花瓷器图案以鱼纹最多。在有鱼纹的罐、壶、盘、碗上，活灵活现的鱼同莲花、蕉叶、鱼仔、柳条、水草、娃娃等结合在一起，深受人们的喜爱。枇杷绶带鸟纹图案也较为常见。在器物上，枇杷枝占据器物的中心位置，枝间果实累累；拖着长翎的绶带鸟憩息枝头，正啄食枇杷。"绶"与"寿"谐音，寓意官禄与长寿。所以，枇杷绶带鸟图案寓意四时吉祥，官禄长寿。再次为鹭鸶莲花和芙蓉图案，寓意"一路连科""一路荣华"，是科举时代对应试考生的祝福语。此外，还有许多以寓意和谐音来象征吉祥的图案。

云南元明时期生产青花瓷器的地方除建水外，尚有玉溪、禄丰、凤仪、祥云、弥渡等。但以建水烧制年代最早，制作最精美，品种最丰富。为何云南也有如此精美的青花瓷器，其原因是 1275 年，赛典赤·瞻思丁任云南行省"平章政事"，他的施政策略是努力发展生产，提倡儒学，尊重佛教。至元二十二年（1285），临安广西道军民宣抚使张立道创庙学于建水，开建水教育之先河。元代又以建水为中心，立官屯、民屯，设驿路，置马站，有效地促进了建水经济的发展。明代，驻军大量移驻建水，汉族人以空前规模迁入，带来了内地的先进技术和文化艺术。因此，元明时期建水能烧制出成熟精美的青花瓷器也就不足为奇了。

据现有史料和实物考证，建水窑除了烧造瓷器外，也有粗陶生产。在清代道光年间开始烧造紫陶，即建水陶①。在建水陶瓷发展史上，曾有"宋有青瓷、元有青花、明有粗陶、清有紫陶"之说。1980 年，人们在建水窑址惊喜地发现了大量的宋代青瓷、元代青花瓷、明代粗陶和清代紫陶的残片。由此人们在这种极富灵性的陶瓷语言里，破译出古人无意中传递出的历史与文明。

当建水紫陶在全国闻名时，云南各地区、各民族的陶瓷工艺的发展也方兴未艾。华宁釉陶、西双版纳慢轮傣陶、香格里拉尼西黑陶、丽江纳西族金沙陶、大理鹤庆瓦猫，形成了现代的云南陶器板块系列。

建水紫陶的泥料取自建水境内，传统制泥方法是：将不同的制陶黏土分别捣成粉末，筛弃粗砂后，按制陶的要求把不同的粉末原土进行配比，再放入缸内加水制成浆状搅拌淘洗，待含砂浆泥沉落缸底，便用勺取上面的漂浆倒入另一只缸内作再次淘洗。如此反复五六次之后，让其在封闭状态下自然凝干成泥，这时的泥料已经腻如膏脂，无丝毫砂粒。由于泥料的细腻，在湿润状态下的可塑性相对较弱。因此，建水紫陶一般不采取灌浆注模的方式制成器型，也不宜于制作大型器物。此种特性，成就了建水紫陶可以在器物表面做细微雕刻填泥和无釉磨光的特殊工艺，这也是建水紫陶与其他含砂陶器的本质区别。

建水紫陶的坯土是以氧化铁为主要呈色元素的红色黏土，填色的泥料则是含硅的白色黏土。一些灰绿的、浅绛的、橙黄的天然彩泥被奇妙地敷上紫色的陶坯，这种创造性的演绎与发挥，极大地彰显了建水紫陶特殊的艺术表现力。"残贴"将在陶坯上施泥为彩的艺术演绎得出神入化。"残贴"的做法是：将坯上的字画分别以阴、阳两种刻法交叉刻出，在刻模上以彩泥交替填充，多不过五六贴，少则两三贴，让观者心随神移，浮想联翩。

时至今日，建水制陶仍沿用着数千年前发明的制陶工具，在简陋的陶车上手工拉坯完成陶器的造型。同一种器型的典雅与媚俗、雄浑与小气，都是源于拉坯时的毫厘之差，因此拉坯在整个制陶过程中显得极为重要。

将文人的字画移植于紫陶之上，是建水陶艺的一大特色。以陶为纸，既要保留笔墨的章法气质，又要兼顾陶坯在不同弧面和湿润状态的柔糯特性，捉毫濡墨需有厚实的悬肘运笔功底。紫陶上的字画不以斑斓的视觉冲击取胜，而以一种纯洁安详的淡雅与观者交流，渗透出一种优美至纯的宁静之感。

---

① 又名建水紫陶，因产于云南建水呈赤紫色而得名，是在明代粗陶生产技术的基础上发展起来的。

　　建水紫陶的魅力，还在于其雕刻填泥工艺所构成的陶制泐痕与纤毫圆劲之间的对比融合。待陶坯落墨后，刻工艺人立刻将湿润状态下陶坯上的墨迹雕刻成模，刻痕切口光滑而棱角分明，并无刻石般线条自然崩裂的糙刺边沿。然而妙处在于，刻模经填泥、修坯、风干、焙烧、分次打磨抛光以后，线条居然呈现出好似经千年锈蚀风化而斑驳陆离的肌理变化，于是便有了金石之气的天生古拙。建水紫陶刻工艺人多为女性，且大多不谙字画之理，但她们对泥性和刀技十分熟悉。

　　云南有道驰名中外的美味佳肴"云南汽锅鸡"，就是用紫陶汽锅烹制出来的。清代光绪年间开始生产一种用于炖鸡的造型独特的"杨林锅"，又称"汽锅"，因炖出的鸡肉味道鲜美异常而闻名遐迩。特别是 20 世纪 30 年代建水艺人向逢春制作的陶汽锅独具匠心，器物外表饰有花鸟、虫、鱼、草、木及山水图画，并题诗赋词，精美绝伦，享有"陶具一秀"之誉。用紫陶汽锅烹炖肉类菜肴，不仅肉丝细腻，味道鲜美，而且汽锅具有耐酸、耐碱、保温持久等特点，同时也是造型美观的陶器工艺品，既实用又有观赏价值，使人赏心悦目。

　　1953 年，在北京举办的全国民间工艺品展览会上，建水紫陶与江苏宜陶、广西钦州陶、四川荣昌陶并列为中国四大名陶，建水紫陶的声名也由此越来越大。建水紫陶主要生产的烟斗、茶具、花瓶、笔筒、印盒、烛台等物件，一时行销国内外，备受人们的喜爱。

　　传统的建水陶窑称为龙窑，一般呈竖卧状依山由低向高逐台而建，火门在下，切面为上圆下方的马蹄形。建水紫陶的烧结温度一般在 1000℃ 以上，因陶坯中的呈色元素含量不同，高温下窑气的变化使得陶器的表面在焙烧过程中会出现令人意外的颜色和花样，形成可遇不可求的"窑变"效果。

　　建水窑陶器的泥料为无机砂，质地细腻，经过精细的打磨后得到明如镜的"无釉磨光"效果。由于高温焙烧，陶质坚硬如铁。上好的紫陶要通过四道工序，使用不同的磨具才能完成。第一道打磨工序是打火皮，即用粗砂石去磨，用力适度，不宜过重，过重会划伤陶面而无法补救；第二道工序是用细砂石均匀地除去粗砂打磨留下的拉丝痕迹；第三道工序是用油石将坯面磨光，再用当地找来的鹅卵石做多次上光，直至用磨工各自珍藏的光石进行抛光细研；第四道工序是用油脂对陶器进行周身擦拭。经过如此细致繁缛的工序，粗糙无神的陶器，会显露其细润的质感和光泽，让人顿生怜爱，爱不释手。经过一段时间的把玩，还会透出诱人的光彩。

建水的碗窑村是个窑火烧出来的村落，没人知道这窑火应该追溯到何时，只知道一代又一代的碗窑村人用窑火把自己的家园梦想构筑起来了。悠悠古窑，满地瓷砾，饱含着岁月记忆，向人们倾诉着一段水与火交融的历史。放眼四周，没有车马的喧嚣、市井的嘤嘤，只有凄凄蝉鸣，随着晨露时断时续地从古瓷碎片的缝隙间溢出。人们沉浸在这极富灵性的陶瓷语言里，解密出唐时明月、宋时风华。尽管被文人称为"滇南琼玉"的紫陶的制作工艺100多年前才开始，但它精良的品质，早在碗窑千年陶瓷沉积的技艺中就埋下了重重的伏笔。

20世纪70年代以后，建水紫陶曾经的辉煌历史由于种种原因，渐渐地被人们淡忘，"有工无艺"是建水紫陶产业的致命伤。人们不禁惋惜，在美丽的云南，一颗紫色的明珠就这样悄然失色。中华5000年的文明，就是这些在祖国辽阔的大地上，由不同颜色的明珠所串成，每一颗明珠都是中华文化的珍宝，弃之不得。我们应该静下心来，重拾这颗明珠，向古人学习，尊重文化技艺的传承规律。为此，我们不能忘记曾经为建水紫陶技艺承载、发扬与传承的制陶名匠，而要把他们的名字深深镌刻在云南大地上。

潘金怀(生卒年不详)，紫陶艺人，建水碗窑村人，后迁书院街。生于清代，故于民国初年。光绪二十年，即1894年，潘金怀在制作白陶烟斗中，发现烧好的烟斗上有一小块红色，别具特色，并从中受到启示，遂采用当地红、白、黄、紫、青五色黏土，试验研制成红色陶泥，做成泥坯，焙烧后成为紫陶烟斗，制成了第一代紫陶产品，并发展为书画篆刻。后曾制作花瓶、笔筒等产品，是建水紫陶生产的开创人。

民国白陶字画汽锅

民国刻填书法黑陶瓶

　　张好(1869—1928)，字尽美，建水碗窑村人。从小就从事粗陶生产，善于制作各种陶器及建盖庙宇的琉璃瓦、葫芦、龙头、龙尾、鸟兽头等装饰陶，所制产品优质精美。其紫陶经城内绞车巷书画名家王世杰装饰，开始使用断简残贴装饰和磨光工艺，后又发展成其他紫陶产品。

　　王克敏(1876—1942)，字勉旃，号慎安居士。建水县城区人，出身于清代书香门第。其父王永年，光绪癸未进士，官至工部主事，书法圆厚秀建，有"二王风韵"之称。王克敏少年颖慧，入学为庠生，喜爱书画篆刻，学毕在家办私塾。后赴个旧，任富滇银行个旧分行经理，创办友石斋书画馆，专研书法和篆刻，尤善铁笔，长于临摹。书法学王梦楼、董其昌，几近乱真地步。临摹秦汉、六朝钟鼎，款识各种篆隶，落笔即得其势；画山水、人物、花鸟无所不能；特别擅长博古花鸟，赋色典雅，写意双钩，无不精妙。他擅长于紫陶工艺品上做书画，烧成后尤其古意盎然。所制图章印鉴，刀法高妙，工稳秀建，阴文则入汉印，阳文则入钟鼎、古篆，在当时颇有声名，外地人士也慕名以求。他常与地方名士如擅长书法的邱梦松、擅长山水的肃茂园、擅长牡丹花的王孝全等吟诗论画，相互修正与鼓励。有时王克敏在陶瓶上先画花鸟，王孝全又画上牡丹，各以所长通力合作，使画幅越显精湛。

民国刻填竹纹黑陶盖罐

　　1932年，建水紫陶作为中华民族的文化使者，远赴大洋彼岸的"巴拿马世界博览会"，凭借其古拙雄壮、文韵盎然的典雅气度和铿锵若磬、质明如镜的丰姿华彩征服了世界，首次亮相便荣获博览会美术大奖。在没有文字的时代，任何一件用泥和砂制成的陶器，都承载着当时人们的情感和对自然认识的信息。时至今日，即使人们发明了文字，烧制过程中那种土地和人之间的交融仍能反衬出语言的苍白。建水的紫陶也是如此，只有亲身体验或是跟随整个制陶的过程，才能体会到陶匠艺人们用灵魂去制陶的超然。

三、黔土润物

悠悠黔土大枫香，三伐唤醒牙舟陶。
纯真无拘古人情，釉里笑看今人老。

1. 牙舟泛陶

牙舟陶，产于距贵州平塘县不足 40 千米的牙舟镇，该镇附近广市有一种颜色灰黄而黏的优质泥土，是生产陶器的上好原料。直到 20 世纪五六十年代时，人们砍伐一棵大枫香树，树径大，六个成年人都围抱不了。出人意料的是，在大树根下发现了烧陶的古窑遗址。由树龄推断，牙舟制陶工艺应该在 600 年以前，也就是说平塘县的牙舟陶始于明洪武十六年。当时，明朝为了扫荡元朝残余势力大量屯军进入贵州，后来屯军与当地布依族通婚，屯军中不乏制陶的手艺人，牙舟的制陶技艺就是这个时期由汉族传入。

关于牙舟陶有一个扑朔迷离的传说，让人百思不得其解。据平塘县的人说，这棵树挺神奇，当时是一个姓杨的年轻男人砍倒这棵大树的，砍到第三斧时，他打了个呵欠，从此嘴就合不拢了，成了面瘫。以后无论谁提起这件事，杨老头儿歪斜的嘴角就会不由自主地抽搐。当地人惊恐之余，都说这棵古老之树是牙舟陶的庇护神，守护着这座古窑址并惩罚伤害它的人。牙舟古陶的秘密被这古老之树用这种奇特的方式守护了 600 年之久，以其顽强的生命年轮告诉人们牙舟陶 600 年的兴衰历史。

小陶窑式的家庭作坊是牙舟陶的主要生产方式，明代洪武年间开始生产，到了明末才粗具规模，清初已发展到 40 多座陶窑。牙舟陶的产品分为几种类型：生活用具、陈设品、动物玩具和祭祀器皿。牙舟陶造型自然古朴、线条简洁明快、色调淡雅和谐、极具古韵；瓷色泽鲜艳、晶莹光润、神韵别致、富有浓厚的地域民族特色。在中国陶瓷史上，其艺术性、观赏性独树一帜。因而其生产出的产品销路甚广，除了在国内市场销售外，清末还远销南洋及法国等欧洲国家。

贵州的蜡染、刺绣工艺也是很有特色的，牙舟陶在纹饰上选择了蜡染、刺绣中的寓意图案，以浮雕的手法体现出其地域特点。凡鱼、兽、虫、鸟等玩具，色彩自然纯真，玲珑剔透。牙舟陶以生产烟斗、盐辣罐、酸菜坛、茶壶、土碗而闻名。其生产的陶器很神奇，贮存的食物不易腐烂，伏天泡茶经久不馊。牙舟陶生产的烟斗美观耐看，且抽烟时还能体味到清爽感，令人喜爱。"马嘘嘘"牙舟陶历史悠久，其造型多为手捏而成，外形类似小鸟、鱼、牛和马的形态，形式多样化，内空两侧有变音孔，口吹时可以发出动听悦耳的声音，是一种老少咸宜的玩具！

最初烧制牙舟陶是以原始爬坡窑烧柴为主，制作工艺从打土坯开始，到制模然后施釉，整个过程皆由手工制作。明末清初，是牙舟陶最鼎盛的时期，生产发展到一定的规模，大大小小有100多家制陶作坊，来来往往的商队马帮把陶器驮出去，销往各地并远销东南亚，也被传教士带到欧洲各国。

牙舟陶瓷是贵州陶瓷艺术中的"精绝"之作，在600多年的发展历程中，它融入了贵州本土的陶文化内涵，形成了独具一格的贵州陶瓷艺术。

2. 白碗窑乡

> 黄祸泥叩夜郎门，洪武陶祖入云贵。
> 乌蒙大地白碗生，艺匠乞技窑顺王。
> 圆润纯洁细且坚，奢香夫人贡朝廷。
> 白碗窑瓷提不完，方志窑技家有传。

明代白釉蓝彩罐

夜郎故里乌蒙深山威宁自治县牛棚镇北部，是白碗窑土陶生产地，窑址主要集中在手工村及周边的营上村和范家田村。这里人口集中，制陶原料充足，交通运输便利，制陶历史悠久。传说明代洪武年间，白碗窑的制陶祖先随朱元璋所派军队南征，获胜后在当地安居乐业。因资源丰富、气候适宜、销路畅通而选中此地，开始手工制作土陶。如是所云，白碗窑早在明代或者之前就已经开始制陶，至少在元末明初已经形成一定的规模，距今至少有600年的历史。

明洪武年间，朱元璋派部南征，由赵、李、孙、张等八姓指挥官率部攻打乌撒，"八大将军"在观风海激战三日得胜，战场遗址也更名"得胜坡"。后一鼓作气"日打三江，夜打八宅"，从观风海得胜坡一直打到云南昭通。"三江"指威宁县中水镇稻田坝的三条小河，"八宅"指昭通市守望乡水井湾八星营。白碗窑所属乌撒之地归顺明朝，"八大将军"所属部队就地屯垦，安居乐业，"善陶工者"看中白碗窑的土陶原料和柴木资源及古道交通便利，白碗窑土陶手工业得以形成并发展。

至清朝，由于日用陶器需求增加，陶产品价格上涨，制陶窑工人数增加，白碗窑生产规模逐渐扩大。民国时期，威宁县牛棚区拉鸡寨有规模较大的白碗窑土陶生产，1935 年此地碗罐业形成较大产业。中华人民共和国成立前夕，此地仍有 2/3 的农户专门从事手工生产，以手工业收入为主要生活来源，1/3 的农户利用 4 个月的时间从事农业，其余 8 个月从事手工业。

明清时期，白碗窑是云贵高原重要的土制陶瓷制作地，陶制品远销云、贵、川三省，因质地良好而享有盛名。这里制作的白色瓷碗形美、样好、质良，传说曾被土司作为贡品上贡朝廷，地名亦因此而得。当地彝族土司奢香夫人，巾帼须眉，目光远大，顾全族群生存，审时度势，主动归服明朝。由此白碗窑白瓷碗被选中上贡朝廷，贡品形制美观、色泽圆润纯洁、质地坚硬细腻、装饰有植物纹样或文字，非常接近青花瓷。

陶工们除了敬业，内心对窑神的敬仰也是无以言表的。以前村中有庙，供奉财神、三清、观音等神位，窑王菩萨灵位更是香火旺盛，陶工每次装窑烧陶点火之前要到庙里祭祀，祈求陶器烧制完美。

陶器的起源有许多美丽的传说，我国古代有"神农作瓦器陶""黄帝以宁封为窑正""尧陶于水滨""女娲抟土造人"等故事，由于历史久远，史料依据不足，只能以理想的传说作为陶的起源。陶器的出现，无非是让成型的黏土能够耐火，把一种物质转化得更为实用，这应该是陶器出现的直接理由。在人类长期的生产活动中，由于生活的需要，陶器的实用价值、工艺价值才得以传承和彰显，白碗窑土陶也不例外。

白碗窑的早期窑工，用烧火泥巴烧制土陶，一般不经淘洗，泥料粗糙，含砂或碎石，烧制时会出现沙包，甚至漏水。据考查，这种烧火泥巴叫夹砂红泥，当地人称为"黄鳝泥"。堪称"叩开夜郎古国大门"、曾列入"2005 年中国十大考古发现"的中水考古遗址，首次在云贵高原上揭示了商周时期的山顶祭祀活动。其中一件夹砂红陶杯，胎质均匀，形制美观，应是由含铁量较高的高岭土类夹砂红泥入窑烧制而成，没有施釉，火候较高，符合白碗窑土陶特征。

　　白碗窑地处贵州西北边陲，自古有驿道贯通云贵至四川，经历多次隶属统治政权的变迁，与云南和四川等地的文化交流频繁，深受滇西北和蜀南文化的影响。在白碗窑，我们可以看到高大宽敞、规划整齐、简洁的土木结构民居住宅，与滇东北民居风格相似；可以听到带有四川味夹杂云南口音的贵州话，可以感受彝族傩戏，可以听苗家高亢嘹亮、呼唤幸福、吊祭祖先的苗歌，可以看到布依族"打马郎"、回族的清真寺等。可谓文化纷呈而又自成体系。

　　但是，夜郎文化的断代，加之自古各民族之间尤其是汉族与西南各个少数民族之间的征战所带来的文化冲击，不但影响了乌蒙大地的文化源流，还影响了白碗窑土陶的艺术审美取向，使白碗窑陶器逐渐形成实用、美观、轻巧的艺术特点。

宋元黑釉描黄彩纹壶

　　白碗窑主要生产生活用品，以满足周边人们的需求，如碗、盆、钵、水缸、坛子、罐等。生产的陶器以白釉为主，白釉常加以氧化钴装饰釉上彩，有时也用红釉、褐釉、黑釉等色釉，色泽光亮，质地坚硬，形体匀称，形象美观。采用高岭土为主原料，收缩性小，经过淘洗、过滤、沉淀、掏炼，再车制经修整晾干后上釉入窑烧制。陶器胚体讲究均匀细薄，追求轻巧，这样既可省泥又可体现工匠高超的技艺水平。

　　20 世纪 90 年代，白碗窑土陶手工业发展达到历史高峰，土陶品种齐全、质量优良、数量巨大、销路畅通、兴旺发达。每到秋冬季节，周边商贩络绎不绝，或人力挑背，或牛拉马驮，间或汽车运载，白碗窑成了一个自由的巨大土陶交易市场，每天商贾云集，好不热闹。进入 21 世纪，轻便坚韧而价廉物美的塑料制品大量进入人们生活，国家全面封山育林，禁止采购砍伐木柴，而白碗窑在使用新燃料、新能源方面的技术设备又未能跟上时代步伐，数百年土陶生产工艺迅速衰落下去。

　　窑子闲置破废，厂房破烂不堪，泥塘干裂散乱，到处是污水烂泥、残垣断壁……这是白碗窑的现状。白碗窑的兴旺发达已经成为历史，随着人们消费观念的转变，土陶手工业逐渐衰退，生产规模大幅缩小，大量陶工失业，进而造成许多技艺面临失传的局面，原有的制陶设施遭到严重破坏。

当地有句口头禅，"有女不嫁窑上人"。1949 年之前，陶工多数是从各地逃荒躲难或者被迫迁徙至此，生产土陶仅为生计，即使经济上富裕，地位上也不能改变。1949 年以后，大家专心烧制土陶，自恃可以维持生计，土地改革时没要政府下放的土地。改革开放后，农业发展迅速，附近村民依靠种植经济作物产生很大的经济收益，而白碗窑人却因为没有土地，同时伴随土陶产业的衰退，手工业者与其他村民的收入差距日益拉大。由于人们观念的改变而产生的歧视，挫伤了白碗窑人的自尊，陶工们纷纷立志不让儿孙从事土陶业。白碗窑土陶的生存现状，让这一传统工艺技术渐渐隐退、泯灭，成为历史文化符号中的追忆。

四、扑朔迷离忆陶说瓷

中国的西南边陲神奇而深邃，厚藏着许多百思不解的迷离传说，云南、四川、贵州和新疆地区，古往今来就是少数民族聚居的家园。地处川西北的滇西雪山地带，异域的自然环境和思维方式，使人们生产的陶器保持着浓郁的异族特色，但与内地的文化交流也并未隔绝。从远古到汉代仍然流行泥质黑陶牛眼双耳陶罐一类的陶器，秦汉时代在关中一带流行的茧形壶，也曾在这一地区发现。四川理县的西汉墓中，还曾出土与中原地区相似的圜底釜和敞口束颈大腹的陶壶。理县东汉墓还发现了造型优美、形态自然的舞俑、抚琴俑、听琴俑、侍立俑和厨俑，以及陶狗、陶鸡、陶鸭、陶子母鸡等冥器[①]，甚至还发现中原地区从西汉时期开始流行的铅绿釉陶制品。根据文献的记载，处在西域的新疆地区，在汉时已有自己的专业制陶者，生产了许多陶制器皿。从罗布淖尔遗址及其晚期墓葬中发现的一批制作较好的灰陶器物，其器物形制和制作技术都具有中原的风格。在昭苏县西汉的乌孙人墓中出土的陶罐，圆唇、小口、鼓腹、

---

① 冥器，又称作"明器""盟器"，是指专为死者随葬而制作的器物。一般用陶瓷，竹木和石头制成，玉和金属以及纸等材料也可制成冥器，其目的主要是用以安慰死者之灵魂，同时慰藉活人的哀思。《礼记·檀弓下》有云："其曰明器，神明之也。涂车刍灵，自古有之，明器之道也。"《大汉原陵秘葬经》是宋元时期道家方士奉行的经典，其中就宣扬："凡大葬后墓内不立明器神煞，亡灵不安、天曹不管、地府不收、恍惚不定、生人不吉、大殃咎也。"在浓厚的道家神仙鬼灵思想背景下，宋元时期金、衢盆地及其周边地区，发掘的墓葬之中就有大量的陶瓷"明器神煞"和压胜之物。

小底，更是中原汉墓中常见的陶罐形制。这些都生动地说明，当时长江流域各民族之间具有密切的往来和广泛的文化交流。

在西南部的巴蜀地区，常见的生活陶器有壶、杯、罐、瓿等。杯多数为喇叭口，有的凹底亚腰，有的束颈、球腹、圈足是喇叭形，也有的平底、圆筒腹，腹部环饰三个不同等高的器耳。总之，大小不一，形式多样。四川盆地一带是中华文明的发源地之一。从夏以前至商周，从宝墩文化到三星堆、金沙文化，一直到丰富无比的汉代陶器，几千年来的文化遗存显示，四川盆地即巴蜀地区的陶器丰富多样，源远流长。

闻名遐迩的四川盆地之汉陶，以其上千种汉俑、汉砖的形象以及文字，记录了汉代及前朝人们的宇宙观、人生观、精神风貌、礼仪、习俗、生产方式、建筑式样。可以说，它们是我国汉代社会状态的真实记载，有着极为重要的文化、社会、历史、科技的物证史料价值和极高的文化艺术价值。例如，中国国家博物馆馆藏的国宝级文物——东汉的灰陶"击鼓说唱俑"，高55厘米，造型极为生动。四川汉代低温绿釉和黄釉陶器很多，有的是不同颜色的釉彩装饰图案。可以看出，汉代巴蜀地区不仅陶塑造型水平高超，制陶技术也非常先进。

1. 荣昌安陶

> 草锯禹心血染泥，龙曳开渠龟筑堤。
> 红白泥精化安陶，薄纸亮镜声似磬。

荣昌陶器原产地为重庆市荣昌区安富镇，清代以前叫磁窑里，其陶器最早出现在汉代，明清时期得到长足发展，20世纪70年代达到鼎盛时期。

荣昌的陶土独具特色，当地流传着这样一个传说：在远古的尧帝时期，中原大地时有洪水之灾，为了制止洪水泛滥，保护农耕作物，尧帝召集各部落首领商议，寻求治水能手来平息水害。大家推选鲧来治水，但鲧花了9年时间也没有把洪水制服，水灾反而变本加厉。舜接替尧当部落联盟首领以后，亲自到水害之地察访。他发现鲧办事不力，就把鲧杀了，又让鲧的儿子禹去治水。禹改变了他父亲的治水方法，用开渠排水、疏通河道的办法，把洪水引向大海。当时，天神给了他神龙玄龟去治水，神龙用尾巴在地上划一下，就成了一道河渠，然后玄龟把背上背的泥土丢一点在地上，地面就自动生成了一道河堤。经过 13 年的努力，禹终于把洪水引向大海，大地又恢复了以往的平静，人们开始种植庄稼，一片安居祥和。

当时，禹新婚不久，为了治水，到处奔波，曾三次经过自己的家门，都没有进去。据说，大禹的故乡位于四川省绵阳市北川羌族自治县的禹穴沟，他的妻子涂山氏生下了儿子启，婴儿正在哇哇地哭，禹当时带着神龙玄龟去治水，正好在门外经过，听见哭声，很想进去抱一抱儿子，可又怕抱着儿子就走不了了，最后还是狠下心来没进去探望，悄悄离开家门口惆怅地走了。但父子毕竟连心，走了一段路后，心里又十分牵挂，禹就站在路边扯了一团杂草来搓手上的泥，一分心，草上的锯齿把手割伤了，溢出的鲜血滴了下来，把玄龟背上的神泥浸红了一块，这块神泥后来就落在荣昌区的安富镇。玄龟背上的神泥是落地生根、随水势增长的，落到安富镇后，就自动生长，阻拦水势，这一长，就长了几千亩。所以，现在荣昌全县到处都是这种优质陶土，那些浸透了大禹手上鲜血的泥土幻化成红色，没有浸上鲜血的泥土为白色。《诗经》《尚书》《左传》《孟子》《墨子》《荀子》《楚辞》《管子》《国语》《韩非子》等文献对大禹治水的事迹都有详细记载。西汉著名史学家司马迁在《史记·夏本纪》和《五帝本纪》中，完整地记录了自黄帝到鲧禹的世系和鲧的祖父昌意居若水，娶蜀山氏为妻的史料。《史记·六国年表》中指出："禹兴于西羌。"西汉著名文学家、史学家扬雄在《蜀记·蜀王本纪》有这样记载："禹本汶山郡广柔县人，生于石纽。"当时的广柔县辖境有今羌区汶川、理县、北川及茂县、都江堰市部分地区。《拾遗记》里也有神龙曳尾开渠、玄龟随后负泥建堤的故事。可以说，这个传说还是有一定的依据的，但更重要的是，它反映了历代人们对荣昌陶土质量与众不同的赞叹。

蕴藏丰富的荣昌陶土，泥色有红、白二色，含铁量高的是红泥，白泥主要含三氧化二铝、二氧化硅和少量的铁，泥料质地细腻、颜色纯正、可塑性强、烧结性能好、含水率低、烧造成功率高、埋藏浅，是最佳的陶瓷原料，素有"泥精"之美誉。制成的工艺陶产品叩之发声清脆悦耳，造型秀丽精巧，釉质光润，装饰朴素自然，美观而实用，具有不渗漏、保鲜好等特点。荣昌陶泥有其独特的烧造条件，即在煅烧时缸炭选用本地上等的松树和青岗树为煅火料。寨子山上的松树和青岗树油脂含量特别高，就连山上的马儿斯草和蕨草的含油量也非常高，这也许和安富镇的土质和气候有关。陶泥在燃烧过程中，缸炭的油气在窑炉里慢慢地挥发、弥漫，让每一件陶器都能慢慢地吸纳油火之熏，待到出窑时件件陶器都有油润与亮感，这就是荣昌陶泥的奥妙之处。

民国绿釉泡菜坛

几百年来，"荣昌陶器"独具地方特色的制作工艺和艺术风格，为中国陶瓷史和中国工艺美术史增添了不可缺少的一页。最早，荣昌主要生产缸、盆、钵、罐等粗陶产品，造型朴实自然，有粗犷、野性之美。从清代嘉庆时期开始逐步发展，到咸丰时期出现属细陶类、釉质莹润的"泥精"，再逐步发展到光绪时期，出现了刻花、色釉，至民国时期又出现釉下彩。在器型方面，荣昌陶的始祖器物中也出现了北方陶器的形式意味，造型上以"柳、卵、直、胀"为特色，与北方陶瓷厚、重、粗、大的风格迥异。日用器型以泡菜坛、罐、茶壶、钵、蒸钵、缸、鼓子、花瓶、茶具、酒具、文房用品为主，工艺美术陶以动物雕塑、烟具和鉴赏品为主。它与同期的庙碑、摹刻同属于南北方的合成艺术品，最终演化成北方、中原、本土三者合一的荣昌陶定格形制。那时就有了招募名师、交流工匠、互派学徒、相互观摩的方式，使各自的陶瓷艺术品交相辉映，取长补短。荣昌陶属于传统工艺，造型上主要以人物和动物为主，形象生动优美，装饰纹样主要是卷草纹，这与当时文人画的盛行密切相关，也是安陶一直流传至今的艺术特质。明清时期盛行刻花和色釉，在陶器上出现大量的缠枝纹，这和当时花鸟画的流行有很大的联系。荣昌陶器主要产于现在的安富镇，早在明、清及民国年间安富镇垭口就有一批知名瓷窑，康熙年间，荣昌陶窑由甑子窑发展为长窑，最多时有二十几座窑场。咸丰、光绪时已先后建成中兴窑、磨子窑、老兴窑、崇兴窑等一批名窑，燃料均以松柴为主。荣昌陶发展到细陶阶段后，胎骨泥色分红、白两种，土质优良；釉色有黄、绿、蓝、白黑、黄丹、朱砂等，以红丹、锡配成的朱砂，以及有铜砂、黄丹、玻璃碴配成的西绿釉最为著名。

中华人民共和国成立后，荣昌陶器继续发展，开始结合当代工艺技术，盛产花釉。产品以日用陶为主，如泡菜坛整体比例协调，形式美观，造型结构符合泡菜的需要，是最著名的荣昌陶器产品。其他高品质器物还有罐、坛、壶、瓶等。装饰以化妆土刻花为特点，有刻线和剔花两种，纹饰质朴自然。

明清白釉点绿彩水盂

明清豆青釉鸟食罐

由于荣昌的陶土黏性和可塑性强，烧制的容器具有不渗漏、保鲜好等特点，素有"泥精"的美称。荣昌陶器大量生产日用陶、包装陶、工艺美术陶、园林建筑陶等产品，质量上乘，赢得了"薄如纸、亮如镜、声如磬"的赞誉。

荣昌陶品种繁多，产品分为"泥精货"与"釉子货"两大类。工艺陶中素烧的"泥精货"，具有天然色泽，给人以古朴淡雅之感。以各种色釉装饰的"釉子货"，观之有晶莹剔透之形，叩之则发清脆悦耳之声，装饰大方朴质而富于变化，具有浓郁的民族风格和地方特色。各类产品设计灵巧，造型优美，折射出强烈的生命活力。

荣昌陶器和江苏宜兴紫砂陶、云南建水陶、广西钦州坭兴陶一起，合称中国四大名陶。荣昌陶器已有约800年的历史，积累了丰厚的文化底蕴。当地民谣唱"安富场五里长，排列泥精列成行"，"前山矿子后山炭，中间窑烧陶罐罐"，这些从宋代就开始流传的民谣栩栩如生地描绘出当时荣昌生产陶器的规模和集市的盛况。因此，重庆荣昌和江西景德镇、江苏宜兴、广东佛山一起并称中国四大陶都。

清晚民国黄釉条棱罐

荣昌陶器历史悠久、古迹丰富，有古宋陶遗址、明清时代龙窑、阶梯窑等25处，唐、宋、元、明、清等各个时期的寺庙、碑文、佛塔散落其间。其中，刘家拱桥的宋陶遗址有2平方千米，遗址陶瓷碎片堆积如山，其中不乏精品。人称"九宫十八庙"之一的"火神庙"在安富镇也保存得较为完好，亭台、楼阁、

清晚民国黄釉条棱壶

戏台、飞檐、翘角、人物雕刻等都清晰可见。另外，仙人桥、一碗水、舍利塔、仙女山、竹海、河南寺、雷公寺、新观音等点缀于遗址之中，浓厚的"陶都"气息和清新的明清古镇风貌相得益彰。荣昌陶器，滋润了一方水土、养育了一方百姓、展现了一方民众的智慧、触摸到一方悠久的历史、传颂了一方灿烂的文化，是陶瓷艺术浩瀚的天空中一颗耀眼的星星。

2. 荥经砂器

四川省雅安市荥经县六合乡古城村有一种传统陶器产品，即中国非物质文化遗产荥经砂器。荥经砂器的制作程序分为采料、粉碎、搅拌、制坯、晾晒、焙烧、上釉、出炉等。

新石器时代，就有先民在今荥经地区生息繁衍，经历了夏、商和周，这里先后是古蜀虫氏——鱼凫氏的古国及杜宇、开明两相继王朝的领地。

公元前 329 年秦国灭蜀国，秦国从陕北地区（古称上郡）迁来大批严允部落羌人，与当地人共筑了一条从临邛到荥经县的大道——严道。

公元前 312 年，秦惠文王异母弟樗里疾战功显赫，惠文王把富庶的严道封给他，并设置了严道县，治所就在今古城坪。多少年来，这里出土了大批春秋战国、秦汉时期的珍贵文物，说明这里曾作为古代蜀国的边陲重镇、商贸集散地。在出土文物中，有一大批生活陶器，造型各异。它们从原料、方法、造型风格、火候特征、生活用途等，都与现今荥经砂器极其相似。可以说，荥经砂器的烧造历史应该有两千多年了。

据荥经县志记载：荥经六合乡古城坪多黏土，砂器生产历史悠久。清乾隆、嘉庆年间，有王氏制作砂器，代坤山、曾跃从王氏学艺制作。

荥经砂器形制古朴，质地抗腐蚀、耐酸碱，不起化学反应。所以储存食物不变质，烹制食物时，煨、炖、煮、烧均可，可以保持食物的营养成分。著名川菜砂锅鱼头所用器具就是荥经砂器。特别是用它熬制中药，可谓良器，药性不偏不倚更是一绝。

由于百姓生活的需求，现在荥经砂器的制作基本沿用遗留下来的传统手工作坊生产方式，体现了较为系统的非物质文化遗产的传承。

现在荥经砂器的制作方式与传统方式大致相同，分为采料、粉碎、搅拌、制坯、晾晒、焙烧、上釉、出炉、入库等几道工序，其间环环紧扣，一丝不苟。其中，制坯造型是砂器工艺的重要环节，手工的轻重缓急、打磨的程度都直接关系到成品的质量。焙烧的火候、上釉的优劣也是保证产品质量的重要因素。

荥经砂器的产地六合乡，以其历史悠久、文化积淀丰厚及产地的唯一性，赢得了"砂器文化之乡"的美誉。如荥经砂器烧制技艺的传承人朱庆平先生，通过自己不懈的努力，正在使荥经砂器这一非物质文化遗产继续根植于当地，并不断地发扬光大。

五、川蜀溢彩

曾经的蜀国，富庶的家园，镶嵌在大地一颗独自闪耀的珍珠。

那里的人们，开朗如天空纯净，勤劳如不倦翻腾的云彩，智慧如棉逆吸万里江河。

造物溢彩，遗留千古芳香！

四川是一个神奇的地方，汉代至宋代时期生产的瓷器品种全面，几乎涵盖中国当时大部分的瓷器种类，以一个省份生产瓷器的广泛性来概括全国的瓷器种类，这的确是一个谜，也极为震撼！

1. 争奇斗艳

苍穹幻彩映西坝，雷催雨洒云流水。

窑火惹得众釉春，高山云霞争奇晖。

远古线条连今时，墨瓷甘为束素颜。

伯仲淄博礼承让，华彩尽染江上水。

如果用争奇斗艳来形容四川乐山西坝窑瓷器的艺术风格，那是非常贴切不过的了。其窑变釉瓷变幻莫测，形式之多样，内容之精彩，想象之丰富，实为罕见，是盛开在川蜀大地的一朵美丽妖娆的艺术奇葩！

　　四川省乐山市位于青衣江、岷江、大渡河三江汇流处，古称嘉州。早在秦汉时期，乐山的冶铁业和盐业就已相当发达。到了唐宋时期，乐山的农业、手工业、商业和文化都十分繁荣。乐山也是文人雅士所钟爱的地方，李白、杜甫、岑参、苏轼、魏了翁、范成大、黄庭坚、邵博、陆游等曾在此生活、游历或做官，留下许多脍炙人口的诗词、意味深长的典故与生活遗迹。

　　西坝窑位于乐山市五通桥区西坝镇建益村、庙沱村一带，面临岷江一级支流沫溪河，背靠丘陵山坡，总面积约 30 万平方米。从晚唐到明末，烧造时期有 900 年的历史，而它的高峰期却在两宋。西坝窑的发掘很偶然，在 2008 年年初，由于修建乐山至宜宾的高速公路，对部分窑址进行了抢救性发掘。在数百平方米范围内，清理出五座宋元时期的大型马蹄窑，其中最大的马蹄窑高达 5 米，为我国中古至近古中期马蹄形古瓷窑之最。对西坝窑的研究起步颇晚，近年来，随着考古发掘的深入，特别是对窑址深层的发掘，以及建设施工中大量两宋时期瓷器制品的现身，令世人渐渐看清了西坝窑精品的真容，并引起人们的高度关注及浓厚兴趣。

　　西坝窑出类拔萃的瓷器精品有窑变釉、玳瑁斑等，尤其是它的窑变釉宛如宇宙星云，奥妙神奇，似行云流水、雷雨之音，或如高山云霞，重彩艳丽，令人为之神爽！在我国已知各高古瓷窑中，西坝窑独放异彩，名列前茅。

　　宋代西坝窑窑变釉瓷器拥有艳丽的釉面，有的像高山瀑布，有的如朵朵积云，给人以奇幻视觉般的享受。例如，窑变釉兽首衔环双耳瓶，这种造型的瓶子在宋代广元窑中多见，具有浓郁的川窑特色，其形制对后世及明清时期兽首衔环双耳瓶有一定的影响。窑变釉直颈瓶，这种形制的瓶子在宋代磁峰窑、清溪窑、广元窑等曾生产过，是宋代四川盆地窑口的典型器物。

宋代玳瑁釉双系罐

宋代窑变釉双耳瓶

宋代西坝窑窑变釉炉，通体窑变釉温润如玉，釉彩柔和多变。例如，宋代龟背纹（又称蟒皮纹）盏，所施之釉是颇厚的金黄色乳浊釉，在烧制的窑中发生开裂、融合，釉的热胀系数远大于胎，从而形成了类似干涸裂缝的土地，又似龟背纹饰。绞釉瓷器的虎皮斑纹盏，由黑、褐两种不同色釉浇施在涂了白色化妆土的胎体上，入窑烧制而成。

宋代窑变釉兽足双耳炉

峨眉山的茶带动了宋代西坝窑茶盏的需求，涌现了大量的茶盏精品。早在唐代就是名茶的"峨眉雪芽"是峨眉山茶中的珍品，又名"雪茗""雪香"等。宋代黄庭坚、陆游等名士对峨眉雪芽十分赞赏，陆游曾作有在《丁东院汲泉煮茶》一诗曰：

一州佳处尺徘徊，惟有丁东院未来。
身是江南老桑苎，诸君小住共茶杯。
雪芽近自峨眉得，不减红囊顾渚春。
旋置风炉清樾下，他年奇事记三人。

宋代兔毫茶盏是备受国内外饮茶者推崇的器物，西坝窑窑变蓝釉兔毫盏也别具特色。它通过窑变使这种深腹盏的内外呈现出鲜明的蓝绿色兔毫，与福建建窑、广元窑兔毫盏不同的艺术风格，仿佛有唐代邛窑绿釉窑变兔毫盏的

宋代盏内底窑变釉狮首形

遗风。

西坝窑有玳瑁斗笠盏，器型为典型的宋代器物，在它玳瑁斑的下部，带有蓝色窑变，这是西坝窑玳瑁斑釉较为普遍的现象。此外，西坝窑洒釉器也偶见，而且斑点自由流畅，像是随风洒落的雨滴，又类似鹧鸪的斑点，常用作精妙的斗茶用具。

宋代玳瑁釉盏

西坝窑瓷器的胎体本色有深、浅两类，以深色居多。深色胎体表面普遍施有白色化妆土，化妆土不仅提升了胎面的平整度和白度，而且为釉色的变化提供了演绎的空间，还强化了胎釉之间结合的稳定性，所以西坝窑几乎没有爆釉现象。宋代西坝窑艺匠们已从工艺配方和施釉方法上掌握了窑变技术，加上窑工们独到的审美眼光和造物品质，使得西坝窑能够登上宋代窑变釉瓷器高峰。

四川的邛窑早在南朝晚期就烧制出乳浊窑变釉瓷器，唐代也有了绿釉窑变兔毫盏。从晚唐开始到宋代，四川境内形成了庞大的黑釉窑系，除西坝窑外还有广元窑、金凤窑和重庆涂山窑系。因此可以推断，西坝窑的技术来源应以四川境内为主，其独特的窑变釉瓷应是宋代四川瓷艺工匠在继承与吸收四川本土及外来经验基础上创造的。由于考古发掘时间晚，我们对它的学术价值了解还远远不够，没有还原它真正的历史价值与地位。

宋代窑变釉花口瓶

宋代窑变釉瓶灯

用线条纹装饰陶瓷，其艺术表现方式源远流长。在宋金时期的中国北方，特别在黄河流域十分流行，尤以山东淄博窑、河北磁州窑最为著名。然而长江流域一带，除四川西坝窑烧造成熟的线条罐外，几乎不见踪影。如成都巴蜀古陶瓷博物馆收藏的南宋乐山西坝窑黑釉白线条双系罐，高14厘米，腹径15厘米，口径4.7厘米。这种线条罐又叫条纹罐、拉线罐、沥线条纹罐、沥线罐、沥粉线纹罐、白堆线纹罐、凸线纹罐、突线纹罐等，通称线条罐。

无论是长江流域还是黄河流域，这些黑釉白线条器物有一个共同的艺术特征：利用黑白颜色的强烈反差而形成的视觉震动，光亮致密的釉面使器物精致挺拔，简洁抽象，极具艺术感染力。为此，制瓷艺匠的制作工艺十分讲究，在拉坯成型后，采用类似漆器制作中的沥粉工艺，在坯胎上滴涂出白色线条，再用手指捏挤出楞线，使白色沥粉线条牢固地粘连在楞线顶部，形成像房屋的瓦楞一样坚挺的出筋效果。当器物施加黑釉并经高温烧制时，釉料顺着楞线流动，造成白线处因釉层最薄，白色筋线突出而润白，沟槽处因积釉甚多而乌黑。而二者之间是渐变带，虽黑白对比强烈，又因渐变自然而使釉面浑然一体。我们不禁感叹，长江流域的乐山西坝窑在南宋时期烧造的线条罐如此之优美，与黄河流域的北方淄博窑、磁州窑相比，实在伯仲之间。

线条罐烧造工艺及技术成熟在宋代，但这项工艺的起始时期却很早，可以追溯到战国至西汉时期，四川岷江上游地区就出现了黑陶白线条罐。唐宋时期，成都琉璃厂窑白线条器物较多。琉璃厂窑褐釉白线条提梁壶，具有壶身浑圆、短流、薄釉等唐代特征。五代琉璃厂窑褐釉白线条双耳罐，由于它的白线条涂于釉上，而不是釉下，看上去白线条格外分明，实为少见。在四川线条瓷器中，琉璃厂窑烧制最早，品种最多，对四川盆地内外诸窑线条器的影响较大。而邛崃十方堂窑很少受其影响，未见白线条瓷器。地处川北重镇广元的广元窑也有线条纹制品，在四川北部一带偶有绿釉或黄釉白线条罐出土，它们的胎釉及烧造工艺特征跟广元窑相似。广元窑烧造时期从唐代到元代，时间跨度很大。此外，地处琉璃厂窑、西坝窑之间的坛罐窑，也发现不少宋代线条纹瓷器制品。为什么处在长江流域的四川诸窑有这么多线条器物？这可能跟线条纹装饰的起源与发展历程有关。

人类最初的线条概念，可能来自绳索、棍棒和枝条，这些都是远古人类狩猎、编织等活动经常接触到的线条状物体。到了新石器晚期，出现了许多用线条纹装饰的陶器。新石器时代长江中上游彩陶中，各种线条装饰的形式语言，展现了无穷的艺术魅力，成为四川陶瓷线条装饰艺术的本源之一，而宋代出现的西坝窑、淄博窑、磁州窑以及当阳裕等窑精美绝伦的黑釉白线条瓷器，大多也是因此而成。

2. 似汝类钧

汝钧天成非一处，柔美如月唯清溪。

似汝类钧谁为先？一瓷又成千古谜。

世人皆知黄河流域的河南所产的汝瓷和钧瓷珍奇无比，独占宋代五大名瓷中的两大名瓷。长江流域的重庆清溪窑则另辟蹊径，所烧制的瓷器有"似汝类钧釉"之美誉，同样让世人惊奇与赞叹！

重庆清溪窑在历史文献中未见记载，它在1976年修公路时被发现，是四川盆地古瓷窑中发现较晚的宋代瓷窑。后来分别于1990年、1992年进行过两次发掘，但发掘面积不大，仅有400平方米。由于考古发掘资料有限，人们对它的了解还是远远不够，使得其颇有几分神秘。它的神秘之处在于，所烧制的瓷器釉面有似曾相识之感，被考古界和收藏家称为"似汝类钧釉"，而产地竟在南方的长江流域，打破了传统认识上陶瓷烧造品种的格局，有很高的学术研究价值。有许多人用不同的词汇来形容它：冰清玉洁、柔美如月、靓如九寨晴空，也有收藏家认为它是重庆涂山窑体系中的巅峰之作。虽然这些描述带有一些浪漫色彩，但是这类瓷器从整体上看确实较为精美，绝非一般老窑常见的粗盆、糙罐之类的器物。

有这样一则故事，1991年9月18日，遂宁南强镇金鱼村村民王世伦在自家菜地劳作时，无意中挖到的一个窖穴，里面藏有985件瓷器，经鉴定为宋代龙泉、影青等瓷器，其中就有十件"似汝类钧釉"盏，其口径9.7厘米，高5.1厘米，足径3.1厘米。由于此类瓷器出土极少，无法考证及明确窑口定位，后来经1992年12月对清溪窑进行了第二次发掘，考古确认这十件盏为宋代清溪窑器物。把这种器物和非常珍贵的南宋龙泉、湖田影青等瓷器窖藏在一起，可见当时喜爱瓷器的藏主对其是何等地珍视。

清溪窑"似汝类钧釉"斗笠盏，为典型的宋代瓷器形制。因为它的釉跟汝瓷、钧瓷有些类似，所以我们称其为"似汝类钧釉"瓷。清溪窑"似汝类钧釉"瓷的胎体十分细致、密实，胎色为灰白或白，含硅铝较高，膨胀系数较低，修

宋代芒口天青釉碗

胎相当工整。釉色晶莹剔透，黄中泛蓝，蓝中闪红，开片是细冰裂纹。由于胎体和釉层的膨胀系数有较大差异，所以偶尔有脱釉现象。此外，为了口沿易包金银，故多芒口。偶见残存银边者，银边较宽，银层较薄，银层与瓷胎之间似乎有漆类黏接物。也有不修芒口的清溪窑瓷器，显得格外精细。可惜清溪窑没有承接唐代邛窑使用的芝麻钉支烧技术，圈足内无釉，显得美中不足。清溪窑瓷器中釉水最好，釉色之美几乎达到了极致，说它靓如九寨晴空也不为过。不同光照呈现不同色彩的细微变化，是这种釉的特点之一。清溪窑"似汝类钧釉"瓷器中还有一种造型很像金银器，胎体很薄，釉面银灰、温润、开片少，恬淡典雅，柔美如月。

　　清溪窑"似汝类钧釉"瓷器中，形制也较多，有盏、盘、碟、杯、钵、壶、瓶、洗、炉等。清溪窑壶很有特色，釉色晶莹剔透，令人爱不释手，是文人雅士或权贵之人的钟爱之物。较为少见的器物是梅瓶，清溪窑这种釉色的瓷器基本上是小巧玲珑，目前尚未见到比梅瓶更大的器物了。清溪窑窑变兔毫盏十分少见，其他窑口中还没见过如此漂亮的类似器物。

宋代天青釉花口瓶

　　清溪窑"似汝类钧釉"瓷器的烧造之技术是否受到汝窑、钧窑的影响，目前的考古研究尚无结论。至于釉中所含的成分及窑变状态，清溪窑的匠人们可能已掌握这种技术，但不能排除受到外部的影响。一种优良完美的技术成果一定是会通过某种可能性和制造条件类似性得到传播的，由于同时期人们审美趣味的类同，产品的偶然类似也是有可能的。

　　清溪窑所在的重庆巴南区清溪乡的几个村子里，从东到西已经发掘了华光窑、鱼塘坡窑和梓桐窑（又名梓桐坝窑）。华光窑是四川盆地内除彭县窑以外第二个生产白瓷的古瓷窑；而生产"似汝类钧釉"瓷的梓桐窑，大量生产了黑釉瓷器，如精美的玳瑁斑黑釉壶、酱釉印花盏，有些类似于紫定。清溪窑有了这样坚实的瓷器生产技术基础，还有便利的黄金水道与丰富的自然资源，创烧出一些高端瓷器品种也在情理之中。

宋代天青釉碗

宋代月白釉瓶

迄今为止，考古发掘出的"似汝类钧釉"的瓷器数量很少，只发掘出五件杯盏残件，仅一件能复原，可能烧制"似汝类钧釉"这种瓷器的主窑区遗址尚未找到，留给人们许多念想。神秘的清溪窑还有很多谜题需要人们去解开，等待专家学者去研究和探索。

3. 磁峰霜雪

天彭磁峰藏霜雪，扣如哀玉轻且坚。

谁与定瓷偕白头？大邑白瓷已当先。

说到白瓷，我们不能只想到北方的邢窑和定窑的白瓷，长江流域的川窑白瓷同样令人爱不释手，使人惊叹！唐代诗圣杜甫（712—770）在诗中留给后世的"轻且坚""胜霜雪""扣如哀玉"的"大邑烧瓷"，多少年来如磁石一样吸引着人们去探寻。直到 1974 年 4 月彭县（现称彭州）磁峰窑的发现，宋代川窑白瓷的神秘面纱才渐渐掀开。

彭州磁峰窑创烧于五代至北宋初年，停烧于南宋末年到元初，北宋中期至南宋中期最为兴盛，是四川盆地最重要的白瓷窑，宋代中期前后所烧制的精品质量几乎跟定窑相当。磁峰窑的窑炉结构跟定窑极为相似，为双烟道馒头窑。磁峰窑采用匣钵装烧，但它的装烧方式与定窑不一样且极为特殊，无论正烧还

是覆烧，单烧还是叠烧，它的器物口沿都不
与匣钵接触。因此器物的芒口甚少，偶尔出
现的芒口则是为了修整其口沿，以便于口沿
包金银。磁峰窑的瓷器支烧物有支钉、支
圈、瓷珠、砂粒等，以目前的出土物来分
析，采用砂粒者较多，而且砂粒较大。无独
有偶，它采用三、五个或六、七个瓷珠的支
烧方法，与北方山西介休窑、霍窑十分相
似。由于磁峰窑使用了"火标"，炉温调控得
很好，这些重要技术的掌握，奠定了磁峰窑
成为宋代川窑白瓷第一窑的基础。

宋代白釉瓜棱罐

　　彭州磁峰窑中出土的弦纹直颈瓶，又叫尊式瓶。这种瓶子的形制在四川其
他窑的青瓷、白瓷、黑釉瓷以及青铜器中常见，是典型的宋代四川器物。磁峰
窑弦纹直颈瓶的修胎精度、釉的白度、烧制的火候等几乎可与定窑媲美，其跟
定窑瓷器的区别在于：

　　①定窑瓷器胎的透光率高于磁峰窑。

　　②川窑胎色较暗而普遍使用化妆土，磁峰窑也不例外；定窑胎色雪白，看
不到化妆土。

　　③磁峰窑碗心多数留有瓷珠或砂粒支烧痕，口沿有釉；定窑则无。

　　④芒口的定窑瓷器圈足施满釉；所有磁峰窑瓷器足端面都无釉。

　　⑤磁峰窑的六出花瓣采用白色瓷浆堆线，较浅；定窑则以起棱线条表示。

　　⑥印花的效果，磁峰窑显得有些模糊不清，线条略为呆板；定窑则纹样清
晰流畅。

　　磁峰窑的水盂白如霜雪，温润如脂，透光率较高，可谓宋代磁峰窑的佳
作。磁峰窑深腹杯在宋代川窑中这种深腹杯是较为常见的，圈足高的出现时间
较晚，通常川东窑口产出的器物圈足较高。磁峰窑刻花钵通体雪白，窄芒口，
钵的外壁刻花流畅。磁峰窑装饰方法与国内同期其他地方几乎一样，大同小
异。主要有出筋、瓜棱、内表面印花、外表面刻花及划花等。北宋磁峰窑出筋
花口盘，具有很矮的圈足和很浅的盘形，其釉色几乎与定窑相似，只是盘中央
多了几个瓷珠支烧痕。磁峰窑烧制的斗笠盏，圈足分为矮足及高足两类，无论
盏足高矮，足端外沿都斜削一圈，这是宋代川窑白瓷的特点之一。碗峰窑曾出

土一只直径达 20 厘米的磁峰窑印花碗，釉色白而润，器型规整，印花清晰，制作精致，口沿壁厚不足 2 毫米，烧制温度较高，叩之声如铜铃，可谓磁峰窑的精细之作。薄壁瓷器花纹的模印技术是很难掌握的，必须在瓷胎半干半湿的状态下，用较短的时间来完成，若瓷胎过于干燥将会印制不清，过湿则容易变形。此外，还要考虑到瓷胎干燥、烧结过程中有较大收缩等问题。纵观长江、黄河流域我国诸多宋代白瓷窑烧制的瓷器，只有四川磁峰窑掌握了定窑的这种印制技术。

宋代白釉印花碗　　　　　　　　　宋代白釉刻花碗

彭州古代又称天彭，陆游有一首诗名为《忆天彭牡丹之盛有感》，诗云：

常记彭州送牡丹，祥云径尺照金盘。
岂知身老农桑野，一朵妖红梦里看。

诗中的"祥云"指天彭所产牡丹的品名之一，陆游说"千叶浅红，妖艳多态，大可径尺，状如云朵。"汪元量（1241—1317）写过一首名曰《彭州歌》的诗：

彭州昔号小成都，城市繁华锦不如。
尚有遗儒头雪白，见人犹自问诗书。
彭州又曰牡丹乡，花月人称小雒阳。
自笑我来逢八月，手攀枯干举清觞。

可见宋代天彭牡丹非常出名，天彭牡丹集中在彭州丹景山，与磁峰窑址仅一山之隔，且两江相连。因此，磁峰窑白瓷的牡丹纹饰丰富而逼真，自然而妖娆。与牡丹之乡同处一州的宋代磁峰窑的工匠艺人们，深受牡丹文化的熏陶，把牡丹作为陶瓷艺术创作的源泉之一，由此磁峰窑的代表白瓷牡丹印花碗达到了极高的艺术水准。

1991年9月18日，四川遂宁南强镇金鱼村村民王世伦在自家菜地挖坑时，挖到了珍贵的宋代窖藏，引起国内外相关人士的关注。在出土的985件龙泉、影青等精美绝伦的宋代瓷器中，就有磁峰窑、定窑的印花碗，可见宋代人们对这些来自不同地方、不同窑口的瓷器是同等地珍视。

为何在长江流域有如此美妙的白釉瓷，磁峰窑白瓷从何而来？仔细分析四川邛窑体系中诸窑的演变历程，晚唐至五代时期，琉璃厂窑、玉堂窑的红、褐、灰胎白釉瓷是磁峰窑白瓷的直接前身。邛窑系青釉瓷向磁峰窑白瓷的演变与成熟有三大关键性转变：一是釉变浊，由玻璃釉变化成乳浊釉；二是釉变白，由灰白乳浊釉演变成白色乳浊釉；三是胎变白，由红、褐、灰胎转变成白胎，为了使胎更白，采用了化妆土工艺。在其演化过程中，不断地与河北、山西等北方诸窑交流，使白瓷的烧造技术集众家之长，并继承本土的艺术特色，最终形成了四川彭县磁峰窑这朵宋代白瓷奇葩。

宋代白釉双耳鸟食罐　　　　　　　　　　宋代白釉盏托

磁峰窑烧制的瓷器品种多而数量大，工艺巧且装饰图案丰富，常见器型有盏、碗、盘、碟、钵、瓶、罐、洗、盒等。有少数器物造型另类却颇具特色，如鸟食罐为双耳，而通常唐宋鸟食罐为单耳。装饰有刻划花、印花、堆线三种，前两种与定窑风格类似。刻划花以双鱼纹多见，还有缠枝牡丹、折枝莲、莲瓣及风扇形花瓣等。印花纹饰以花鸟为主，如飞鸟衔草、凤穿牡丹、鹩鹰穿花、双雁、鱼鸭、鸳鸯戏莲图及各种缠枝花、折枝花、朵花纹，鸟类多为展翅飞翔，最大特点是都不画足。堆线是用瓷浆以笔勾勒出六根线条于碗、碟的内壁，意喻六出花瓣，或用六条曲线表示花瓣形。

多少年来，人们一直在寻找诗圣杜甫诗中所说的唐代"大邑白瓷"，在这个漫长的过程中，彭县磁峰窑址宋代白瓷的发现，给了人们以探索的希望，唐代"大邑白瓷"神秘而美丽的面纱逐渐被人们揭开。

4. 广元墨珠

建盏兔毫甲天下，无独有偶广元窑。
谁遇真龙皆珍珠，陆游茶映何盏来。

从四川广元市北门出发，自嘉陵江逆水北上，过千佛崖，穿磁窑铺小镇，止于溶剂厂，这里就是古代的广元窑址了。它背靠渐渐高耸的山坡，面朝嘉陵江，一条清澈的溪水把古窑址与嘉陵江紧紧地连接在一起，窑址与嘉陵江之间形成了一个天然的港湾。这片大地盛产瓷土、长石、石英、方解石、石灰石、柴薪和煤，真是得天独厚之地，亦是烧制瓷器最佳之所。

广元位于甘、陕、川交会的地方，地处交通要道，是唐代女皇武则天的故里，千年古迹不计其数，有皇泽寺、千佛崖、古栈道等。唐宋时期，此处经济文化发达，造就了广元窑这样高品位的瓷器，也就不难理解了。嘉陵江畔以及与其江河相连的各地，散落着广元窑的器物像粒粒珍珠一般，四川阆中、南充、泸州、成都、重庆市区及合川等地多有发现。近年来，在宝鸡、兰州、天水、西安等地的施工中，也常有广元窑瓷器出现。

广元窑始烧于唐代，盛于两宋，衰于元。广元窑烧制的黑釉器物是长江上游瓷器中的又一个经典，主要有乌金釉盏、兔毫盏、油滴盏、玳瑁盏、茶托、黑釉兽耳瓶、贯耳瓶、葫芦瓶、直颈瓶、净瓶、玉壶春瓶、窑变釉瓶和罐、凸线纹瓶及罐等，黑釉的品种多，技术精湛。广元窑的兔毫盏与福建建窑兔毫盏极为相似，它厚重的胎体、光亮如镜的釉面、银丝般的兔毫，古朴沉稳、润泽靓丽。经现代科学测定，广元窑的烧成温度为1290℃，而建窑为1310℃，二者相当接近。广元窑距建窑有数千里路程之遥，瓷器烧制却是如此相似，这是一个值得探究的问题。

自古以来，川、闽都盛产茶叶，宋代皇室喜茶，上行下效，民间"斗茶"之风盛行。宋代的苏轼（1037—1101）、黄庭坚（1045—1105）、陆游、范成大（1126—1193）等文人雅士，曾在四川为官或游历过，又大多在沿海地区生活多年。古代为官之人皆文人出身，"斗茶"正是这些文人的一种生活情趣，为之留下了许多诗词，仅陆游就有300首之多，陆游是先入闽后入川，再入闽在建州从仕。陆游"茶映盏毫新乳上，琴横荐石细泉鸣"这句诗证明他是用过兔毫盏的。陆游除留有"细雨骑驴入剑门"的诗句外（剑门离广元窑址约50千米，属广元市），更有一首名为《自兰泉泛嘉陵至利州》的诗：

> 日日遭途处处诗，书生活计绝堪悲。
> 江云垂地滩风急，一似前年上硖时。

南北朝至南宋末年，广元称为利州，可见陆游到过广元。苏轼在任杭州知州时作过一首题名《送南屏谦师》的诗：

> 道人晓出南屏山，来试点茶三昧手。
> 忽惊午盏兔毛斑，打作春瓮鹅儿酒。
> 天台乳花世不见，玉川风液今安有。
> 先王有意续茶经，会使老谦名不朽。

诗中"忽惊午盏兔毛斑"无疑指的是建窑兔毫盏，苏轼是四川眉山人，很可能是川闽瓷器种类交流的重要桥梁。还有一个史话，北宋嘉祐到宣和时期的利州防御使王诜（"诜"字读shēn，1036或1048—1104），其夫人是宋英宗的次女蜀国公主，他应有机会接触建窑贡品。他跟苏轼、米芾（1061—1107）都是好朋友，他的诗词书画很有造诣，茶和酒是他们相聚时的必备之物。所以说，这些文人雅士及皇亲显贵正是茶酒文化的传播者，是茶具、酒具式样的重要倡导者与需求者。

宋代的经济与文化空前发达，就当时的态势而言，有"扬一益二"的记载，即是说，论经贸之繁华，扬州第一，益州（成都）第二。四川出土过许多宋代龙泉窑、耀州窑、定窑和江西影青瓷器，可以看出，宋代时的四川与长江流域沿线及大江南北的交往是相当频繁的。四川北有广元、阆中通往甘陕乃至中原的通道；南有雅安通往云贵乃至两广的茶马古道；东有长江黄金水道通往南方各地及东南沿海；四川盆地气候温和，土地肥沃，物产极为丰富；再加上嘉陵江、涪江、沱江、岷江等支流和长江组成的水运交通网，"天府之国"的美称，在农耕时代的四川是实至名归的。所以宋代四川的制瓷业兴旺，窑址多，烧造技术精湛，瓷器种类全，这与全国各地窑口瓷器产品的交流密不可分；其技术水平基本保持同步，也是有道理的。总体说来，广元窑与建窑的相似性、技术的同源性，正是宋代这种跨越数千里交流的充分例证，而这种交流的基础，正是中华茶酒文化和人文情趣的相通性。

在宋代，虽然江西、四川、山西、陕西、河北、河南等地众多瓷窑曾烧制黑釉瓷，但能和建窑黑釉瓷精品相媲美者却寥寥无几。我们惊奇地发现：广元窑黑釉瓷的烧造水平真可与建窑相媲美。宋代广元窑兔毫盏与建窑盏相比，两者的技术性、工艺性皆在伯仲之间。

广元窑与建窑还是有不同点，工艺手法也是有区别的。广元窑一般为褐色砂胎，胎和釉之间施有一层白色化妆土，盏底无釉部分却没有化妆土，而刷一层黑灰色护胎釉。护胎釉是在胎体干燥、修整后涂上去的，即用所谓的"干修法"修胎，主体釉层为蘸釉法涂覆。显而易见的是，沙胎、化妆土、护胎釉是广元窑最明显的特征。如广元窑有一种白胎黑釉瓷，修胎精细，胎体轻薄，兔毫、油滴分外鲜明，品质颇佳，很具四川特色，这显示出我国陶瓷文化的多样性。

宋代兔毫盏

宋代黑底绿彩沥纹执壶

宋代素面黄釉瓶

宋代广元窑茶托有黑釉、褐釉、黄釉、绿釉、白釉黑花等。宋代广元窑黑釉酒壶，壶身漆黑银亮，釉面极佳，可谓黑釉瓷的极致之作，可能是文雅之士或达官显贵的心爱之物。宋代广元窑还出土有兽首衔环双耳黑釉瓶，这种式样的瓶子是川窑典型瓶形之一。

宋代褐釉双耳炉　　　　　　　宋代绿釉沥条纹画花水注

广元窑黑釉瓶釉色光亮如镜，贯耳瓶、葫芦瓶、净瓶的造型相当流畅。

广元窑主要烧制黑釉瓷，除此之外，还烧制酱釉、黄釉、绿釉、绿釉剔花、白釉、白釉黑花等器物。

尽管前文已经对广元窑黑釉盏与建窑黑釉盏的相似性和区别性作了具体的描述，但还是要强调，广元窑的艺匠们能够因地制宜，充分展现自己的智慧与创造才能。在地方材料、窑址环境等不同的条件下，使广元窑黑釉瓷品质水平与建窑保持在伯仲之间，这是个了不起的成就。

六、涓涓溯源瓷意尚品

四川盆地虽然出土了大量的汉俑，却很难见到原始青瓷的影子，不晚于汉代的原始青瓷，真是凤毛麟角，只是偶尔见到一些未上釉的素胎原始青瓷器物。

重庆、绵阳、遂宁、成都一带出土过大量以氧化铁为呈色剂的玻璃青釉瓷器。其中，一些青釉瓷器的出土状况和器物型制证明：四川盆地即巴蜀地区青瓷的生产早于三国时期。具有川窑特征又明显具有东汉特征的器物，在巴蜀地区多处发现。如成都曾家包、大邑马王坟等汉墓曾出土过东汉青瓷。巴蜀青瓷始于东汉，是有一定依据的。

　　成都的青羊宫窑址，曾经出土了商周陶器、战国时期的窑炉和陶器，还出土了汉至唐代的窑炉、陶器及青瓷。窑址区域出土的许多瓷片和残器，可作为青瓷窑口及年代的判断标本。由此推断，巴蜀地区出土的大多数青瓷，包括汉代式样的器物，是巴蜀地区的产品，有的还带有褐色斑彩。此外，具有西晋特征的川窑鸡首壶、双唇罐、盘口壶、三足砚、虎子等青瓷器物，更是甚多。不难看出，三国至西晋时期，巴蜀青瓷呈加速发展趋势。

　　东汉晚期至隋代，巴蜀地区生产青瓷的窑场有青羊宫窑，绵阳江油青莲镇九岭、方水、七窑村等大片区域也有许多古瓷窑遗迹，其中九岭镇瓦子包窑址表层可见到隋代以前的瓷片和窑具，其内不乏南朝时期的青釉瓷片。1987 年 3 月，在青莲镇所属的九岭、方水两乡，首次发现多处年代上限为南朝、下限为北宋的古瓷窑遗址。1992 年，文物部门开展了方水河流域青莲乡两座古瓷窑址的考古发掘工作，出土了许多器物，在青莲乡的园门村、官田村还发现了13 处古窑址。青莲镇所辖一带，面向涪江，背靠大道，离绵阳市区和江油市区都不足 20 千米，水陆交通十分方便。绵阳地区出土的青瓷，许多就出产在这里。除了比较明确的青羊宫窑、青莲窑、固驿窑以外，都江堰横山子窑也在隋代以前生产过许多青瓷。另外，从不少出土物分布来看，四川盆地中东部的长江水系上，还发现了隋代以前青瓷窑场的遗址。这些四川青瓷窑场生产的时间之长、青瓷产品数量之多、品种之丰富、质量之优良，实属罕见。

隋代龙柄匜

隋代青瓷钵

从西晋开始，四川青瓷品种增多，数量增大，有了突飞猛进的发展，留下了大量的精美之作。这里生产的西晋盖罐式样基本相同，但胎釉及制作的工整程度有明显的区别，显然来自两个以上窑口。它们之中有点彩，有罐身及罐盖上的单耳为壁虎(螭龙)形。西晋褐彩青瓷碗，其特点是褐色点彩大而密，反映出由点彩向斑彩演变的趋势。随着彩绘密度的增加，这些器物的艺术表现力也随之增强。它的烧成温度较高，与青羊宫窑器物极为相似。西晋盘口壶胎白釉黄，跟青莲窑标本相近。它修胎工整，釉色均匀，制作工艺技术达到了相当成熟的水平。

有种说法，即盘口壶开始流行于三国，其实四川东汉时期多为陶质的盘口壶已屡见不鲜。青瓷盘口壶从三国一直到唐代早期都在流行。盘口壶不但流行时间长，而且使用范围广，几乎所有隋代以前的青瓷窑曾烧制过盘口壶。不同时期的盘口壶具有明显的不同，而不同地区同一时期的盘口壶又有许多共性。在瓷器鉴定中，盘口壶常常作为标准器，被用作出土物断定年代的依据。东晋四系盘口壶尽管都是川窑产品，但胎色与釉质差异性大，显然出自不同的窑口。尽管如此，它们的盘口、四系以及整体造型却十分相似，这显示出明显的东晋特征。南北朝六系弦纹盘口壶，形态和胎釉都有显著的变化。颈部拉长，并装饰了两条凸起的弦纹，盘口增大增高，系也增多了。在胎釉方面，修胎非常精细，釉面施得相当均匀，可与同期越窑青瓷盘口壶相媲美。

东汉至隋代，中国有东部沿海地区、长江中游、四川盆地、中原地区四大青瓷产区。四川盆地的川窑，是我国除越窑、洪州窑又一处大量生产青瓷的古窑群。而且，它为我国多色彩瓷的诞生准备了条件。

1. 青羊迷宫

> 僖宗意缮青羊宫，古遗青瓷话神秘。
> 隋有乳浊逾青釉，红彩点青惊绝门。

四川成都有座青羊宫窑址，因位于今四川成都市青羊宫，故名。南朝开始烧瓷，结束于唐末、五代，以烧制青瓷为主。自战国时期起，该地就大量烧造高质量陶器，这为掌握先进的青瓷制造技术奠定了一定的基础。青羊宫窑址曾一度消失，从此蒙上一层神秘的面纱。

中和元年(881)，唐僖宗奔蜀以避黄巢之乱，驻营在青羊宫。据说挖得一块玉砖，上面刻着古篆文："太上平中和灾。"僖宗大喜，将古篆书玉砖石当作天降吉祥的征兆。僖宗返回长安后，认为是太上老君对自己的庇护与恩典，特下诏，赐内外库钱200万，修缮扩建青羊宫。此前，由于青羊宫窑应已停烧，结果把窑址很大一部分圈入扩建的青羊宫院内，形成了20世纪50年代我们看到的规模与格局。以此推断，青羊宫窑停烧时间不会晚于公元881年。如果从西周之初算起，到唐代晚期，青羊宫窑址的烧造历史可能经历了近两千年。如果从发掘的情况来看，出土大量的战国陶器及一座战国窑炉，也该有一千多年的烧造史了。可见，青羊宫窑址称得上历史悠久了。

除了青羊宫窑以外，成都地区的邛崃固驿窑、都江堰横山子窑等，也在隋代以前烧制过青瓷。因此，成都地区是隋代以前四川青瓷的重要产地之一。

成都青羊宫一带在修建地铁工程时，曾出土一件齿支钉窑具。它解密了有些汉代碗、盆内部为何分布着又大又多的支钉痕，答案就是这件齿支钉窑具。对支钉窑具的研究，我们可以总结出规律性，结论是西晋以后支钉痕变小，东晋以后支钉的支点数量变少，南北朝时期演变为瓷柱支烧。后来又出现了芝麻钉支烧方法，隋代采用六支钉支烧，唐代邛窑三彩基本上采用三芝麻钉支烧，其他各窑采用五支钉支烧。因此，从支钉痕的大小与数量，可以大致判断川窑器物的年代。在中华大地不同地区的窑址其支烧方法是不一样的，川窑早期青瓷跟沿海青瓷相比，支烧方法有明显不同，川窑青瓷底部留下的支烧痕迹，与这些支烧窑具息息相关。

青羊宫窑的瓷器特征是：第一，胎色有灰白、紫、淡红色三种，紫色和淡红色胎体较粗糙、疏松，瓷化程度较低。第二，釉色有豆青、米黄、褐青等，除个别器物施釉到底，一般均施半釉，釉层浅薄，釉面有细小开片，有剥釉现象。第三，产品有壶、盘、碗、杯、罐、钵、砚、炉等。壶为浅盘口，短颈；罐、碗皆敛口；壶、罐的共同特点是鼓腹、平底，肩部横安桥形系或竖安复式系；有的盘带喇叭形高圈足；砚均多见。绝大多数器物的底足为微内凹的圆饼形实足，且边棱削去；小圆饼形实足碗是青羊宫窑的大宗产品。第四，装饰简朴，主要采用彩绘、模印、刻划等装饰方法。纹饰有菊

唐代褐彩单耳杯

花、莲瓣、卷草、麦穗、联珠纹、圆点纹与凹凸弦纹。彩绘装饰可分高温釉上、釉下彩两种，用褐彩或黄彩绘联珠纹等纹饰。

长江流域在古代一直是以烧制青釉瓷器为主，而青羊宫窑到了隋代时釉色开始乳浊。一部分青釉由褐色釉替代，制瓷工匠为了迎合人们的审美需求，用繁复的图案装饰瓷器，普遍应用莲瓣加其他图案的纹饰，用翘莲瓣的高浮雕装饰也屡见不鲜。隋代四系莲瓣纹盘口壶，是青羊宫窑隋代常见的产品，其胎色灰白，颗粒较细。其实，中国瓷器就是实用性与艺术性相结合的产物。例如，隋代刻花点彩碗则更能体现隋代青羊宫窑青瓷的水平，它刀法娴熟，刻工繁复，口沿之处染铜红釉点彩，俨然是一件精美绝伦之品，可谓青羊宫窑青釉瓷的收官之作。

到了唐代，成都青羊宫窑、青莲九岭瓦子包窑、邛崃固驿窑、都江堰横山子窑等一系列四川早期青瓷窑场逐渐停烧。而邛崃十方堂窑、都江堰玉堂窑、成都琉璃厂窑、雅安芦山窑、乐山荻坪山窑、遂宁龙凤镇窑等窑场兴盛起来。彩绘、乳浊绿釉、三彩及各种单色釉瓷纷纷出现，四川陶瓷进入新的发展阶段，隋代以前的四川青釉瓷正是它们的发展基础和前身。

唐代绿彩洗

总之，雄踞四川盆地的川窑，是我国除越窑、洪州窑又一处大量生产青瓷的古瓷窑群，它们分布在成都、绵阳等地区。不难看出，东汉时期四川盆地的青瓷正在从创烧稳步走向成熟。在广阔的四川盆地，从北向南，从西到东，依托长江流域发达的水系，多个青瓷窑口，多种艺术风格，各具特色地发展起来。为从汉代到隋代的川窑青瓷辉煌奠定了基础，也为后来邛窑的绚烂多姿，做好了技术与艺术的铺垫。

2. 意蕴巧塑

> 铜红之源滋后世，釉裹花彩呼欲出。
> 三彩更催融芳华，釉明如初似奇葩。
> 支钉立窑孤芳赏，乳浊绿釉压粉颜。
> 携妹铜官竞相美，邛狮俯望天下窑。

颇具创造性的四川邛窑，彩绘、刻绘、三彩及单色釉瓷是其对中国陶瓷的主要贡献，窑址在今四川省邛崃市，故得名。邛窑始烧于南朝，是四川隋唐时期的重要青瓷窑场。其产品特征是：第一，胎体较厚，胎呈色多，但紫红色胎为主，还有灰色、土黄色、黄中带褐等。仔细观察胎中分布着均匀的细砂料，胎的表面往往施一层白色化妆土。第二，釉色与湖南长沙铜官窑（亦称长沙窑）有不少共同之处，有青釉、青釉褐绿斑、青釉褐绿彩绘等品种。第三，南朝时期的器物，四系壶较常见，壶的四系多为桥形；还有敛口的小杯，高足盘则具有隋代的风格。唐代器物造型多样，有碗、盘、壶、罐、瓶、洗等器，许多器物造型具有四川地区的特色，如提梁罐，罐身呈斜线形，口大于底，在口缘上有弓形提梁，便于提携。油灯的制作有很强的技术性，灯碗为夹层且中空，有孔可注水以降低油灯的热度，减少油的过热挥发，以达到省油的目的，因此也称省油灯。小件瓷塑也多见，有各种动物、杂技俑、胖娃娃等，形象古意生动。第四，装饰纹样简单，除青釉褐绿斑、褐绿彩绘外，点彩较多且手法多样，如用褐点组成纹饰，或用褐彩首先点成一圈，然后在中部点绿彩；也有用褐色与绿色间隔排列组成纹饰，等等。

唐代绿釉省油灯

青釉褐色点彩之方法，浙江越窑、江西洪州窑以及四川青羊宫窑等就已经使用了。出土实物证实，四川邛窑系青釉褐色点彩瓷的出现，不晚于西晋，与越窑、洪州窑等其他青瓷窑口出现点彩的时期差不多。然而，南北朝晚期到隋初，邛窑系中出现了一批褐彩或绿彩绘制的点、线、圈组成的联珠纹、卷草纹及大斑彩的瓷器，这标志着邛窑系高温彩绘瓷的诞生。到了隋末唐初，邛窑系出现了较为复杂的褐彩、绿彩以及绿褐彩组合流畅的彩绘瓷器，同时期还出现了铜红釉，意味着我国高温釉下彩绘瓷的技术成熟。由于彩绘需要浅色衬底，所以"化妆土"工艺开始应用并推广，为多色釉瓷的发展提供了技术的支撑基础。我国古陶瓷研究学者耿宝昌先生于 2001 年写道："高低温釉下彩、三彩更是邛窑的代表作品，均较早烧制成功，其工艺传播于江南诸名窑，而又湖南长沙铜官窑受其影响最深，因之两窑产品颇为相似，成为姐妹艺术，堪与其周边各窑相媲美。"①

唐代绿釉胡人

邛窑对中国陶瓷又一个重要贡献，即是在隋至唐初时期创烧出铜红釉彩，它是后世价值连城的名贵品种——钧红、釉里红、祭红、郎红、豇豆红等的源头。盛唐以后，湖南长沙窑兴起，与邛窑一起把高温釉下彩绘及铜红釉彩瓷推进到较高的发展阶段。南朝晚期，以邛窑系为开端的多色彩绘瓷，开创了人类陶瓷史上一个新的瓷器名品。

唐代邛窑系还生产一种剔花瓷器，由于胎为深褐色，先罩一层白色化妆土，干后为了图案成形，剔除部分化妆土形成纹饰，或复用化妆土加绘花草，待干后周身施以黄釉，入窑烧成后黄褐分明，别有韵味。有云邛窑陶瓷是宋代四川广元窑双色剔花加绘瓷之前身，因许多北方窑口也生产类似的工艺瓷器，是邛窑受到北方瓷窑的影响，还是邛窑工艺技术通过广元、阆中传到北方？这是很值得我们思考与研究的。

邛窑的瓷器艺术成就是在唐至五代时期达到巅峰状态的。邛窑系玻璃青釉的应用，从东汉到隋延续了 400 年之久，此时并未完全消失，而是以新的面貌出现，即邛窑高温唐三彩瓷。邛窑唐三彩瓷胎质细、修胎精、色光亮、彩鲜艳，是邛窑兴盛时期的巅峰之作。邛窑唐三彩瓷与河南巩县唐三彩陶不同，邛窑唐三彩瓷是高温胎，除唐早期有部分含少量铅外，此时期支钉痕也较大，多数彩色透明玻璃釉中不含铅，烧结温度为 1100～1200℃，达到了瓷的烧结标准，所以是瓷而不能称为陶。四川出土过许多冥器，其中有宋代低温彩色铅釉陶俑等，不能与邛窑高温唐三彩器物相混淆。邛窑唐三彩器物的造型与中国其他地区的窑口一样，多仿唐代的金银器，胎薄釉亮，金黄色釉者也有相当的数

① 耿宝昌. 邛窑古陶瓷研究［M］. 合肥：中国科学技术大学出版社，2002：序Ⅱ.

量。胎色有红、褐、灰、黄、白等，胎的表面几乎都使用白色化妆土，其中又以黄、白胎者为最精。由于彩色玻璃釉中不含铅，异常鲜艳光亮，入土千年重现，依然鲜亮如初，其他窑口出土之物很难有此现象，真可谓我国古代陶瓷中的一朵空前奇葩。

先进的邛窑唐三彩瓷器的烧制技术，广为流传。例如，芝麻钉三点支烧技术，为宋代的汝、官、哥等窑广泛吸纳采用；邛窑唐三彩瓷器的覆烧方法，有可能为宋代的北定、南定烧制所参考；"火标"测定炉温的技术，在唐代邛窑已经广泛采用了。

唐到五代时期的邛窑系单色釉瓷。在邛窑系单色釉中，有黑、褐、灰、黄、绿、蓝、月白等釉色，其中鲜亮润泽的绿釉，显得格外抢眼。这是邛窑的又一创造。邛窑早在唐代以前就使用了相当成熟的乳浊绿釉，它不同于南北朝及其以前的透明玻璃青釉，也跟"南青"所指的细胎、薄釉的越窑青釉有着根本的区别。唐代邛窑绿釉为润泽肥厚的乳浊釉，在南朝时，邛崃窑率先成功烧制了乳浊绿釉，后来唐代的长沙窑也大量生产并在技术上进一步发展。

单色釉中带有窑变，这在唐代邛窑系器物中时有出现，为宋代四川西坝窑五彩斑斓的窑变釉奠定了基础。还有一种类似青玉色的乳浊釉，乳浊感很强，釉面也有"金丝铁线"般的开片，颇有些后世哥釉的味道。在邛窑单色釉瓷中，钴蓝釉是值得一提的。据目前的考古证实，我国陶瓷中的青花和蓝釉的使用，最早产生于唐代河南巩县窑，用氧化钴做着色剂。所谓"钴蓝"的应用，对唐青花的诞生起到了关键作用。邛窑在唐代同样掌握钴蓝釉技术的窑口，但是发现带蓝釉的器物很少。通过邛窑高温蓝釉标本瓷片，可以窥视出当时邛窑高温蓝釉技术已经相当成熟了。

我国北方黄河流域烧造唐三彩的窑址有：河南巩县、陕西铜川、西安西郊和河北内丘。迄今已知南方长江流域仅四川邛窑一处。邛窑唐三彩与北方诸窑唐三彩有很大区别：北方唐三彩多为冥器，邛窑唐三彩多为实用器；北方唐三彩釉为铅釉，易起"银釉"，邛窑唐三彩釉中不含氧化铅，历经千年仍光亮如初；北方唐三彩釉彩烧成温度多为800℃，邛窑不低于1100℃，邛窑唐三彩历经千年仍光亮如初的秘密在于釉彩的配方。古代蜀人烧制的高温唐三彩，是个了不起的创造。唐至五代玻璃绿釉花口盏采用三芝麻钉覆烧而成，这在陶瓷工艺史上有重要贡献。目前通常认为覆烧技术是宋代河北定窑首创的，邛窑在唐代已大量采用。邛窑在烧制器物时仅用3个芝麻钉支撑器物，为了将器物施满釉，采取覆烧的形式；但器物口沿不芒口，而且釉面格外润泽，且显著地提高了产品质量；而且 3 个芝麻钉，使烧造痕迹降到了最低限度。三芝麻钉支烧技术是北宋河南汝窑的首创，大量的出土依据证实，唐至五代邛窑已在三彩器物烧造中广泛采用了支烧技术，许多支钉痕迹尺度还不到一毫米。

铜红釉彩是邛窑点燃的又一个火种，开启了陶瓷技术又一扇大门；长沙窑托起了铜红釉彩的火种，把它播撒大江南北，远渡重洋。钧窑使铜红釉彩变成了瓷的彩玉，使它成为一种新的审美艺术；景德镇窑把铜红釉彩技术发挥到极致，成为王公贵族、文人雅士追逐的珍品，通过传承与发展，把我国古代铜红釉彩技术推到了顶峰。各个地方的名窑之间，也许在铜红釉原理和基本技术方面有一定的传承关系。但是斗转星移，时空变迁，由于不同朝代、不同区域、不同矿植原料、不同技术基础、不同窑口制式等原因，不可能是原样式地传承。史实表明：邛窑、长沙窑、钧窑、景德镇窑都在自己所处的时代、所处的环境，作出了创造、作出了贡献。大江南北的陶瓷工匠们，在不同的时代、不同的窑口，给后世留下了许多五彩斑斓的陶瓷珍品，令人叹为观止。

四川陶瓷的彩绘，可追溯到秦代以前。东汉时期，四川出现了绿釉彩绘勾连云纹黄釉陶壶。三国至两晋时期，四川的青羊宫窑、青莲窑有褐色点彩纹的青瓷。然而，在南朝晚期才出现具有划时代意义的彩绘瓷，这时的彩绘瓷需要这样的技术基础：①成熟的无色透明釉；②化妆土的广泛使用；③乳浊多色釉彩的出现。对于这些技术条件，邛窑及其体系内的诸窑在隋代以前就具备了，并在隋代烧制出成熟的高温釉下多色彩绘瓷。在绘制风格方面，邛窑一改自汉晋以来单调的褐点连珠图案，率先运用多色描绘花草的没骨技法。唐代早期彩绘钵，其多色彩绘已经成熟，为多色组合高温釉下彩，色彩层次丰富，画面生动。邛崃所藏的唐代彩绘长颈瓶，彩绘运笔独到，充分利用釉彩在高温下的自然流动、相互交融，犹如中国画水与墨的写意效果，妙趣横生。

唐代牡丹纹大贯耳瓶

在中国，狮子文化有着悠久的历史，邛窑的狮子瓷艺也有其独到之处。说到狮子，我们会想到非洲，其实古代南亚、中亚、西亚、南美和东南欧也都崇尚狮子。在东汉早期，我国就有关于狮子的记载，在班固（32—92）所撰《汉书，西域传》中说，乌弋山离国（今伊朗高原东部）"有桃拔、狮子、犀牛"。由我国南朝刘宋时期的历史学家范晔（398—445）编撰的《后汉书·西域传》中说，安息国（今伊朗呼罗珊地区）"章帝章和元年（87），遣使献狮子、符拔……十三年（99），安息王满屈复献师子及条支大鸟，时谓之安息雀"。还在《后汉书，班超传》中说："月氏（今乌兹别克斯坦、塔吉克斯坦与阿富汗之间地区）贡符拔、狮子。"东魏（534—550）杨衒之（生卒不详）撰《洛阳伽蓝记·卷第三》中有一段非常精彩而令人悲哀的描述："永桥南道东有白象狮子二坊。……狮子者波斯国（今伊朗）胡王所献也。为逆贼万侯丑奴所获，留于寇中。永安末，丑奴破，始达京师。庄帝谓侍中李彧曰：'朕闻虎见狮子必伏，可觅诚之。'于是诏近山郡县捕虎以送，巩县、山阳并送二虎一豹，帝在华林园观之。于是虎豹见狮子，悉皆瞑目不敢仰视。园中素有一盲熊，性甚驯，帝令取试之。虞人牵盲熊至，闻狮子气，惊怖跳踉，曳锁而走，帝大笑。普泰元年，广陵王即位。诏曰：'禽兽囚之，则违其性，宜放还山林。狮子亦令送归本国。送狮子者以波斯道远不可送达，遂在路杀狮子而返。有司纠劾，罪以违旨论。'广陵王曰：'岂以狮子而罪人也？'遂赦之。"

　　丝绸之路的历史意义，不仅是贸易往来，还有思想与文化的交流。由于西域佛教观念的东传，狮子后来具有驱邪避灾、祈盼吉祥的文化作用。

　　在唐至五代时期，是四川邛窑烧制技术的高峰期，其创新技术有高温釉下彩绘、乳浊釉、高温三彩等，纯熟的捏、雕等工艺技法，塑造出的陶瓷狮子，粗犷威猛，栩栩如生。种类及数量之多、造型之生动逼真是其他窑口无法比拟的，成为当时狮子陶瓷中耀眼的产品。

　　唐代以后的历朝历代中，狮子文化得到了传承与发展，并远播到日本、东南亚及世界各地。凡是有华人生活的地方，就有狮子文化的存在，如狮子造像和狮子舞，有些地方至今还供奉着狮子神。

　　邛窑是四川最负盛名的古代陶瓷窑群，其贡献在中国陶瓷史上要留下重重的一笔，尤其是釉下彩绘和无铅高温三彩颇具创造性。在四川盆地中西部

五代酱釉执壶

一带，除邛窑以外，还分布着玉堂窑、琉璃厂窑、青羊宫窑、青莲窑、横山子窑、荻坪山窑、芦山窑、遂宁龙凤镇窑等，它们与邛窑有着相似之处或有传承关系，我们把这些古窑群统称为"邛窑系"。

3. 玉堂点染

千峰叠翠点点红，万绿丛中胭脂笑。

茶绿壶中釉来现，玉堂烟火乳浊窑。

四川有个玉堂镇，也是玉堂窑所在之地，地处世界文化遗产青城山和都江堰之间，距成都 55 千米。玉堂镇所辖面积 50 多平方千米，是成都平原沿岷江北上通往世界自然遗产黄龙、九寨沟的第一道门户，有着得天独厚的自然环境。玉堂窑遗址主要分布在岐山村、凤鸣村一带，西有青城山麓的千峰叠翠，东有都江堰永不干涸的流水，往南直达成都，一马平川。

玉堂窑是四川邛窑系的重要组成部分，其胎质与釉色同邛崃十方堂窑十分相似。玉堂窑胎色有灰白、灰、深灰、褐、红等；釉色有青、灰、绿、黄、月白、酱、褐、黑、白、白釉黑花、彩绘等。玉堂窑址出土的青釉无柄短流壶，底足似饼，复式竖系。它的釉是青釉，以氧化铁为呈色剂，釉厚处玻璃感很强；四川隋代常见这种釉，是南朝青釉的延续。无柄壶是隋至唐早期的形制特点，这种壶的流特别短，是典型的隋末至唐初壶的特征。另外在窑址堆积物中，还有一些碗、盏等残片，有的里面有六七

唐代月白釉执壶

个支钉痕，饼足明显下凹，器物壁厚，施以青灰釉或黄釉。以此推断，玉堂窑的始烧年代不会晚于隋末至唐初。

据四川各窑出土瓷器的研究与归纳中，盘、碗、盏类的支烧痕有些共同规律：隋代的瓷器有 6~7 个支钉痕，唐至北宋的瓷器有 5 个支钉痕，北宋至南宋却是用砂粒支烧，南宋晚期至元代则采用涩圈方法直接叠烧。从玉堂窑址的器物看，有 7 支钉、6 支钉窑具和 6 个支钉痕的残碗，有砂粒支烧的碗、盏，没有带涩圈的器物，另有大量带 5 个支钉痕的器物。这些现象为判断玉堂窑烧

造的年代提供了翔实的依据。最终我们得出结论：玉堂窑始烧于隋末至唐初，成熟于唐中期，于南宋时停烧。那么，玉堂窑的兴盛期为唐中期至北宋，它的瓷器精品一定大多产生于这一时期。

乳浊绿釉是玉堂窑的主流釉色，是瓷艺工匠们对自然的认识与模仿。这种釉色品质甚佳，瓷器精品甚多；月白釉和彩绘瓷中也有不少佳作。这种内敛含蓄的乳浊绿釉是玉堂窑用得最多的釉色，所以用千峰叠翠、绿满玉堂来形容，实不为过。这种乳浊绿釉无气泡、无开片，呈现出一种特别的温润古拙之美感。

唐代刻划彩绘纹大盆

绿釉壶是玉堂窑瓷壶制作又一值得称道的闪光点。在唐宋时期，玉堂窑的瓷壶造型种类与式样特别多。古代提梁壶较为少见，而玉堂窑的提梁壶却较多，它意蕴沉淀的釉色、沉稳古朴的造型牵动人心。唐至五代的绿釉直柄壶一般是饼足，其造型颇感新颖，在四川只有玉堂窑制作这类式样的壶。玉堂窑所烧造的瓷匜，常为酒器，用于分酒，也可作为酒瓶或酒壶，其数量之多在四川诸窑中也是名列前茅，看来川人豪迈，自古好酒。四川博物院收藏的宋代绿釉四管插器，周身翠绿，雅致大方，可以说是邛

宋代绿釉匜

窑系中少见的佳作。从两晋南北朝到唐宋，长江流域和黄河流域多产陶瓷插器，但在川窑中插器却很少，目前仅知玉堂窑和十方堂窑曾生产过。五代月白釉双系瓶，这种特有的月白色乳浊釉有玉的质感。如果把月白釉跟绿釉放在一起，使人感到玉堂窑瓷匠人在瓷器的釉面审美上，追求一种玉石般的温润效果，也许这就是"玉堂"美称的来历吧。

五代彩划杯口壶　　　　　　　　　宋代绿釉四管插器

　　以上都是在解读绿釉器物。虽说绿釉是玉堂窑最多、最好、最具代表性的釉色，好似青城山的千峰叠翠，但层层绿中的点点红则更添光彩。在玉堂窑"点点红"的装饰中，最令人喝彩的莫过于珍稀的彩绘瓷了。南朝晚期邛窑系创烧的多色彩绘瓷在隋代已经成熟，隋代邛崃十方堂窑和青羊宫窑的多色写意花草技艺，开创了我国彩瓷呈现的新面貌。邛窑系重要成员的玉堂窑，虽然以绿釉为主，但是也给后世留下了珍贵的彩绘瓷器。绿色釉彩和红色釉彩的呈色剂都是氧化铜，只是烧成工艺及其他微量元素有所不同，对于擅长绿釉工艺的玉堂窑而言烧出红釉是比较容易的。然而，从绿釉到红釉的烧成，这是陶瓷史上一个巨大进步。从目前已有的实物资料来看，邛窑在隋代已率先使用铜红釉。玉堂窑是烧出铜红釉彩的领先者之一。除了铜红斑彩以外，玉堂窑还有唐至五代褐点彩銎柄行炉那样的彩绘器物，该器物为釉下褐色斑彩。它烧造时火候很高，釉面非常光亮，烧成温度在 1300℃ 左右。由于唐宋时期宗教礼仪和香道盛行，玉堂窑生产的行炉较多，不过像这样的銎柄行炉却极为罕见。五代绿釉褐彩齿足洗是另一类彩绘的实例，其运笔之法潇洒流畅，在绿釉基色上做高温褐色釉上彩绘是玉堂窑的又一经典。

中游篇：荆湘漫彩　赣揽瓷都

沧沧江水涛不尽，中流砥柱溢千湖。

西来东往骚客留，技传百世成千古。

从已经发现的资料来看，位于长江中、上游的四川、湖南、湖北和江西等地区，烧造瓷器的时间要比长江下游的江浙地区晚一些，以目前对这一区域的古代窑址的发掘情况分析，很可能到晋代才开始设窑制瓷。

一、荆楚瓷艺

荆楚一带在三国时已经生产质量较高的原始瓷和少量青瓷。胎呈紫红色或浅灰色，外施黄褐色釉或青釉，釉层厚薄不匀且易剥落，按陶与瓷的概念而定，这一时期的产品还不能称为瓷器。

西晋时，陶工已用瓷土作坯，胎质细腻，呈青灰或灰白色，胎表施黄绿色釉。但釉色差异较大，有的近黄，有的近绿，有的黄中泛青，还有少数呈褐色。釉面开冰裂纹，若胎釉结合不好，常有脱釉现象，甚至有完全剥光的。进入东晋以后，其产品与浙江的越窑、瓯窑相似，青瓷制品以日用瓷为主，冥器少见。湖南长沙出土的东晋时期的长颈四系盘口壶、带盘三足炉、高把鸡头壶和南朝时期的龙柄形壶、双莲杯、长颈喇叭口瓶、凸雕覆莲纹水盂，以及湖北武汉等地发现的盘口壶、四系盖罐等是其特有的产品。

特别应该提及的是，武汉地区何家大湾发掘的南齐永明三年（485）刘凯墓中的莲花尊。该尊通高近33厘米，盖面浮雕莲瓣，盖口密合，大小一致，颈上部饰仰莲，下刻忍冬，中间隔以凸弦纹，椭圆形的腹壁饰浮雕仰覆莲，呈现平底、喇叭形圈足，肩部有六系。该尊制作精细，工艺水平很高。

湖北、湖南地区也生产青瓷，如在武汉市江夏区梁子湖周边发掘了湖泗窑址群(全国重点的古窑址保护区);孝感市汉川市有马口窑,生产极具特色的民用生活陶瓷,深受湖北省内老百姓的喜爱。在湘阴县也有发现,其古窑主要在县城堤垸一带,北起水门,中经西外河街、许家坟山、马王坳、上烟园、湘阴轮渡,直至洞庭庙旧址。出土物有东晋时期的盘口四系壶、鸡头壶、菱形纹罐、平底托盘、褐色点彩宽底钵、褐彩罐和南朝时的印花短足盘、印花洗、饼形底杯与碗等。

1. 一枝独秀

楚地梁子湖之南,风落秋叶泛青白。

银锄掘出湖泗壶,遍野山包是古窑。

青白不分瓷稀罕,遥问史名因何埋。

珍品不尊世人遗,江河瓷源还再来。

(1) 秋叶泛青白

深秋,东临梁子湖最南端,有一片广阔的丘陵地带。嗖嗖的秋风不停地肆虐树上的残叶,吹散着地上厚积的落叶,叶散开时,裸露出地面的是泥中泛出的银白,步入其间方知是残瓷的釉光,随着秋高云层的变化,忽青忽白,格外神奇。蜿蜒的砂石路两旁,满山岗都是杉树和松树林,行至田埂尽头,是一个古朴却十分破旧的村落。阡陌巷道,杂草枯黄,偶尔出现几个村民懒散地行走,很难想象,800多年前这里曾有过辉煌的制瓷历史。

江夏区湖泗镇夏祠村有一条山坡古道,爬上坡道就可以看到宋代古老的窑址。这就是著名的湖泗窑址群所在地之一,也是湖泗窑址群中被发现的第一个窑址。在村旁的小山包前,俯身细看,到处可以找到细小的青白釉古瓷片、土疙瘩似的黑褐色的匣钵残片。资料记载,梁子湖南端的湖泗镇夏祠村与浮山村近两千亩土地上,分布有宋代古窑遗址98处,是梁子湖待发掘窑址中最集中最重要的窑址群。怎么会称为窑址群呢?此处由近及远,有好多这样的小山包,长满了绿色的树木。这可不是天然的小山包,从风化的土堆结构分析,每个小山包都是一个窑堆,是由古人烧窑后废弃的瓷片、匣钵残片和垫饼堆积形成的。这附近大大小小的窑堆就有40多个,还仅仅是湖泗窑址群的一部分而已。

湖泗窑址群是镶嵌在梁子湖畔的一串璀璨明珠。梁子湖西连武汉,东接鄂州，南衔黄石、咸宁。全湖面积逾 42 万亩，在武汉市江夏区域有 32 万亩。广义上的湖泗窑址群主要分布在东西宽约 30 千米、南北长约 40 千米的梁子湖，以及东西宽 9 千米、南北长 18 千米的斧头湖周边地区。整个湖区处在长江中游南岸，京广铁路从两湖中间穿过。2001 年 6 月 25 日"湖泗窑址群"被国务院列为全国第五批重点文物保护单位后，先前在梁子湖北面发掘的青山窑和武昌窑都被纳入"湖泗窑址群"的范畴，普遍用广义的"湖泗窑"取代了。

（2）锄头出湖泗

一锄头挖出了一把北宋青白瓜棱执壶，一个村民揭开了一个地方的历史面纱，这是一个真实的故事。20 世纪 70 年代，居住在湖泗镇浮山村下符山湾的村民吴经炳，干农活时挖出了一把奇形怪状的壶，他说自己挖出这把瓷壶并不稀奇，因为经常有人挖出过这类东西。63 岁的村民吴礼义轻描淡写地说道："当时吴经炳在自家园子里挖土种菜，一锄头下去，刨出了个瓷壶。"据了解，吴经炳挖出来的瓷壶又名执壶，是一种盛酒器皿。壶高近 22 厘米，口径 7 厘米有余，底径也是 7 厘米有余，为瓜棱形壶身，斗形壶口。壶配以扁形曲柄，细长弯曲壶流，造型优美。壶釉为青白色，釉上布满谷粒状细小开片，晶莹透明，有玻璃质感，是一件陶瓷珍品。瓷壶没有损坏，一直放在吴经炳家中。后来，在武汉市文物商店春秋两季进行的下乡文物收购中，这件瓷壶被征集收购。"当时来收购的人还给了吴经炳几块钱作为奖励，"吴礼义解释说，"那时候人们都没有收藏的意识，思想又比较单纯，所以一想到是国家政府来收购，都主动上交"。据悉，这件北宋青白瓜棱执壶当年曾被选送到故宫博物院进行展出，后被专家列为国家珍贵文物。

这把北宋青白瓜棱执壶一经面世，在业内引起轰动，受到政府的关注，对湖泗窑址群的考古与发掘就紧锣密鼓地开展起来了。

作为湖北省最早的地方窑口、最大的宋代窑址群，湖泗窑为何在武汉市江夏区沿湖地块扎堆烧制呢？这与江夏区有丰富的瓷土有关。瓷土是陶瓷的主要原料，它由云母和长石变质而成，且带有一定的黏度。加之梁子湖、斧头湖附近小山丘上的茂盛松枝，以及便利的水上交通给湖泗窑外销提供了契机。

湖泗古窑分布于梁子湖和斧头湖周边地区。区域内，东为梁子湖水系，由梁子湖、保安湖、鸭儿湖等湖泊组成，其由宁港大汊、富鲁进入鲁湖古航道，与斧头湖相通。梁子湖是湖北境内与长江相通的第二大淡水湖，北面距武汉市中心区域约 30 千米。梁子湖南边和东边多低山，北部和西部多丘陵和湖泊，东西长 80 多千米，南北长 20 多千米，由 300 个左右湖汊组成。北有 45 千米长港与长江相通，梁子湖水经长港过樊口入长江。西为斧头湖水系，由斧头湖、团墩湖、上涉湖等组成，东西宽 9 千米，南北长 18 千米，湖水分别由刘家港和新河口经排水港过金水下长江。优越的水上交通，为湖泗窑产品外销提供了方便，也为湖泗窑的兴起与发展提供了条件。

20 世纪 80 年代至今，文物部门主要对湖泗窑址群中的五处窑址作了初步发掘，即 1988 年发掘的舒安乡王麻窑、1989 年发掘的土地堂乡青山窑、1995 年发掘的湖泗镇浮山窑、1999 年发掘的安山乡杨家瀚窑及 1999 年发掘的安山乡陈家坳窑。湖泗古窑有龙窑和馒头窑两种，梁子湖水系多为顺丘冈而建的斜坡式龙窑，斧头湖水系多为依较平坦地或丘坡脚下建造的馒头窑，窑炉皆东西方向顺山丘地势而下。村民在田间地头拾到的残匣碎瓷直指梁子湖低洼湖汊码头，说明窑炉依托水运优势而修建。斧头湖水系的法泗镇沿河村锁土凹湾窑，有馒头窑三座，在此发现了一块侧面有铭文的青灰残砖，这被视为湖泗窑烧造瓷器的下限佐证。梁子湖沿岸的湖泗、舒安、保福、土地堂、贺站所发现的青白瓷系窑址和斧头湖沿岸安山、法泗、范湖所发现的青瓷系窑址，两个瓷系的年代上起唐末五代，主要烧造在宋代，下至元明时期。

在发掘过程中，出土了从五代至宋代烧制陶瓷的实物。五处窑址中，浮山窑址出土的残器反映了南唐、北宋精湛的制坯技术。在文物考古方面，依据发掘到的青白釉瓷器、残片、窑具以及古窑遗坑中出现带有"……通判张勋司史徐用 ……王原泰司史夏玉"铭文的一块青灰砖，以及有一样铭文的明代南京古城墙、江夏龙泉山明楚王陵园城垣上青灰砖，可以判断整个湖泗古窑群烧造下限为明初。根据初步探查，部分窑址堆积物多为北宋时期，所以湖泗窑主要烧造于北宋时期。出土的产品有青白釉瓷器和青釉瓷器两种，大多数是青白瓷，瓷器的种类为碗、盘、碟、钵、盏、壶、罐、熏炉、器盖等日常生活用器。造型规整匀称，胎以灰白色为主，胎薄坚实，釉面匀净晶莹，釉色泛白，素净淡雅，造型规整，器型小巧。有的器物的内外壁还刻画有菊瓣、莲瓣、团花等花纹。现陈列于武汉市江夏区博物馆的湖泗窑北宋青白瓷瓜棱执壶和湖北省博物馆的青山窑青白瓷执壶，凸显了湖泗古窑青白瓷釉色洁白肥润、器型小巧精致的特点。

(3) 青白不分

唐以后陶瓷的烧制有"南青北白"之说。由于战乱与自然灾害等造成的环境变迁及恶化，导致北方的百姓大量南迁，烧瓷工匠也在其中。为了生存，许多制瓷工匠或参与南方窑业的制造或自己搭窑烧瓷，这样就把北方的制瓷技术融于南方窑业的制瓷中，使南北制瓷技术得到广泛细致的交流。所以在长江流域的中游出现了许多窑口烧造青白釉瓷器。这些瓷器也称影青，似乎既青又白，其综合性特别强，同时满足了南方人和北方人不同的制瓷习惯和审美情趣。

通过对湖泗窑址的考古发掘，发现此处烧造的瓷器品种有两大类：青白瓷和青瓷。如果以同时期江西生产的青白瓷与湖北湖泗窑址生产的青白瓷相比较，它们有许多细微的不同之处。湖泗古窑有青白瓷和青瓷窑堆两种，反映了湖泗古窑青白瓷与青瓷都有烧制。窑址群中青白瓷窑址堆较青瓷窑址堆为多，并且呈现在烧制这两种瓷器上的分工。梁子湖周围分布的窑炉多烧青白瓷，斧头湖周围分布的窑炉多烧青瓷。

湖泗窑过去也称为青山窑，是湖北武昌窑系中最重要的窑口。产品有青釉、青白釉和白釉，主要产品为各种日用瓷。瓷器胎以青灰色和白色为主，装饰上主要为素面，亦有少量刻、划、印花，青釉瓷器风格接近浙江龙泉窑，但白釉瓷器都酷似河北的邢、定两窑。这可能与湖北地处中央，为南北交会之处，故极易吸收"南青北白"的风格有关。

王麻窑位于江夏区舒安乡以西约5千米的官山村王麻湾南边，出土有大量青白瓷器和窑具。据统计，王麻窑出土的陶、瓷器及瓷片共计7000多件，器类有碗、盏、碟、盘、钵、壶、罐、五管瓶、枕、薰炉等。该窑产品类型丰富，造型变化多样，釉色以青白釉为主，其次为青釉、白釉，酱黑釉最少。胎色以灰白胎最多，铁青胎较少。装饰技法多样，题材丰富，窑工综合运用刻、划、粘贴、雕、印、镂、剔等方法在器物上装饰菊、莲、水草等花纹，风格简练飘逸，带有浓厚的江南水乡气息。其中，一件青白瓷枕做工最为精致，是王麻窑的代表作。

浮山窑的施釉方法，五代多见吹釉，宋代以浸釉为主。吹釉为喷釉雾于陶坯表面，浸釉为慢放慢取于釉水缸之中，两种施釉方法均可做到釉层均匀，厚薄一致。吹釉或浸釉都是当时成本较高和较费时间的施釉方法，也是施釉的上乘方法。器物入窑烧制的釉色稳定，色调一致。浮山窑烧制青白瓷，均用上好的耐火材料制作的匣钵装烧，匣钵颗粒粗，导热性能好。其烧制的方式有：采用一匣一器一垫扣盖烧制，或一器一垫一匣钵垒码成柱，顶端盖上钵盖烧制。

这样既节约了窑炉空间、减少了烧造陶坯不均的现象，又保证了炉烧瓷化和釉水成色的一致。还使得产品成型好，美观而耐用，拉坯修胎精细。浮山窑未见大件瓷器，成型方法多轮制，拉坯匀薄。遇到靠足部稍厚时，便用刀在靠足部器壁过厚的地方旋削3~4圈，以减小厚度。早期的旋削外壁不见削痕，晚期的旋削外壁刀痕清晰，器壁上下厚薄均匀。五代釉面上布满细纹和鳞片状的细小开片，无漏釉挂釉垂釉现象，厚釉处很难看到水绿色玻璃的质感。宋代釉面开细纹大片，少玻璃质感。釉面泛北方邢窑与定窑之白色，是凸显白色的青白瓷。浮山窑器乍一看极易被误判为邢窑、定窑的白瓷。这种凸显北方邢窑、定窑白瓷之"白"、不显南方景德镇窑水绿色之"青"的青白瓷，是白瓷与青白瓷的临界产品，也是衔接北方"白瓷"和南方"青白瓷"而生产出的"青白不分"之特色产品，不妨称其为"湖泗白"。

湖泗窑是长江流域古陶瓷生产的重要一环，它是一首绝唱已久的古老歌谱，是中国古代瓷器南北二极发展演变中的中和，它使南方与北方、长江流域与黄河流域陶瓷生产的历史得到合理的链接。

（4）珍品不尊

湖泗窑产量极具规模，地缘环境交通便利，产品销售非常广泛，技术质量与艺术特征独具一格。然而令人遗憾的是，湖泗窑的作用没有得到应有的认识，在中国瓷器史上受到了忽视。也许是因为湖泗窑发掘的时间晚；也许是由于湖泗窑被"四面包围"，其周围分别为河南的钧窑、湖南的长沙窑、四川的邛崃窑和江西的景德镇窑；也许是为了不受周边省份各个名窑的干扰，而另辟蹊径，独树一帜。花费了如此大量的人力与物力，最终还是难以烧出可以和周围名窑相媲美的瓷器，因而不得不放弃对高质量的追求，湖泗窑最终无法跻身为名窑也是在所难免的。尽管如此，湖泗窑的制瓷工匠们通过长期的探索和不懈的努力，还是创作出了许多优秀的瓷器珍品。

瓜棱执壶是非常精美的盛酒器，也是湖泗窑的代表作。1972年在湖泗夏祠窑址出土。该壶高21厘米有余，口径7厘米有余，底径7厘米有余。壶腹呈瓜棱形，肩部下侧有细长直流，流口外撇。另一侧贴宽带状曲柄，上连口沿，下连肩腰腹之间，圈足。通体施青白釉，釉上布满谷粒状细小开片，造型优美秀丽。此壶为国家二级文物，不仅是实用器皿，也是件稀世的陈设品。

宋代青白瓷杯口瓜棱执壶　　　　　　　宋代青白釉弈棋瓷枕

　　弈棋瓷枕，1996 年在位于江夏区舒安乡的王麻窑中出土。此瓷枕施青白釉，灰白胎，顶面长 17 厘米有余，宽近 13 厘米，高 13 厘米，为国家二级文物。全枕为一座长方形戏台模型，平面呈四曲椭圆形，上刻两道弦纹。枕面为瓦形，前低后高，中腰下凹。立面呈"亚"字状，中空开有四个较对称的长方形窗，内有四位束发高髻、面容庄重严肃的老者相互面对而坐，围一棋盘，盘面有 7 个棋子。窗外四壁堆贴模印的树状物三个，上划斜线表示树枝，窗与窗之间壁面粘五模印梅花，共有 17 朵，窗下左右角各有两个鼓凳，共有 8 个。

(5) 千湖明珠

　　湖北素有"千湖之省"的美誉，而湖泗窑正位于武汉市江夏区梁子湖南岸蜿蜒起伏的丘陵地带。面积 170 万平方米的瓷窑遗址群，保存较为完好。在这里发现的龙窑遗址有 190 余处，堆积窑包百余座，最大的高 9 米，围径 200 余米。湖泗窑址群规模大，分布范围广，延续的时间长，在长江中游地区已发现的古代窑址中实属罕见。它们再现了湖北地区 1000 多年前陶瓷生产营销的盛况，改写了湖北无瓷窑烧造的历史。20 世纪 70 年代，在梁子湖边发现的湖泗窑遗址，为湖北填补了陶瓷手工业的空白，使中国大地的陶瓷生产长河成为一个完整的体系，也体现了武汉的历史人文底蕴。

　　武汉是座历史文化名城，湖泗窑址群是这座城市悠久历史的重要名片。它不仅在我国古代瓷器发展史上具有不可替代的地位，也为这一地区的地域变迁、人文历史、手工业发展、对外交通以及在城市发展中的影响等提供了不可多得的实物资料。这一历史文化遗址应该抓紧"抢救",一旦失去,将永远无法再现。2001 年 6 月,"湖泗瓷窑址群"被列为全国重点文物保护单位,可惜湖泗窑并没有持续传承下来。历史就是这样,曾经的辉煌经历了沧桑变幻堆积层中破碎的文物,后人只能通过博物馆和文物市场去感受历史留下的气息了。

2. 会说故事的陶

关羽赤兔成马口,汉水滋化马口窑。

豪放不羁细品味,物语描金刻花陶。

(1) 赤兔成马口

相传三国时期,关羽在征战曹操的战斗中,途经楚地汉川,宿营在此,牵马到河中饮水后,将赤兔马系在一根石柱上。后来人们景仰关羽,便将此处定名"系马口",时间一长,又将"系"字去掉,干脆就叫"马口"了。此地也就是现在的湖北省汉川市区东南处 7 千多米,与武汉市蔡甸区接壤的马口镇。其北依汉水,南临白石湖,平原与丘陵兼有。马口镇是一个自古繁华、历史悠久的水乡古镇,此地很早就烧造陶瓷,当地的陶瓷产地则称为"马口窑"。

民国酱釉刻划铭文罐

马口陶瓷采用当地特有的红黏土,土质细腻密实,土层很薄,地下一米处便可挖取,资源十分丰富。有了这种红黏土,马口窑就有了雄厚的原材料基础。

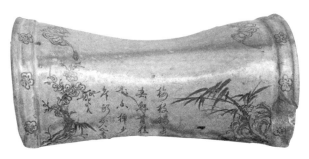

民国酱釉梅竹诗词枕

81

马口窑曾经是湖北乃至全国著名的民窑之一。据《汉川县志》记载，马口窑始于明隆庆年间（1567—1572），其所产缸、坛、瓮等陶器"较他处坚实，耐腐蚀，防渗漏，储存腌菜不腐烂不变味"。明清时期，清代邑人曾写诗句"渺渺群山一水国，孤舟尽目泛清辉"来赞美马口。马口街道上店铺鳞次栉比，有

明代酱釉刻划罐

铺局 200 多家，还有许多专门经营马口窑的陶器坊，都是有名的老字号。马口从事陶瓷业的达几千人，民国时期该地的龙窑多达 36 处，作坊更是不计其数，陶器品种涵盖生活的方方面面，产品几乎覆盖湖北全境。抗战初期，马口成为抗战后方，许多外地商人蜂拥而至，使此地商业更加兴旺。他们将马口的陶器通过汉江入长江，辐射到周边省份，甚至远销至日本、韩国、东南亚和美国。最兴旺时汉川全县几万人中，从事马口陶器业的就有几千人，堪称马口窑的鼎盛时期。1957 年马口所有的龙窑与作坊合并组建成国营"汉川马口陶瓷厂"。到了 80 年代，由于市场大潮的冲击，现代工业化进程的加速，马口窑日渐式微，其产品逐渐被低值廉价、毫无生气、千篇一律的塑料制品代替。90 年代初，马口窑彻底倒闭，曾经辉煌数百年的马口窑如同一缕青烟，消逝在历史的尘埃之中。

（2）汉水文化之一粟

马口窑文化也是汉水文化的一部分，陶器文物的出土为研究这一地域的陶器文明提供了可靠的依据。由于处于长江流域和黄河流域的中间地带，在远古时期，就被长江中下游的河姆渡文化和黄河中下游的龙山文化直接覆盖，多种原始陶瓷文明的交织，奠定了此处陶器文明多样化的创作观念和技法。从考古发现来看，汉川市南河乡汉代墓葬出土的"坛"，多体型较大、短颈、弧肩、微鼓腹、圆底下收。"罐"多体型适中，底口相等、肩腹相连微鼓、底下收。汉川严家山的西晋墓葬中出土了折弧腹、施黄釉的平底碗；还出土了黄绿釉、冰裂纹、灰白色胎的盘中壶。大体从唐代以后，民间窑和官方窑有了明显的区分，马口窑作为民间陶窑兼具中国传统文化和民间地方特色。这种特色反过来又对传统文化、民间文化进行着图解和"物语"。正是这种绵延不断的传承，才为现当代的陶瓷艺术创作提供了丰沛的养分。作为一种陶瓷文化，马口窑曾经深入江汉平原的千家万户，滋养过一代又一代的江汉子民，其发展是建立在

区域性特有的审美理想之上，主张人与自然的和谐统一，代表着中国文化精神的另一个层面。

清晚民国酱釉出行图罐　　　　　　　　清晚民国酱釉刻划八仙罐

（3）豪放不羁细品味

马口窑生产的陶器造型独特而统一，与湖北其他地方的窑场相比外形偏大。高度大多在 40～50 厘米，多以坛、罐、盆、缸等为主。马口罐多厚唇、短颈、弧肩、鼓腹、底微收；马口坛多厚唇、短颈、弧肩或折肩、深腹、腹身斜直下部弧形内敛、平底、略小于口，也存有高圈足外撇；马口壶多厚唇沿外翻、高颈、鼓腹、平底内收，上腹置 3～4 个鋬手。从马口陶器的整体造型来看，多为厚唇沿、短颈，多没有装饰纹样，少数存有两周平行的凸弦纹，肩部多饰以花纹、叶纹、勾连雷纹并有序排列，深腹装饰纹样图式最生动、内容最丰富，腹下部内敛饰以花瓣纹饰或凸起弦纹，目的在于扩大它的实用功能，提高其稳定性，从而增强它整体的厚重感和审美品位。

马口窑陶器在装饰纹样上，有传统的区域文化历史人物故事，也有对自然环境和动植物生命的敬畏和崇拜。第一类是来源于中国广为流传的人物故事及典故，纹样上在叙说人物故事的同时，配有花鸟纹样。这种纹饰不为再现当时的历史场景，而为说明故事中存在的某个道理，极具趣味性和艺术价值。比如：八仙坛、十八学士坛、空雕双层龙坛、三国演义坛、水浒传坛、西游记坛、红楼梦坛、天仙配坛等。第二类是对生活在淳朴自然环境中的动植物抽象概括，题材多为花、鸟、蝶、瓜等自然元素的自由组合。象征瓜瓞绵绵，寓意子孙后代人丁兴旺，生活幸福。汉川东南一带的丘陵岗地的"描金刻花陶"据

清晚民国酱釉花觚

说源于北宋，多为缸、坛、罐、钵等民用器皿，皆造型古雅大方、釉色古朴厚重、刻花装饰讲究，主要部分以划花剔地的阳纹为主，次要部分以刮花阴纹作陪衬，主次分明。烧后呈橘红、紫褐、酱红、紫红、古铜等色，庄重耐看。

（4）似乎消逝

马口窑的窑址已经成为历史，马口窑陶瓷烧制的传统技艺，也很难完整再现。在马口窑消逝沉寂十几年后，一些具有一定审美修养的民间人士逐渐体悟到马口窑的文化价值和艺术魅力，开始有意识地走家串户购藏马口窑陶器。而后来的"马口窑"在题材和装饰手法上借鉴了传统的马口窑，体现了一种传承和发扬传统陶艺技能的观念。这种观念使得传统陶艺在素材和功能上与当代的时尚相结合，同时也使得文化与观念相融合，拓展了一条具有新时代特征的地域文化陶艺发展之路。

二、中流砥柱千古传奇

1. 湘窑第一话湘阴

几多春秋瓷无样，釉下褐彩世人惊。

言史湘瓷泛青花，陆羽点茶岳州青。

（1）万窑窝

位于湖南省湘阴县县城内，被人们誉为"湖南第一窑"的湘阴窑，因窑址在唐代时地属岳州辖地，也称"岳州窑"，更有陆羽在《茶经》中赞茶碗"越州瓷、岳州瓷皆青，青则益茶"，则又让其声名远扬。

岳州窑于1952年被发现，窑址分布在湖南湘阴的窑头山、白骨塔、窑滑里一带。

湘阴县窑场分布范围较广，整个湘阴县目前已发现的遗址有26处之多，多处窑址堆集层及大量记录在簿的出土窑址文物更是验证了人们所流传的"湘阴有个万窑窝，未有湘阴先有窑"的说法。自1952年湘阴窑窑址被发现后，在

1972 年又陆续发掘出几处早期窑址，从窑址勘探与对出土器物的研究结果来看，多数专家认为，窑内发现的许多汉、晋、隋、唐青瓷器物以及在湖南其他各地出土的东汉至唐代的青瓷也多为其所产，可推断出湘阴窑烧造时间最早可上溯至汉代，中经西晋、南朝、隋，一直延续到唐代，盛唐之后逐渐停烧，距今已有上千年历史。就目前所知，湘阴窑是湖南烧瓷历史中延续时间较长且最早生产青瓷的窑址。

晋代青釉鸡首壶

湘阴窑始烧于隋代，盛于唐代，而衰落终止于五代，产品仍以青瓷为主，是唐代六大青瓷产地之一。湘阴窑烧制的器物有碗、盘、钵、高足盘、四系罐、盘口壶、瓶等。器物胎壁一般较厚，胎色有灰白与青灰多种。釉有青釉、黄釉、褐釉、酱色釉等，局部釉因窑变而呈蓝色或紫色。一般青釉莹洁有闪光，具有透明或半透明感，釉面多开片。器物均施半截釉，釉层较薄，有流釉现象，但不甚明显。酱色以酱绿为主，不太透明，略开片或不开片。酱黑釉开片，且易剥落。

南北朝青釉莲花座灯

唐代褐釉人物贴塑瓶

(2) 岳州三最

湘阴窑在唐时也就是岳州窑所在地，是唐代六大青瓷产地之一。如今的岳州窑遗址博物馆位于湘阴县城关镇，考古人员当时在此地清理出隋代龙窑一座，出土了大量青瓷器物和匣钵，同时出土的"太官"青瓷碗残片，证明岳州窑带有官窑性质。岳州窑在汉族陶瓷史上地位比较重要，上承江浙越窑青瓷，下启长沙铜官窑。在中国陶瓷史上，岳州窑有"三最"：最早的青瓷、最早的"官"款、最早的釉下彩。这些中国陶瓷之"最"为什么如此精彩？且让我们慢慢道来。

　　如前所述，陆羽在《茶经》中品定六大名窑的茶碗时说："越州瓷、岳瓷皆青，青则益茶。"从饮茶所需器具的角度来看，他把岳州窑排在第四位，可见该窑在唐代的重要地位。岳州窑胎质细腻、灰白，器型厚重，敲击有金属般声音，瓷化极高，青瓷开片，造型古朴美观、光洁，釉下荧光闪烁，玻璃质感强。唐诗人刘言史有诗云"湘瓷泛轻花"。1997年，在青竹寺窑址考古发掘中，发现有铭文"汉安二年"（143）的瓷片，这是证明湖南最早烧制青瓷的文字依据。岳州窑还创造了中国最早的釉下点彩工艺。

隋代青釉龙柄兽足壶　　　　　　　　　　隋代青釉压印纹兽足水盂

(3) 釉下点醒惊世彩

中国最早的瓷器都是单色的，但岳州窑大胆创新，在汉代就尝试给青瓷加上褐彩，这是个划时代的创举，从此瓷器进入五彩缤纷的世界。岳州窑器物呈豆青、浅黄，釉下点彩呈褐色，有的器物口沿均布点彩，有的器物周身几何对称点彩等，这些创新为后来的长沙窑的釉下彩绘奠定了基础。

　　岳州窑的精品之作：青釉六系莲花壶。岳州窑有"太官"字样的圆饼及底碗。在湘阴县马王塥窑址考古发掘中，发现有一件内刻"官"字款的匣钵，同时在两晋、南北朝堆积层面发现"太官"二字青瓷片，"太官"在两汉时掌管皇帝膳食，应该是中国最早的印有"官"款的瓷器。这说明当时该窑烧制的器物供朝廷使用，在封建社会能得到皇室的青睐，可见"岳州窑"制瓷技术是多么的高超，质量确属上乘。

唐代诗人李群玉曾赋诗一首"古岸陶为器，高林尽一焚。焰红湘浦口，烟浊洞庭云。迥野煤飞乱，遥空爆响闻。地形穿凿势，恐到祝融坟。"（《石潴》）在盛唐曾盛极一时的岳州窑呈现出的是极具红火的生产场面，此时也是陶瓷烧造的顶峰时期，形成了南青北白的生产格局，即南有以越州窑、岳州窑为代表的青瓷，北有以河北邢窑为代表的白瓷。作为唐代有着"六大名窑"之称的岳州窑，在我国陶瓷发展史上曾经留下了浓墨厚重的一笔。

唐代青瓷釉下褐彩绘花盘

不管是称湘阴窑还是岳州窑，我们已知的文献、窑址的考察以及掌握的器物都足以证明长江流域湖南的先人们烧制青瓷的工艺高妙且规模庞大。

2. 独步畅想寻别样

五彩缤纷始铜官，釉下溢彩艳乾坤。

模印贴花精绝伦，域外亦闻湘花贵。

（1）彩瓷溯源忆铜官

中国陶瓷的发展史可以从夏、商、周一直延续到明清时期，在隋唐就已经形成了一个完整精密的体系并繁荣发展起来。虽然各瓷窑风格不同，但大体上还是采用印、刻、塑等方法，并形成了"南青北白"的格局。此时却有一种风格、一种超乎寻常的瓷器语言，以坚定而浪漫及富有想象力的形式，崭露头角，它就是位于中国彩瓷发源地并创造出釉下彩制瓷艺术的长沙铜官窑。

长沙窑的古窑址于1956年9月被发现，位于湖南望城县（今望城区）铜官镇，原石渚湖一带，所以也是李群玉《石渚》诗中的"石渚窑"。如今，已发现其唐代烧窑遗址19处，出土的大量珍贵器物也让从未见诸历史的长沙窑得以在陶瓷发展史上留下其应有的浓重一笔。

1974年长沙市文化局文物组对窑址进行局部发掘，获得了2000多件出土文物，其中有带纪年的窑具及器物三件。据调查发掘获得的资料，并比较长沙及各地唐墓出土器物，可以判定此窑创始于唐而终于五代。长坡垅遗址出土有元和三年纪年罐系印纹范模，而与元和三年印纹系相同的带系罐标本在窑址里

明代绿釉黑花坛

俯拾皆是，唐墓中出土这种带系罐也为数不少，可知在元和时期长沙窑已具有较大的生产规模。元和三年印模出土于长坡垅遗址中层，下层还有一米厚的堆积层，说明在元和三年以前还有一段烧瓷历史，但上限到何时，因为缺乏纪年器物或纪年墓出土同类瓷器对照，目前还不能确定。关于它的下限，湖南省博物馆收藏有一件早年出土的釉下褐绿彩长方枕，枕面右侧褐彩书写五代贞明纪年，形式及彩绘保留晚唐时代风格可供参证。五代墓出土瓷器多为青釉，瓶腹部多作瓜棱形，盘碗多作葵瓣形，口部与器身相适应，与窑址标本基本相同。

（2）楚巫文化赋瓷意

谈及极具特色的长沙窑瓷器，就不得不从长沙地区有史以来的人文发展谈起。长沙地区是南楚的故土，居住在楚国境内的长江流域的蛮人、淮河流域的夷人以及被征服的华夏诸国人，经长期的文化交流，融合创造了带有巫文化色彩的楚国文化；楚地曾经是东周时齐名于宋、鲁的三个文化中心之一。秦到汉初，当地的陶器面貌仍然较多地保留着某些原有的传统特征。陶盒虽然见于战国楚墓，但在汉代墓葬中也大量出现，并取代了陶敦的位置与作用。陶壶多半无盖，鼎的三足多为矮胖的蹄足形状。这些器物显然是冥器。陶质坚硬的壶、罐、熏炉等，有可能是实用器，如长沙杨家湾六号汉墓中所出的陶熏炉，出土时炉内尚装有香灰及未烧完的香料。长沙国直属中央统治后，西汉后期长沙

唐代青釉贴双鱼执壶

唐代釉下彩绘双系罐

地区的陶器也发生了十分明显的变化。除西汉前期已流行的矮足鼎、盒、壶、罐之外，此时又增添了碗、盆、釜、甑、长方炉和博山炉。陶钫显著增多，灶、仓、井、屋、猪等陶制模型冥器开始出现。

长沙窑的瓷器式样之多，在唐代瓷窑之中可以说是少见的。长沙窑艺匠们对于罐等器物的口、腹、系、流的部位，善于随形变换，创造了许多实用、美观的形式。

长沙窑在装饰艺术方面有特殊成就，出现较早的是模塑贴花装饰。花贴在壶流和腹部，纹饰褐色彩斑，然后施青釉。模印贴花的纹样有人物、狮子、葡萄、园林等。罐类多有双系，系的制作也属模印贴花。长沙窑这种釉下彩的褐色大圆斑出现较早，在元和三年双系罐一类器物上以及模印贴花壶就已普遍使用，至于壶罐肩上饰以褐绿四圆斑的，其时间要晚于元和三年。双系罐上饰以褐绿彩点的，出土器物有镇江大中十二年解少卿墓中的一件双系罐，可知这种装饰流行于晚唐时期。釉下彩绘是长沙窑具有历史意义的首创，开始出现时纹饰比较简率，先出现釉下褐彩，然后发展为褐绿两彩。釉下褐绿彩有两种：一种是在坯上用褐绿彩直接画纹饰，另一种是先在坯上刻出纹饰轮廓线，再在线上填绘褐绿彩，最后施青釉。长沙窑釉下彩突破了青瓷单一的青色，各种纹样大量出现，丰富了唐代瓷器的装饰艺术，为后世釉下彩的发展开了先河，在工艺上也为后世奠定了基础。长沙铜官窑的印花装饰工艺出现较晚，印花主要见于盘、碗、碟等器的内部中心位置，纹样以花卉居多，也有花鸟和云纹，一般多比较简练。模印印花出现于中唐偏晚，印花出现于晚唐。

(3) 浓墨重彩

长沙窑釉下彩装饰不仅完美地实现了瓷器的实用价值，而且将瓷器的美学价值提高到前所未有的高度。釉下彩技术将诗书画意融合到瓷器的装饰之中，以一种新的形式将中国的艺术文化推向世界，在促进了中外文化艺术交流的同时，也激励着各地瓷器烧造的大胆创新。总之，长沙窑釉下彩装饰成为我国陶瓷史、绘画史、艺术史中浓墨重彩的一笔，在整个陶瓷史上有着不可估量的创新价值和深远的历史影响。

唐代釉下彩水盂

三、赣皖古陶语境

1. 唤醒角山话商瓷

> 童家古河三千载，唤醒角山话商瓷。
> 华夏符号第一窑，先人种树后人凉。
> 由陶化瓷窥其貌，传承技艺本不忘。
> 开天辟地属龙窑，古人精髓世人扬。

(1) 溯源商瓷

角山板栗山这片美丽天成的土地，蕴含着极为深邃的文化底蕴。3000 年奔腾不息的童家河，冲刷不掉一层层商周文化的色彩。稻田下沉睡的土地，躺着无数精美绝伦的陶罐和青瓷，让我们在 3000 年后的今天依然能感受到当年连片窑火的温度，让我们在文明的彼岸依然能清晰眺望历史长河的跌宕起伏。角山板栗山遗址位于鹰潭市区以东 7 千米的童家镇徐家村，面积达 7 万平方米，其历史可追溯至距今约 3500 年的商代晚期，甚至更早。

位于江西鹰潭市月湖区童家镇的角山商代窑场规模宏大，现存窑场总面积达 3 万平方米，是目前我国最大的一处商代窑场。1980 年年初，文物专家普查时发现了这一窑场，继而对其进行了初步发掘，确认角山窑始烧于商代中期，终烧于商代晚期，迄今有 3000 余年的历史。

1983—2007 年先后进行了 5 次考古发掘，到目前为止，共发掘各类遗迹 22 处，确定规模面积 30000 余平方米；考古人员找到了陈腐池、炼泥池、蓄泥池、蓄水池、排水沟、工棚、炼成坑和灰坑等，基本上厘清了窑址的文化面貌，再现了陶器制作的一系列过程。在出土文物方面，除三足盘、钵、罐、杯、器盖、豆、纺轮、网坠、陶拍、陶支座、陶垫等，还有一些新的器型，如提梁罐、捏流带把罐、平底盏、圆柱形拍面陶拍、制陶工具杯形器、鸟首四乳钉器盖等。另外，还有相当数量尚未修复的和在遗迹中已暴露还未提取的完整器物。

经过 20 年发掘的角山窑址是商代的大型窑场，是我国迄今为止发现的时间最早的、贸易化性质的专业性陶器生产基地。作为当时最先进和最早的窑作坊，其有着完整的生产流程，以及最多的文化符号，充分地展现了角山古越民族所创造的一个又一个商代的"全国之最"。

角山窑址是商代中早期至晚期的窑址，农业是当时社会生产的主体，手工业是农业的附庸，一般都难以形成规模，角山先民却例外地建起了规模化的陶瓷生产基地。这么大的窑场不要说是科技不发达的商代，就是在今天也不可小视。窑场之内陶瓷窑炉成群，在小范围发掘中已发现了烧成坑、马蹄形圆窑、龙窑近 20 座。出土文物十分丰富，已取得完整和可复原陶瓷器 3000 余件，陶瓷碎片几十万片，虽历经几千年风雨侵蚀和人为改变，仍留存有高达四五米的陶片。窑场中大量的文物遗存表明，角山窑场规模宏大，生产鼎盛，而且连续生产了三四百年，是商代独一无二的大窑场。

（2）造窑换物

角山窑址还是目前我国发现的最早的因交换而造就的窑场，是一批从农业中分离出来的独立手工业者经营的专业化程度很高的窑场，计数符号的发现也证明这里生产和交换的规模非常宏大。

产品交换在商代已经有了显著的发展，不过这种交换往往以自产自销为目的，在方国之中进行。角山窑场突破了方国的约束，人们不仅可以近距离交换，而且远销他乡。这里生产的陶瓷制品数量巨大，品种齐全，包括烹饪器、饮食器、盛贮器等日常生活用器，瓮、缸、尊、壶，小有碗、杯、纺轮、网坠可谓应有尽有，还有为数不少的祭器。这些产品不仅销于信江、赣江两地，鄱阳湖周围，而且影响远达福建、安徽、河南、河北、湖南、湖北，这是其他商周遗址所不曾有的。

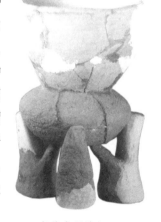

商代高足陶缸

目前已经发现不少夏商时期的制陶作坊，但多系单个窑炉，由农业生产者兼而作之。角山窑场则不同，这里的生产者是从农业中分离出来的独立的手工业工匠，他们劳作在窑场，吃住在窑区，专门以制陶为业。角山窑址出土了几千件文物，却没有一件农业生产工具，只见陶拍、陶垫、陶支座等制陶工具。陶拍十分考究，如用于拍打器身，正反两面刻着几何形花纹的柄长方形陶拍；用于器物肩部推滚压饰花纹的圆锥形伞状陶拍；陶垫的形状则与半开蕾的蘑菇相似。因为窑场制陶工匠人数众多，为了使自己的用具不与他人相混淆，陶拍陶垫的把手上都刻有专用的标识符号。陶工们运用这些工具，采用泥条盘筑和快轮制作的方法，巧妙、熟练地制作出各种形状的陶器坯件，并在陶坯的不同部位刻划着属于自己的标识符号和计算产品数量的计数符号。这些坯件经过窑炉的烧制，件件端庄朴实，美观实用，充分展现了角山专业陶工手艺的精湛和技术的高超。

(3) 殷人创龙窑

商代三锥足陶杯之一

陶瓷是泥土与火相结合的产物，自从认识到泥土经过火的焙烧可以变成器物后，历朝历代的陶工们都在为提高陶坯的烧结温度而绞尽脑汁，经过7000多年的努力，从敞口坑穴进步到圆形窑炉，然而角山窑址中的"烧成坑"被废弃成垃圾坑却是敞口窑穴退出历史舞台的物证。不过，普通型圆窑的火候仍然十分有限，角山先民在它的基础上进行改造，创造出马蹄形圆窑，并在吸火孔上下功夫，开设了三个吸火孔，提高了对火焰的抽拉力量，使窑内火焰呈半倒焰状，窑温上升到1100~1200℃，烧造出不少原始青瓷，把圆窑烧制原始青瓷的开始时间从东汉提前到了商代，向前推移了1000多年。更加可贵的是，角山窑在马蹄形圆窑取得卓越成就的同时，采用全新的理念，彻底摆脱了7000多年圆形坑穴和圆形窑炉的束缚，创造出全国第一条长形斜坡式隧道窑——龙窑，为中华龙窑的起源提供了确切的物证。这在当时是一个了不起的创新，震撼性强且影响深远，并为以后3000多年的陶瓷发展历史所证明。

在商代圆窑系统与龙窑系统已在江南并存，半倒焰马蹄形窑与龙窑一样代表着江南地区的窑业技术文化特征，不仅为部分商代遗址陶器的烧造提供了确切的窑口依据，同时也为江南地区青铜文化的研究提供了新的资料。

(4) 唯一再现

迄今为止，角山是全国夏商陶瓷生产作坊遗址中唯一可以表现古代陶瓷生产完整过程的。角山已发掘作坊遗迹五处，包含陈腐池、炼泥池、蓄泥池、排水沟、蓄水沟、烧成坑、马蹄窑、成品库、工棚等。这些遗存清晰地展现了陶瓷生产从取土陈腐、炼泥、淘洗沉淀到制坯成型、入窑烧制、成品入库存放的全部过程，全面揭示了角山陶瓷生产的工艺流程，为研究我国早期窑业技术提供了宝贵的实物资料。

角山窑址出土的许多陶瓷器的口沿内外、手把上、器底部刻划着多种多样的符号，考古人员已经整理出来的有 2500 多个，比全国其他商周遗址出土的刻划符号的总和还多，实属罕见。专家们将这些符号初步划分为：表数类、标识名号类、文字类、其他类，并对它们进行了比较深入的考证和研究，取得了良好的研究成果。这些刻划符号是当时社会最底层的劳动者用汗水和心血浇铸的，也是研究中国文明起源弥足珍贵的资料。

商代三锥足陶杯之二

江西鹰潭角山窑让我们看到商代中国古人的智慧，以下陶瓷工艺及技术成果，向我们展示了角山窑址文化的无比丰富。

①鹰潭角山窑场所生产的原始瓷是在印纹硬陶的基础上转变而来的，从印纹硬陶到原始瓷的成分变化符合由陶向瓷转变的规律。

②角山龙窑附近丰富的白色瓷土以及从陈腐池、炼泥池、蓄泥棚等作坊遗址采集的"青胶泥"均为制造原始瓷的原料。

③角山原始瓷釉分为三类，分别为高钙低铁原始瓷釉，低钙高钾、钠原始瓷釉，以及介于它们之间的中钙、中钾、钠原始瓷釉，这三类基本上代表了原始瓷釉的组成特点。

④角山原始瓷的烧成温度也与印纹硬陶相一致，更证明了原始瓷与印纹硬陶的关联性。但同时由于原料的改进，受烧成温度的限制，反而造成了角山原始瓷在吸水率和气孔率等物理性能方面的降低。

⑤角山原始瓷在材料的选择和精制上比印纹硬陶有了一定的进步，为瓷器的产生打下了基础。

2. 釉胎游离神韵在

洪州玻釉现奥秘，釉胎游离神韵在。

先知护颜匣钵睡，对口扣沿窑中烧。

青山绿水釉乍开，满园春色难裹住。

首创玲珑瓷艺精，艺匠篇章后世牢。

93

(1) 洪州窑溯源

洪州窑是唐代六大名窑之一，从文献记载上看，曾享誉一时的洪州窑器在陆羽《茶经》中名列第六，有"洪州瓷褐，茶色黑，悉不宜茶"之说。

洪州窑作为中国古代重要的青瓷窑场，现已发现六朝至唐代的青瓷古窑址群分布于今江西丰城市一带，遗址范围约 51 平方千米。洪州窑遗址共发现窑址 32 处，分布甚广，从丰城市最南边的剑南街道罗坊窑址至最北边的同田乡牛岗山窑址，直线距离约 20 千米，涉及 6 个乡镇 19 个村，共计有 36 个窑场，总面积超过 40 万平方米。烧造时间从东汉至晚唐五代历经 800 余载，这在中国古瓷窑址中是极为罕见的。目前，我国已在十多个省市发现了洪州窑青瓷，足以证实当时洪州窑青瓷生产之盛况。

在 1978 年，江西省博物馆于丰城曲江公社罗湖大队附近发现了六朝至唐代的青瓷古窑址群，属于唐代的出土器物有碗、杯、盅、盏、罐及钵等。盅、盏的口沿外多印有一周圆涡纹装饰。其中，一些器物的釉呈黄褐色或酱色。此外，沿赣江而下的新淦地区也发现了唐代瓷窑群。从《旧唐书，地理志》"洪州上都督府，隋豫章郡，武德五年平林士弘，置洪州总管府，管洪、饶、抚、吉、虔、南乎六州，分豫章置钟陵县。洪州领豫、丰城、钟陵三县。"可知，这些瓷窑群以及丰城的瓷窑群可能属于唐代的洪州窑，此外还包括早先已发现的九江蔡家垅窑、临川白浒窑等。

九江蔡家垅窑：窑址于 1977 年发现，在约 100 平方米的堆积中，比较多见的是直口折腹平底钵，多施酱褐釉，釉不及底；堆积物中还有大量的青瓷片和半成品。

临川白浒窑：临川白浒窑的唐代窑址发现于 1963 年。产品有碗、壶、罐、缸、钵等，以碗为主。这些器物制作的共同特点是胎骨粗糙、厚重，施釉多不及底，釉大多呈酱褐色。这一特点，同陆羽所评洪州窑器有共同之处。临川在唐代属抚州，然而与洪州属县南昌、丰城相邻，很可能和丰城、新淦等瓷窑属于同一个瓷窑系。陆羽只写洪州，是因洪州名声较大，其实生产这类瓷器本不限于洪州，也包括洪州邻近的白浒窑等在内。此外，东平县也发现了唐代窑址。

自 1992—1996 年考古工作者进行了三次挖掘，清理出龙窑 7 座，出土瓷器及窑具一万多件。证明东汉末期为创烧期，历经三国、两晋、南北朝、隋、唐至五代。东汉晚期开始使用化妆土，东晋一直使用匣钵装烧。每匣装 3～5

件器物，有支烧、垫烧，南朝时也有覆烧，并出现了芒口瓷。隋至唐代是其极盛期，产品有青釉瓷和褐釉瓷两大类。装饰技法多样，有镂空、划花、印花和堆塑等。图案有莲花、蔷薇、宝相花、梅花及联珠等。器物有碗、杯、盅、盏、罐、钵及文房用具和玲珑，釉色多呈黄褐色和酱色。此外，经过数次窑址勘探，陆续在中沿赣江而下的新淦地区发现了唐代瓷窑群。

西晋六系盘口壶

（2）艺匠三创

洪州窑在中国陶瓷史上曾有过许多创新：一是创造了匣钵装烧工艺，在古窑遗中发现了东晋时期匣钵装烧实物；二是创烧了芒口瓷，发现了南朝时期的"对口扣烧"的芒口瓷实物；三是最早烧成了玲珑瓷，发现了隋代玲珑瓷实物。这些创新在丰城市博物馆馆藏文物中得到了充分展示，如众多出土的洪州窑瓷器、窑具、瓷片的珍品，以及东晋博山炉、东晋匣钵、南朝青瓷灶、南朝芒口瓷瓷片、隋代玲珑瓷瓷片、隋代瓷印模、唐代辟雍砚等。

南北朝莲托灯盏

隋代莲花灯

从文献记载上看，洪州窑瓷器曾享誉一时。《唐书》卷一三四《韦坚传》记载：唐玄宗天宝二年（743），陕郡太守、水陆运使韦坚，引河水到长安"望春楼"下，凿为"广运潭"，玄宗诏群臣同登楼临观，韦坚率江淮并汴洛漕船300艘，漕船各署郡名，满载各郡轻货，豫章郡（洪州）船载"力士瓷、饮器、茗铛、釜"（即：名瓷、酒器、茶铛、茶釜），船首尾相衔进，数十里不绝，京城观者骇异。像这样盛大的南方手工业和土特产品水上展示，其中名瓷独举豫章，这足以说明洪州窑青瓷器当时确已驰名全国。

唐代青釉辟雍砚

洪州窑遗址的发现填补了我国陶瓷史上的空白，它为研究古代名窑的烧瓷历史、烧造工艺，尤其是进一步探讨匣钵装烧、玲珑瓷和芒口瓷的产生和发展，提供了宝贵的实物资料，具有很高的科学制造、艺术创新和历史价值。

3. 五色土

五色土染赣窑源，碎瓷划破古篇章。
上林铜官如一辙，唐鼓敲醒刘家山。

（1）惊现古窑

2006年3月，江西省景鹰高速公路建设至余干县黄金埠上行村委新屋郑家的刘家山，这座被农田与小山坡围绕的村庄，被现代化的机械声打破了原始的宁静。阳春三月，雨后的太阳洒在地上特别耀眼，被施工掘出的瓷片在柔和的阳光下熠熠生辉，众多的碎瓷片引起了工人们的惊呼，也引起了考古专家的关注。据了解，就在距刘家山窑直线距离约100米处，还发现了九妹山窑。对此，考古工作者依据有关历史文献，根据目测、走访、实地考察等形式，迄今已在公路施工沿线发现十余处文物点，推测黄金埠附近确有一个很大范围的青瓷系窑群。

同年4月初，在景鹰高速公路余干县出口互通施工现场、离主干道直线距离约 300 米处发现了一座古代窑址，位于该县黄金埠镇上行村委会新屋郑家刘家山一带。自 4 月 21 日起，文物考古人员对窑址周围 500 平方米的范围进行抢救性发掘，出土了大量民用青瓷实物。这些青瓷系中晚唐时期的产品，有力地证明了江西也是中国青瓷发源地之一。刘家山古窑址的发现，填补了江西陶瓷发展史上的一个空白，为研究唐代青花瓷烧制及江西青瓷窑业与吴越、荆楚文化开启了一扇"窗口"。消息一经传出，顿时引起全国考古界的强烈关注。

（2）古窑揭秘

刘家山窑是一个生产民用青瓷器的龙窑，从该窑的窑业堆积层，发掘出器型相对完整的碗、盘、钵、碟、盆、壶、罐、碗台及各类支烧具 1000 余件。这些出土器物的造型，有的雄浑，有的精巧，釉色呈现柚青绿和青黄，色泽精美，为同时期江西窑址所罕见。初步研究发现，其中玉璧形（又云古铜钱形状）的碗底，属中唐盛行的烧瓷工艺。在许多青瓷碗内，发现有代表中唐烧制特征的五个梅花状的褐色点彩，另外体现中晚唐风格的还有双系青瓷壶、双系青瓷罐等。据了解，窑内还发掘出盛行于南朝的网线状窑砖，由此可知，刘家山窑的建窑时期上限可以追溯到南朝。

阶梯状龙窑等多项发现在江西省内均属首次，虽在江西发现窑址并不稀罕，但是此次斜坡形阶梯状龙窑的发现，以及釉下褐彩瓷和瓷拍鼓的出土，在江西均属首次。

刘家山窑属斜坡形阶梯状龙窑，该窑呈东西向分布，窑向偏东平面近船形，分为窑头、窑室和窑尾三个部分。这类龙窑形制与结构在江西属首次发现。在此之前，年代最早的是四川的罗家窑，为北宋中晚期。因此，刘家山窑的发现可以说是迄今为止我国发现的最早的阶梯式龙窑。

从福建、广东和江西广昌等地的现有资料来看，过去认为南方龙窑为"单体龙窑"，至元代才演变为"分室龙窑"，直到明代早期才发展到"阶梯龙窑"。此次发掘的黄金埠龙窑依山坡而建，有窑头和窑尾等部位，窑壁用砖砌起，直长约 35 米，斜长约 40 米，宽 0.5~3.2 米，窑壁残高 40 厘米，可分为窑门、火膛、窑室、火道、烟孔、窑壁、隔墙等部分，整体看似属"分室龙窑"，但与迄今为止江西各地发现的唐代龙窑又不尽相

唐代青釉双系壶

97

同，是由"单体龙窑"演化而来的"分室龙窑"。这一"分室龙窑"结构为江西首次发现，对研究窑炉发展的历史具有重要意义。

2009 年，江西省余干县还发现了一处保存完好的明代窑址，该窑位于瑞洪镇上湖与下湖之间，称曹家庄窑址，该窑高 2 米，宽 2 米，其结构属馒头窑，用于烧制砖块。砖块烧制精细，并印有"饶州府余干县提调"的铭文。据记载，明初朱元璋采纳朱升"高筑墙"的建议，大兴土木修建南京城，全国有 5 个省 125 个县负担烧砖事宜，当时的江西省就有 55 个县烧制，余干县便是其中之一。

(3) 历史渊源

一个窑址的诞生，除了生活资料的需求、生产技术的存在以及历史文化的积淀，还需要方便瓷器生产的自然环境和交通环境。余干县自古以来就是陶瓷原料之乡，瓷土资源非常丰富，灰、白、红、黑、紫五大类陶土齐全，且陶土品质高，在一个地方有五种颜色的陶土同时存在是比较罕见的，因而有"五色土"之美誉。相传余干瓷土自唐代开始就断续开采，余干瓷土在明代或明代以前就已成为景德镇制瓷原料的来源之一。明王宗沐《江西省大志》卷七《陶书砂土》条谓："余干不土八十斤直二钱……"《景德镇陶录》载："坪里（即平里）土、葛口土、皆祁门所产，自余干出，而坪里、葛口用者少矣。"刘家山窑址的发掘，不仅填补了余干境内无中晚唐窑址的空白，而且也印证了余干梅港瓷土开采始于唐代的文献记载。

该县县志曾记载，汉唐时有船从梅港乡码头装载瓷石外运，但县志上不仅没有说明瓷石运往哪里，也没有记录余干县有自己的瓷器窑炉，这一直让关心余干县历史的人们感到困惑，而此次发掘刚好为人们解开了这一谜团。

据当地一位老者说，这附近有许多烧窑的人家，但现在这里的人主要还是靠种田和外出做工为生。虽然现在只能看见曾经烧窑的泥土，但也可以想象在当时，这里至少是贸易繁盛的地带。余干县博物馆的学者认为，黄金埠本身就是一个"黄金码头"。通过信江，瓷器可以由船运入鄱阳湖进长江再转运至全国甚至世界各地。可见，刘家山窑的产品，具有外销中亚与西亚的极大可能，同时也是《太平广记》中屡述洪州商胡事的最佳实物注脚。由此可知，黄金埠在当时与西域文化的交流十分频繁。黄金埠极有可能是当地重镇，外销瓷品的出现也使有的专家认为，黄金埠在当时有可能是一个文化、经济交流的重镇。

对出土窑品的初步研究还表明，刘家山窑青瓷具有多种文化特色。余干早在秦始皇元年就已建立县制，有2200多年的悠久历史。楚、吴、越兴替，使余干处于"吴头楚尾"，刘家山窑址的产品正体现出这种文化多元交融的时代特征。如梅花形釉下褐色点彩，吸收了楚文化的特征，与长沙窑出土的青瓷品非常接近，而青绿色釉又是浙江绍兴一带越窑瓷品的典型代表，充分反映出赣与浙、湘等省瓷业的渊源。

另外，专家根据出土的"贞元"纪年款釉下褐色彩斑贯耳瓷罐残片，推断这些青瓷是中晚唐时期的文物，它们证明了江西也是中国青瓷发源地之一，填补了江西陶瓷发展史上的一个空白。同时，因为此窑的发现，相关学者建议将原有的"江西五大名窑"（景德镇窑、吉州窑、洪州窑、赣州七里镇窑、南丰白舍窑）增至为"六大"名窑。

唐代有不少瓷窑产品行销国内外，得益于当时兴盛的瓷业与良好的通商环境，从而造就了这些青瓷系窑群的崛起。

（2）惊世迹象

刘家山窑址出土的这些青瓷器，其形制、釉色与浙江越窑青瓷、湖南长沙窑青瓷有密切联系，特别是胎上施褐彩的碗器类，与长沙窑工艺如出一辙。这对研究唐代青花瓷有重大的意义。在刘家山窑址附近的九妹山，还存在一个面积至少10平方千米的古代青瓷系窑群。该窑址群填补了余干境内无晚唐窑址的空白，而且也印证了余干梅港瓷土开采于唐代的文献记载，为研究江西窑业与浙江、湖南的经济、文化的交流开启了一扇明窗。

黄金埠窑挖出的唐代腰鼓，为青釉瓷质地，改写了江西省陶瓷发展史。该窑址共发掘出土3000多件各类陶瓷制品和相关生产工具，其中的唐代青釉瓷腰鼓堪称"国宝"。这件西域少数民族的打击乐器，是唐代江西省与中西亚地区文化、经济交流的力证，同时也说明了当时江西省水路交通的发达。黄金埠窑里出土了不少质感精美的青釉瓷腰鼓，均为江西多年陶瓷发掘所仅有。据测量，呈"哑铃"状的腰鼓残器长度最长约40厘米，鼓面最大直径约20厘米，且瓷质细腻、手感光滑，属上等工艺制造。这些腰鼓又名拍鼓，原为西域少数民族的一种打击乐器。此前，我国只有河南鲁山段店窑、四川邛崃青瓷窑、湖南长沙窑等窑址出土过青瓷腰鼓。《新唐书》（一三四卷）曾有关于江西洪州窑青瓷器经鄱阳湖入长江，抵洛阳、长安后，再经丝绸之路到达中亚、西亚的记载。据悉，此前出土的唐代青釉瓷腰鼓在全国只有一件，目前收藏于故宫博物院。青釉瓷制腰鼓和刻有"贞元"，即唐德宗李适年号纪年款的

唐代青釉瓷腰鼓

青瓷罐残片为当地首见。考古学者说，它确切表明了黄金埠窑当年从事皇家官窑瓷器的生产，这也是全国范围内首次发现唐代官窑。

这些出土的器物，造型有的雄浑，有的精巧。按釉色可分为青釉瓷、酱褐釉瓷、月白釉瓷和釉下彩瓷等，其色泽之精美，为同时期江西窑址所罕见。刘家山窑还出土了圆形和长方形两种青瓷砚，褐色花草纹的长方形砚台，造型如宋砚，而胎质与釉色却是唐青瓷质料，具有唐长沙窑釉下褐彩产品的风格，此方砚可能将我国方砚制造的年代提前。在中国的制砚史上，青瓷砚始于三国，而盛产于晋、唐。之后，青瓷砚演进为圈足砚，但自唐代以后，青瓷砚被逐渐淘汰，而代之为长方形石砚。过去，学界均认为长方形石砚是宋以后盛行的砚式。但此次考古出土了一种由圆筒形支烧工具演变而来的圆形砚，上端为圆形，周沿有一道蓄水槽，下端为曲齿形圈足。圆形砚十分奇特，这类砚在江西各青瓷窑址尚属首次见到。

偏远宁静的刘家山小山村里，布满了星星点点神秘的古窑，千年的沉睡，低调而从容。这里隐藏着一段沉淀的历史，埋藏着一首静美的歌，用大地怀揣着通天的瓷质上品。

4. 一叶思春秋

吉州永和同一处，青出洪州胜于蓝。
亦追景德白闪青，海纳磁定启纪元。
墨釉隐柔黑魅生，玳瑁剪影梅映月。
茶禅一味盏中品，一叶春秋思桑女。

瓷器在中国历史长河中跌跌撞撞、摸索前行，终于发展出两条并行线路，有质量精良、专供宫廷烧造的官窑；有极富乡土特色、供百姓日常使用的民窑。中国古代封建等级明确，统治者总能占据最好的社会资源，君主意志发展到极致竟也把瓷器分出高贵和微贱，甚至对瓷器的原料、形制等加以诸多限制。然而，民窑的历史远比官窑早得多，它虽不具备上好的制瓷原料，却因窑工们对生活敏锐的体察和丰富的想象力而创造出令人惊叹的瓷器艺术品。

在诸多的民窑瓷器中，吉州窑无疑占据着重要的地位。吉州窑位于江西省吉安县永和镇，又称"永和窑"。吉州窑是我国南方民窑的代表之一，它创烧于晚唐，兴于北宋，盛于南宋，衰于元末，持续了600年之久。古人烧瓷并非闭门造车，各地文化的交流在瓷器上也可见一斑，吉州窑便是汲取各家所长，与许多窑口有很深的渊源。它在继承中探索、在模仿中创新，成为一个品种繁多的综合性窑口。

(1) 吉州窑与洪州窑

瓷器的烧制受到深刻的时代影响，"南青北白"的瓷业格局在唐代已经十分成熟，吉州窑在创烧之初，也将青瓷作为自己的起点。初生的吉州窑胎骨厚重、质地粗糙，多数瓷器为黑灰或黑色胎，器物施釉不及底，釉层不均匀，釉面发涩，有的存在流釉现象。釉色之青也并非纯粹的青，而是颜色较深的青褐、酱褐、青黄。烧造方法还停留在原始的叠烧上，器物的内底和足壁上常留有4~8个支烧痕迹，十分影响美观。

晚唐五代，吉州窑刚刚萌芽之时，刚好是江西丰城洪州窑的窑火烧到尽头之际，经过800年的沉淀与积累，洪州窑的制瓷技艺已悉数流传至吉州窑。今天来看，吉州窑早期青瓷多具有同时期洪州窑瓷器的特征，可吉州窑后来的"青出于蓝"是洪州窑所料不及的。

(2) 吉州窑与景德镇窑

到了北宋早中期，吉州窑窑工不再满足于单一的青釉瓷器，而这时的景德镇正在烧造一种白中闪青的青白瓷。吉州窑的艺匠们在赞叹之余加紧了技艺的学习，他们将胎土淘洗得更加精细，经过长时间的陈腐和精心的配置，也烧制出胎质坚硬、釉色莹润光洁的青白瓷。吉州窑青白瓷的造型多样，有注壶、注碗、杯、炉、莲花炉、盏托、盏、小罐、粉盒和器盖等。

吉州窑的多数青白瓷与同时期景德镇产品相比，胎质和釉色略显粗糙，只有某些高档产品可与景德镇窑相媲美。这种差距除了是徒弟与师傅之间的差距，也与自然条件有密切的关系，毕竟吉州地区的瓷土质量是远不及景德镇的。

(3) 吉州窑与定窑、磁州窑

吉州窑不仅受到南方诸窑的深刻影响，在模仿北方窑口方面也颇有心得。从北宋中晚期开始，吉州窑开始烧制仿定窑产品，一直持续到元代初期。定窑作为北宋的五大名窑，声名远播，它成为吉州窑学习与模仿的对象想必在人们的意料之中。吉州窑所烧白瓷胎色灰白，底足无釉或半截釉，早期白釉质地较粗，后期工艺有所提高，但仍不及定窑胎质坚实、釉色白净光亮。

吉州窑的釉下彩绘瓷从北宋中晚期开始生产，这种釉下彩绘瓷与北方民窑磁州窑产品趋同，其胎质、釉色与同时期的白釉瓷相同。古代交通不便，这种南北方的文化交流乍一想来匪夷所思，文化的传播向来以人为媒介，北宋的"靖康之乱"所造成的人口南迁为我们给出了答案。南迁的人口中有不少北方的窑工，特别是磁州窑的窑工把磁州窑的彩绘技法带到了吉州窑。

吉州窑釉下彩绘纹饰富于变化，运笔大胆潇洒，技法刚柔兼具，内容丰富多彩，包括植物类的卷草、蕉叶、荷叶、梅花、竹子等，动物类的飞凤、奔鹿、鱼等，几何纹类的回纹、弦纹、连弧纹等，以及海涛、波浪、诗词、人物纹等。其画面不仅为我们保存了宋元民间的绘画史料，也保存了宋元民俗学的资料。吉州窑的本土特色与北方制瓷技法相融合，与磁州窑一起开启了我国瓷器彩绘装饰的新纪元。

(4) 吉州黑魅

北宋黑釉洗

吉州窑产品品种之复杂匪夷所思，它集各名窑之大成，所烧品种包括建窑类型的黑瓷、景德镇类型的青白瓷、定窑类型的印花白瓷、磁州窑类型的白地黑花瓷、耀州窑类型的刻花青瓷，乃至龙泉窑类型的青瓷与仿哥窑瓷器等。吉州窑所烧的黑釉瓷是重中之重，它是吉州窑瓷器的典型代表，占据了吉州窑的半壁江山。

黑釉在陶瓷家族中一直是默默无闻的，屈居配角地位，吉州窑的艺匠们却在这黑色之中寻求变化，让黑不再是毫无生机的黑，让黑中生出了变化。如仿玳瑁釉、木叶纹、剪纸花纹、描金彩绘、剔花花纹以及黑釉褐斑、白斑、蓝斑等，发展到南宋时期几乎可以与建窑的兔毫、油滴相抗衡。

北宋黑釉洗三件套

南宋玳瑁釉盏

南宋木叶斗笠碗

吉州窑黑釉瓷中尤其以木叶盏最为难能可贵。将一片树叶印于茶盏之内，绝不是吉州窑艺匠们的突发奇想，而是蕴含了深层次的精神寄托。木叶盏内外壁均施黑釉，按造型可分斗笠盏、束口弧壁盏和深腹盏三种。日本私人收藏的吉州窑瓷器中有一件特殊的三叶盏，其盏心的木叶旁，竟装饰一条栩栩如生的蚕，可见印于盏心的树叶是桑叶不会有错。吉州窑所在地江西，南宋时为盛产蚕桑之地，南宋诗人陈与义曾有"柏树解说法，桑叶能通禅"的诗句，在古人眼里，桑与茶是被赋予了微妙的联系的。从唐怀海禅师制定《百丈清规》始，饮茶遂被纳入佛门清规，并逐渐形成一套庄重的寺院茶礼。宋代释道原《景德传灯录》卷十二载僧人问吉州资福如宝禅师："如何是和尚家风？"师曰："饭后三碗茶。"茶与禅的关系已达到"茶禅一味"的境界。至南宋时，禅茶在整个社会的渗透与普及极大地提高了禅茶文化的美学境界，茶器美学品格的提升也不例外，吉州窑木叶盏就是这一背景下的产物。古人品的是茶，亦是一缕浓浓的禅意。

除了木叶纹，"剪纸贴画"工艺亦是吉州窑的独创。吉州窑在陶瓷品质上无法和建窑竞争，索性扬长避短，以装饰手法和丰富多彩的造型艺术取胜。剪纸是一种流传很广的民间艺术形式，将剪纸贴花与陶瓷艺术相结合，不仅体现了吉州窑工的匠心独运，也体现了瓷器对其他艺术形式的强大包容力。

在制作剪纸贴画瓷时，先在胎上施一层黑色釉，再把剪纸纹样贴在上面，接着在未被纹样遮住的地方施一层色调比底釉淡的釉，之后把剪纸纹样取走，这样露出了黑色的图案，最后入窑烧制。常见的纹饰有鸣鹊、飞蝶、奔鹿、鸾凤对舞，以及梅、兰、竹、菊等各种不同花卉、珍禽的剪影，造型各异，堪称巧夺天工；或有内书"长命富贵""福寿康宁""金玉满堂"等吉语的剪纸纹样，流露出浓郁的民间气息。

晚唐褐釉八宝罐

吉州窑所烧制的玳瑁釉、鹧鸪斑釉亦属难得。玳瑁之色极富吸引力，褐黄相间，花而不刺目，新奇不突兀。鹧鸪斑点似由古人随意洒落在黑釉之上，没有丝毫的拘谨，讲究神似，但求洒脱。除了日用器皿，吉州窑还生产一些泥塑儿童玩具与飞禽走兽，尤以婴孩造像生动鲜活，秀丽之至。

(5) 窑火止复

南宋末年(宝祐五年，1257)，蒙古发动了对南宋的全面军事进攻。文天祥起兵勤王，兵源半数来自吉州，其中或有吉州窑工参与。因此，南宋末年至元初，吉州窑曾一度停烧，战乱之时，吉州窑也不可能独善其身。根据1980年江西省文物工作队和吉安县文物管理所对吉州窑重新进行的考古发掘资料来看，吉州窑直至元代末期才最终停止烧造。

元代白底褐彩罐

吉州窑最负盛名的黑釉剪纸贴花瓷、黑釉窑变花釉瓷在元代已基本绝迹，代之而起的是一种在米黄色胎体上绘画黑褐色花纹的釉下彩绘瓷，显然，这是对磁州窑白底绘黑花瓷器的继承。元代吉州窑彩绘多数纹饰布满全器或采用多层次的绘画，装饰画面非常饱满，与青花的装饰风格有相同之处。海水纹饰是吉州窑特有的一种地方风格，其汹涌澎湃之势与元青花器上常出现的海水纹有异曲同工之妙。可见，北宋磁州窑、南宋吉州窑、元代景德镇青花或多或少具有承续关系。

从兵荒马乱的晚唐五代到豪迈不羁的元帝国，

中华大地上的各大窑口在吉州窑身上留下了不可磨灭的印记，是中国瓷业遍地开花的鼎盛局面造就了吉州窑不甘落后的进取精神，是吉州窑艺匠们的高超技艺和想象力造就了吉州窑的独特魅力。从模仿到原创，由继承到发扬，吉州窑在名窑林立的境况下牢牢占据着一席之地，至技艺纯熟的釉下彩绘技法影响到后来的元青花。吉州窑一路走来，既承载了包罗万象的民俗文化，又蕴含着文人墨客的儒雅多思，它前行的步履铿锵，也从容不迫，正如那貌不惊人的黑釉之上隐现的淡月梅花，透着一副铮铮傲骨。

5. 乳钉柳

七里香外有窑烟，贡江浮橹入东海。

鼓钉留在鱼篓尊，东瀛嗜茶为小壶。

（1）七里传窑烟

赣州窑因为在今江西赣州，故名。赣州是一座设置于西汉初年，已有两千多年历史的文化古城。赣州，在历史上繁荣兴盛于两宋时期，时至今日，赣州仍旧保持着宋代的城市布局特色以及众多的宋代文史古迹，堪称江南地区保存最为完好的宋城。

赣州窑开始烧于宋，主烧青白瓷，有刻花纹饰；元代烧青白瓷、黑釉及龙泉釉。赣州窑位于赣州市东郊的七里镇，俗称七里窑，是唐宋时期江西的四大名窑之一，也是赣南最大的一处古瓷窑址。始烧于晚唐，盛于两宋，终于元，前后延续 300 多年历史。窑址沿贡江北岸一线分布，东西长约 2 千米，南北宽约 0.5 千米，在这 1 平方千米的地下，均为古代的窑址及堆积物，在地面以上，还保存有赖屋岭、沙子岭、高岭等 16 处窑包堆积，面积达 3000 多平方米。赣州窑是江西省目前发现的规模最大、烧制历史最长的宋元古窑。1957年，江西省人民政府公布其为第一批江西省属文物保护单位。

（2）考古发现

1976 年，韩国木浦市新安海底打捞出一艘我国元代贸易沉船，在沉船货物的 13000 多件中国商品瓷中，成批地发现了被称为乳头纹小壶的这种产品，包括外露胎和不露胎的、黑釉的、白乳釉的。1975 年，赣州市邮电工地发现的宋元时期居住遗址中，出土了一件吉州窑彩绘罐，罐的肩部亦有细密的白色点釉。但这在吉州窑的产品中是比较少见的，说明这种点釉装饰在吉州窑产品的工艺中，不是它的主要特色。相反，在赣州七里镇窑址上，凡属黑釉产品的堆积，至今还可以大量地捡到这种器物的残次品，其口沿和碎片也俯拾皆是。1976年，江西清江昌付公社迭湖村发现一座南宋乾道九年的墓葬，出土了一件七里镇窑黑釉刻划纹鼓钉罐。从已发表的文献来看，在磁州窑的工艺特点中和吉州窑的装饰特点中，没有发现和它完全符合的瓷器。在后来出土的标本中，不但器型、纹饰、釉色与韩国新安沉船所出的相同，甚至有的连尺寸规格都一致。因此，这种带有点釉或旋涡纹装饰的我国外销瓷应该是赣州七里镇窑的产品，其窑口当属江西赣州窑。

南宋褐釉文字盏

南宋酱釉刻划柳斗纹罐

元代黑釉白柳斗罐

1985年秋至1991年秋，江西省文物考古研究所会同赣州地、市博物馆先后对砂子岭、周屋坞、张家岭和木子岭四处堆积进行了考古发掘，取得了许多宝贵资料。从出土的遗物可见，赣州窑在唐代后期就开始烧造一种翠绿色的青釉器。但这种青瓷的存量较小，大部分堆积则属于宋元时期的器物。北宋时期，这里烧造的白釉器，釉色乳白、釉汁肥厚、胎骨凝重。南宋以后，除了继续烧造少量素面白瓷，主要烧造黑瓷。考古人员在窑址上曾采集到一件刻有"都天元帅"陶文的黑釉器足，说明这种黑釉器一直延续烧造到元代。赣州窑黑釉器大部分为素面，釉面黑里泛红，釉色有纯黑、酱褐、棕红、茶青、褐黄等。釉汁肥厚，少有泪釉。胎骨有深灰、浅红两种，一般比较厚重。器型有碗、盘、碟、钵、壶、罐和瓶等陶瓷日常生活用器；器体厚重，大多为实圈足，施釉不及底，足部露胎。

（3）鼓钉鱼篓尊

1976 年韩国新安海底所打捞的元代瓷器中大量出现了乳钉柳瓷罐，这种瓷罐沿口直颈、鼓腹、小平底或内凹小圈足。外形似鱼篓，有器外施釉和器外不施釉两种，器外不施釉的颈部饰有三组弦纹，腹部饰有旋涡状刻划纹。但两种罐的共同特征都是在颈部饰有白色釉圆点纹，这种点釉由于釉汁浓度不一，故小圆点的形状各异，有小圆饼、小圆珠和小尖突状。胎骨呈暗灰色，器壁颈至腹部较薄，腹下部至底增厚。器身施黑色釉，但大部分为棕褐色，釉水肥厚、晶莹；全器施釉的外不及底，器表不施釉的内釉施至口沿外唇。另外，还有一种为白胎，器内施乳白浊釉，点釉为棕黄色，刻划纹粗且深。但这种乳白浊釉产品在七里镇窑址上发现的数量较少，仅采集到几件残片，而大量的则是黑釉。这种刻划纹点釉装饰的黑釉罐，曾在日本山梨县巨摩郡热见村出土，国外称这种黑釉罐为褐釉擂座小壶。

（4）海外共享

日本与我国是有一海之隔的国家，早在唐代，日本就开始从贸易中进口我国出产的精美陶瓷。这些陶瓷在当时中日贸易商品中享有很高的声誉。据朝鲜、日本等国外考古发现，随着出口需求量的激增，我国古代这一时期外销日本的江西陶瓷产品中除了景德镇和吉州两个窑口，还有一个重要的窑口——赣州窑。

外销瓷出口应由赣江北上经鄱阳湖出长江，再东下转至沿海口岸。宋元以来，我国以陶瓷为对外贸易主要内容的"海上丝绸之路"有两条路线：一条从福建沿海经东南亚，从印度到波斯湾到红海最后到埃及；另一条就是经朝鲜半岛到日本。今在日本出土的这种赣州窑鼓钉纹瓷罐，成批地在新安沉船中发现，说明这艘我国元代贸易船航向目的地是日本。从沉船上发现三件高丽瓷看，该船是途经朝鲜半岛在口岸停泊时，遇到突然的事故而沉没的。

赣州窑除了生产大量朴实无华的民间用瓷供国内市场需要，还特地生产一些供国外市场需要、艺术性较高的外销瓷。很多产品当时是出口创外汇的，而这种鼓钉纹和刻划纹黑釉罐，应是当时赣州窑为了参加对外贸易，所提供的富有地方特色的外销产品。不仅在日本山梨县出土了这种产品，而且在日本爱知县濑户市九曲窑还发现室町时代(相当于中国的南宋至明代)这种瓷器的仿制品。可见，这种瓷器作为茶具，在当时深受日本人民喜爱，且为日本窑工所接受，进而大量仿造。因此，这种鼓钉罐可能是当时赣州窑专为出口日本而烧制的产品。

四、瓷都之源

1. 瓷都唐瓷南窑填

> 绿坡丛林茯窑龙，南窑薪火燃瓷都。
> 以民为念瓷亦贵，沧海沉浮现遗珠。

(1) 追溯瓷都窑火

唐代褐釉罐盖

很长时间以来，景德镇因其作为明清两朝全国的瓷业中心而被人们熟知，美艳高贵的青花瓷更是成为景德镇瓷器的代表性产品，然而把时间向更久远的历史推移，我们还会发现更多的惊喜——南窑的发现将景德镇的窑火追溯到 1200 多年前的唐代中期。

南窑遗址位于景德镇乐平市接渡镇南窑村，窑址出土了多达数十吨的窑具和瓷片标本，并发掘出两座龙窑遗迹、10 个灰坑、一条灰沟和一条道路遗迹，其中一条龙窑长达 79 米，是迄今发现的最长的唐代龙窑。龙窑是我国南方地区特有的一种窑炉形式，它依托于山体而建，形似长龙，利用山体自然坡度形成抽力，有利于形成烧造瓷器所需的还原焰。这条唐代最长的龙窑遗迹位于南窑村窑山东南部，由窑前工作面、火门、火膛、窑床、窑墙、窑尾等几部分组成，它的发现为研究南窑的生产流程、窑炉砌造技术、烧造工艺和当时的社会经济提供了依据。

南窑出土的遗物多具有盛唐至中晚唐的特征，所烧瓷器的产品多样，釉色种类丰富，有素胎器、青釉瓷器、青釉褐斑瓷器、青釉褐彩瓷器、酱釉瓷器，以青釉瓷器为主。青釉瓷釉质温润，釉色有青黄、青灰、青褐、黄褐、蟹壳青釉等，其中蟹壳青釉占绝大多数，部分釉面有冰裂开片。胎骨坚致，深灰胎居多。器物造型敦厚端庄，器型十分丰富，有双系瓶、双系罐、小瓶、执壶、碗、盘、盘口壶、灯盏、钵、水盂、盒、盆、腰鼓等，碗盘类瓷器流行圆饼足、玉璧底，少有圈足碗。器物的装饰以素面为主，兼具釉彩装饰，装饰方法主要有模印、褐斑、褐色彩绘。

唐代青釉双系罐组图

（2）民为贵

南窑作为民间商品性窑场，主要生产供普通大众使用的质地较粗的一般商品瓷，修坯不精、施釉不匀，明火裸烧后的瓷器釉面略显粗糙。然而，这并非说明南窑的制瓷水平低下，而是窑工们在产量、质量和效益上的权衡，他们将已掌握的工艺技术有选择性地用在不同类型的产品中。南窑还生产少量供上层社会使用的精品瓷器，其胎质细腻、釉层均匀莹润，可与长沙窑、越窑的高档瓷器相媲美。

（3）沧海遗珠

南窑窑址未见文献记载，但遗址出土的夹耳罐、穿带壶等具有重要的断代意义，夹耳罐是 800 年前后伴随海上陶瓷之路兴起而出现的标志性产品。由此可见，南窑生产的部分产品具有外销的性质。南窑的兴起并非偶然，而是唐代瓷业大发展的结果，其青釉碗、盘、罐类器物的形制、装烧方法与湖南长沙窑、江西洪州窑、浙江越窑同时期的同类器物类同，尤其是模印方形系罐、大块褐斑壶、釉下褐彩瓷与湖南长沙的风格接近，制作工艺如出一辙。

南窑遗址的发现把景德镇地区的制瓷历史又向前推进了 200 年。古人总是留下很多耐人寻味的蛛丝马迹，牵引着人们去探索、去发现、去揭开他们神秘的面纱。南窑便

唐代青釉四系罐

是中国陶瓷史上的一颗沧海遗珠，它的发现使得景德镇瓷业的源头终于浮现在人们眼前。

2. 白舍"所夺"景德镇

> 白舍不舍白，白青不青白。
>
> 白舍夺景白，白瓷天下白。

(1) 白舍不舍白

白舍窑也称南丰窑，最早见于《浮梁县志》(乾隆刊本) 所附之蒋祈《陶纪略》一文，文中谈到能够与景德镇争夺瓷器市场的有南丰窑。南丰白舍窑是江西省文管会于 1960 年调查发现的，初步知道它烧青白瓷和白瓷，窑址范围长达 2 千米，有窑址堆积 16 处，地面瓷片极多，是江西省另一瓷器重要产地。

宋代青白釉瓜蒂盖梅瓶　　　宋代青白釉瓜棱披花纹净瓶

白舍窑烧制洁白的薄胎和釉质晶莹润泽的青白瓷和白瓷，其釉中含铁量稍少，相较于其他窑口的青白瓷，烧后呈现白色。不过，在景德镇湖田、湘湖窑的青白瓷标本中也有同样情况。造型、釉色与景德镇大体相似，也用垫饼支烧，而与景德镇的区别之处是底部不同，不呈现黄褐色，这说明白舍窑垫饼使用的原料不属于含铁量高的紫金土。

白舍窑是一处烧民间瓷器的瓷窑，产品形式多为常见的壶、炉、盘、碗等，以碗的数量最多。壶有两种式样：一种为瓜棱壶，壶身通体呈瓜棱形，配以细长的壶流及曲柄，仍留有早期金属器的遗风，壶腹部划刻几条弦纹装饰；另一种为八方形壶，壶腹部有凸起的一道接痕，可以看出是分为两段成型之后

粘连在一起的，上面的凸起痕则是修坯草率的结
果。碟和高足碟的式样与景德镇无显著区别，胎
极薄，器里凸起线条装饰也保留有金属器的遗风。

（2）白舍夺景白

白舍窑遗址采集的标本多属宋代，其生产规
模与产品质量可与景德镇当时的生产技术与青白
瓷质量相媲美。《陶纪略》所说的南丰窑对景德镇
窑瓷器市场有"所夺"，而"夺"的意思是什么呢？
景德镇在宋代主要烧青白瓷，白舍窑在宋代只能
是与景德镇争夺青白瓷的市场，由此可见，白舍
窑在中国陶瓷史上的重要位置。

宋代青白釉刻花盏

宋代青白釉棱线葵沿盲口碗

宋代青白釉折肩洗

3. 湖水藏青玉

清照惊梦枕似玉，湖田假玉媲和田。

冰清玉洁瓷薄翼，半透幽光回眸甜。

（1）春秋沐青白

青白瓷是宋代以景德镇湖田窑为代表烧制成的一种具有独特风格的瓷器，
因为它的釉色介于青白二色之间，因此其又被称为"影青"。青白瓷在宋元两
代成为瓷中精品并受人喜爱，这并非偶然，色泽悦目可能是最主要的原因。青
白瓷釉质清澈透明，积釉处晶莹如一湾湖水，在当时被赞为"假玉器"，可见
其精美绝伦竟可与玉器相媲美。经过了放浪不羁的魏晋风尚、豪放包容的盛唐

宋代青白瓷观音菩萨塑像

气象，终于轮到青白瓷来代言宋代的婉约优雅。

瓷器自诞生之初就由青瓷独领风骚，千年之后，白瓷从青瓷之中脱胎出来，首次表达了古人对于"纯净"的追求，而青白瓷的产生正是在这种纯净之中加入了一抹清凉。景德镇湖田窑无论从质和量上都可称为青白瓷的集大成者。

考古证明，湖田窑创烧于五代，这一时期的产品以青瓷为主，兼烧白瓷。其所烧白瓷虽不及北方邢窑精细，却是江南地区最早的白瓷产地，它的产生打破了北方地区对白瓷的垄断，为青白瓷和枢府瓷的产生奠定了基础。

宋代青白釉葵口划花斗笠碗

宋代青白釉龙首莲花水注

五代时期的湖田窑制品在同期产品中并非上乘，反而略显粗笨，因瓷胎中铝含量偏低容易变形，所以采用加大足径、加厚足壁的方法来承受器物上部的重量，以降低变形率。此时的湖田窑并未普及匣钵装烧的方法，而是采用支钉叠烧法，使火焰、灰尘直接与坯体接触，烧成后釉面不洁净，釉色青中泛黄者居多，且在足底与碗心留下明显的支烧痕迹，十分影响美观。

五代后期，古人终于在惊奇和欣喜中迎来了青白瓷。在古代没有知识产权保护的情况下，一种产品在市场上获得喜爱，往往会引起各地窑口竞相模仿学习，但由于模仿地与原产地原料资源和自然条件等因素的客观差异，又在仿造的过程中演变出自身独特的风格，吉州窑对磁州窑"白地黑花"的模仿是如此，湖田窑对邢窑、定窑白瓷的模仿亦是如此。

（2）冰清玉洁

青白瓷本起于南方工匠对北方白瓷的学习，却因江南地区得天独厚的自然条件造就了青中有白、白中泛青的独特釉质。它的出现无疑是对白瓷的仿造过程中令人惊喜的意外，湖田窑的窑工以敏锐的智慧抓住这个意外，并将其不断发扬、改进，成就了宋元两代青白瓷"冰清玉洁"的美誉。这时的青白瓷烧造工艺虽不成熟，却还是以其青白相间的独特釉质拉开了中国青白瓷时代的序幕。

宋代青白釉兽足立耳炉　　　　　　宋代青白釉素面洗

后人评宋史，习惯上以靖康之变、宋室南渡为界，将其分为北宋和南宋。北宋的建立结束了五代十国的割据纷争，为后世带来 100 多年的太平。宋初实行了一系列宽减赋税的政策，使百姓得以生息，经济得以复苏。安定的环境使全国的人口不断增加，并出现了一些以商品经济为主的繁荣城市，甚至在广大的农村地区也发展出手工业和商业兴旺的集镇。在这个基础之上，我国的制瓷业也迎来了一段极其辉煌的时期，全国各地名窑林立，瓷胎、瓷釉、造型、装饰各具特色，景德镇青白瓷以其日益精进的制瓷技艺和清透如湖水般的釉色跃居宋代六大窑系之一，成为各大窑口争相模仿的对象，并且远销海内外。

（3）水土宜陶

景德镇地处江南，地下蕴含各种丰富的制瓷原料，如瓷石和釉果、高岭土和匣钵土等。它全年日照充足，有利于湿坯的自然干燥；温和湿润的气候适宜植被的生长，为烧制瓷器提供了充足的木柴；流经城内的昌江为瓷器的外销和商贾的往来提供了便利的水上运输条件。众多优越的自然条件成就了景德镇

"水土宜陶"的美誉。

北宋早期的青白瓷依然带着初生事物的青涩，窑工们似乎还没有领悟到让青白瓷纯净莹澈的秘诀，所以这一时期的瓷器釉层较薄，青白中泛土黄者居

宋代青白釉娃娃凤尾碗

多，少数青白泛绿。但湖田窑的艺匠们并非固守传统、不求上进，他们将做好的瓷坯放入耐火土制成的匣钵之中，一匣一器地入窑烧造，称为"仰烧法"。仰烧法使瓷器隔绝了窑火与灰尘，如此，湖田窑才能向着润泽洁净的玉质感更进一步。

由于延续了北宋早期的仰烧工艺，器物的圈足在烧造的过程中不再荷重，瓷器得以制作得更加轻盈，由唐瓷的饱满浑圆逐渐变得轻巧玲珑、修长秀美，有些器物甚至达到了薄如蝉翼、轻若浮云的效果，纤薄的瓷器甚至可以透过日光。并且，湖田窑的窑工已经熟练掌握了还原焰的控制要领，使青白瓷冲破唐人对越窑"类冰如玉"的修辞赞美，而真正达到了如冰似玉的境界。

（4）宋人静美

早期的湖田窑以素器为主，不见装饰，至北宋中期，器物的造型不断丰富，装饰手法上也不断推陈出新，刻花成为湖田窑青白瓷装饰的主流。窑工们用竹刀在半干半湿的坯胎上刻出所需的纹饰，不求严谨，但求随意洒脱。古人仿佛天生就是艺术家，寥寥几笔便可将海水、游鸭、花簇的意境表达得淋漓尽致，再辅以划花、篦划纹等手法，使装饰图案更加活泼、精美。北宋晚期，湖田窑的窑工们已经熟练掌握了"半刀泥"的刻花技艺，所刻出的每一根线条都有深浅变化，青白釉就像一汪清泉隐现在这种深浅变化之中，刀法奔放潇洒、图案虚实相间、釉色沁人心脾，集中体现了宋朝的审美倾向。

瓷枕是晚唐以来民间流行的睡具，宋代词人李清照的《醉花阴》中有这样的诗句"玉枕纱橱，半夜凉初透"，其中的"玉枕"便是对青白瓷枕色质如玉的描写。宋人做瓷枕讲究趣味，将顽皮的婴孩作为瓷枕的造型，甚至有虎形枕和狮形枕等，本该凶猛的野兽经过人们的创作，多了一分俏皮可爱。这一时期还出现了釉下褐色点彩装饰，将褐彩恰如其分地点在动物的双眼之上，起到了"画龙点睛"的妙用。

至此，宋人终于一改汉唐豪放外向的气魄，温文尔雅、淡泊宁静的境界追

求代之而起，青白瓷无论从釉色还是造型上都与这种境界追求相匹配，可以说是宋朝的社会文化在瓷器上的延伸。

(5) 沧桑历练

北宋末年金人南侵，战乱对于北方制瓷业造成了巨大的打击，定窑、磁州窑、钧窑的艺匠们为了躲避战乱而迁往富庶安定的江南，其中一些窑工来到"水土宜陶"的景德镇。战争的灾难虽使人民流离失所，却也使得北方精湛的制瓷技艺在景德镇落地生根。我们看到很多湖田窑印花器难以与定窑印花器相区分，就是湖田窑印花工艺受到定窑深刻影响的结果。然而湖田窑在烧造白瓷上始终无法超越定窑，索性扬长避短，依着南方人在山清水秀中沉淀出的审美趣味，烧造出耐人寻味的青白瓷。

南宋初期，湖田窑坐享资源的优势和技术的保障，理所当然地走上了青白瓷生产的顶峰。此时的南宋朝廷为了扩大税源、充实国库，大力发展海外贸易，开设 20 多处贸易港口，并设立对外贸易管理机构市舶司。这无疑为青白瓷提供了更广阔的市场。南宋赵汝适所著的《诸蕃志》中记载，我国的青瓷、青白瓷和白瓷曾被销售到 15 个国家或地区，可见瓷器这一中国特有的产品在海外受到的喜爱。与此同时，由东南亚地区传入我国的香料风靡朝野，各色香料有几十种之多，于是景德镇的瓷盒作坊应运而生，瓷盒以其物美价廉成为盛放香料的首选。青白瓷中还有一类"子母盒"，可盛放三种不同化妆品，如粉、朱红、黛的小盒放置于一个大盒之中，使用起来非常方便。古人很早就有了商标意识，景德镇青白瓷盒的底部往往印有"许家盒子记""段家盒子记""蔡家盒子记"等作坊主标记，这样的作坊在景德镇已经发现了 13 家，小小瓷盒竟有这么多商家竞相生产，可见当时瓷业之兴盛、分工之细致。

湖田窑发展至南宋，早已不是当初只为满足盛放物品之需，青白瓷在盘、碗、盏、壶之外占领了越来越多的领域。从枕、炉、渣斗到围棋、象棋、鸟食罐，产品包罗万象、制作精良，胎白质坚、釉色青翠，代表了南宋制瓷的最高水平。这时常见的纹饰有水草纹、团鸾纹、双龙纹、花卉纹、婴戏纹等，线条粗犷流畅，充满生活趣味。

南宋中晚期景德镇地区上层优质瓷石被开采殆尽，湖田窑面临极其严重的原料危机。后来，景德镇实行一种极其苛刻的窑税制度，"兴烧之际，按籍纳金"，即不管一窑瓷器成品多寡、质量好坏，一律在点火之前按瓷窑的面积大小收缴税金。这样一来，窑户们除了面临严峻的原料危机还要承担倒窑的风险，因此一些中、小型窑厂纷纷倒闭。幸而此时北方定窑的覆烧技术已经传到景德镇，这项技术的采用增加了瓷窑的产量，在一定程度上缓解了湖田窑的危机，却也降低了产品的质量，芒口瓷器大量出现，且瓷釉的透明度和光泽度有所减弱，不及前期美观。湖田窑在危机之中并未停下脚步，而是在有限的条件下积极谋求出路，待到元代高岭土的发现之后终于柳暗花明，迎来新的高峰。

（6）形神合一

古代瓷窑的发展总是被时代打上深刻的烙印，我们透过一件小小的瓷器，便可窥见古代的民风民俗和古人的所思所想。在山清水秀的江南地区孕育出青白瓷仿佛是冥冥之中的必然，它是宋人淡泊内敛审美理想的缩影，是景德镇得天独厚的造化使然。青白瓷在青瓷与白瓷之间觅得一席之地，它恰到好处的釉色是为南方瓷业引来的一泉活水，可与青瓷比肩，也可与白瓷媲美，一美就美了 600 年。

4. 内敛卵白　承上启下

> 白釉乳浊化千秋，仅次定器耀南北。
> 枢府定格瓷都官，蒙承瓷意八思巴。

（1）枢府进御

20 世纪 60 年代中后期至 70 年代，北京元大都遗址陆续出土了一些带有"枢府"二字款的枢府瓷，于是发掘者在发表的报告里将这类瓷器称为"枢府瓷"，将这类瓷器的釉色称为"枢府釉"，并把常见的一类折腰碗称为"枢府碗"。"枢府釉"瓷自此为世人所认识。

清代嘉庆年间蓝浦所著《景德镇陶录》一书中记载了"枢府窑"之名，该书卷五"景德镇历代窑考"记载："枢府窑，元之进御器，民所供烧者。有命则陶，土必细白埴腻，质尚薄。式多小足印花，亦有戗金、五色花者。其大足器则莹素。又有高足碗、薄唇、弄弦等碟，马蹄盘、耍角盂各名式，器内皆作'枢府'字号。当时民亦仿造，然所贡者，俱千中选十，百中选一，非民器可逮。"

从蓝浦的这段记载，我们知道"枢府窑"是元代专门为朝廷烧造"进御器"的官窑。样式大多是小足印花瓷器，也有戗金、五色花等装饰，还有素面的大足器型，所有"枢府窑"出产的瓷器在器内都印有"枢府"铭款。当时民窑亦仿造，但没有印制"枢府"铭款，质量远不如官窑产品。

元代八角字纹高足杯

元代龙柄凤纹壶

其实，在蓝浦提出"枢府窑"名称之前，明初人曹昭的《格古要论》一书已经记载了元代枢府瓷的一些情况，该书"古窑器论"中曰："古饶器，出今江西饶州府浮梁县。御土窑者，体薄而润最好、有素折腰样。毛口者体虽薄（一作厚）色白且润尤佳，其价低于定器。元朝烧小足印花者，内有'枢府'字者高。新烧大足素者欠润。有青色及五色花者，且俗甚。今烧此器，好者色白如莹，最高。又有青黑色戗金者，多是酒壶酒盏，甚可爱。"

（2）御窑由来

由于元代文献中有关于元王朝在景德镇设立掌管瓷器烧造的官府机构，即"浮梁磁局"的记载，枢府瓷上的"枢府"又是中央军事机关"枢密院"的简称，人们也就一直把枢府瓷当作元代官窑瓷器来看待。后来，在枢府釉瓷器上又陆续发现了"太禧""东卫"等官府机构的铭款，再加上文献记载元代禁止民间使用有双角五爪龙纹饰和戗金装饰的瓷器，更加深了人们对枢府瓷是元代官窑瓷器的认识。

目前，随着各地出土的元代枢府瓷不断增多，人们又满怀疑惑地发现了很多不带官府机构铭款的枢府釉瓷器，有的民间墓葬和一般窖藏中也出土了带"双角五爪龙"和戗金装饰的枢府釉瓷器，即使带"枢府"款的瓷器上也发现了墨书使用者的姓名或商铺名号的情况。于是，人们又开始怀疑枢府窑的官窑性质，对枢府窑瓷器的生产性质问题提出了各种各样的新见解。

元代龙纹竹节高足杯

其实，元代是一个很特别的朝代，由于实行残酷的匠籍制度。在元代所有的手工业都是官营手工业，所以没有狭义的官窑和民窑，一切瓷器生产都是在官府的控制之下。枢府窑是官窑，但不是专烧朝廷用瓷的御窑，这个官窑是广义的官窑，其含义是自古就有的官营手工业。

所谓"匠籍制度"，是元代特有的一种奴役手工业者的制度。其主要内容是：工匠有特殊的户籍，即匠籍，工匠必须为官府工作，原料和产品均由官府支配，其少量的生活费用由官府供给，其手艺必须世代相传，其职业不得任意更改。这样，只要被纳入匠籍，就丧失了人身自由，长期甚至终生被鸠聚在官营手工业作坊或工场内工作，其身份等同于国家工奴。

（3）汉蒙瓷意

《元典章》中有这样的记载，蒙古贵族虽把瓷器视为"无用的东西"，但由于这些无用的东西可以通过海外贸易替他们换取珠翠香药等"中用的物件"。于是元王朝就在全国许多因宋元战争而荒废的瓷器产地兴办官营窑业，生产瓷器牟利。元朝的瓷器有一种特别的现象，就是全国各窑场生产的瓷器在造型和装饰风格上出现罕见的趋同性，许多窑场如江西景德镇窑、福建德化窑、杭州老虎洞窑、浙江龙泉窑、广西柳城窑的瓷器上发现了相同的八思巴文，各地元瓷可见刻印或书写的"福""禄""寿""禧""福禄""福寿""长命富贵""金玉满堂""吉""吉利""吉昌"等吉祥语的款识；而且各地瓷器质量有所下降，呈现胎骨粗厚、釉面粗糙的现象。这些现象说明元代瓷器生产应该都是由官府统一管理生产的。柳城窑青瓷碟上被强行印制八思巴文，且全州永岁窑艺匠们在印模上故意把延祐年号的"延"字反刻的现象，由此可以看出元政权对窑业的严格控制及干预，而窑工们出现了对立情绪。

元代瓷器有一个很奇怪的现象，即产品质量两极分化特别严重，就是其产品"精者愈精，粗者愈粗"。在生产朝廷定烧瓷器时，由于督办很严，便生产出了质量奇高的瓷器；同时，由于制瓷工匠的工奴地位，造成了工匠的生产积极性很低，甚至还存在对立情绪。因此，在官府督办松懈时，产品质量一落千丈。元代瓷器还有一个现象就是器型单一，装饰图案缺少变化与灵性。这是因为官营手工业产品的形制和装饰都有统一的式样，再加上工匠的地位决定了他们的工作只需按部就班，失去了产品创新的积极性。

（4）解读枢府

枢府瓷器以印花的碗、盘、高足杯等小件器皿为主，器型单一，印花题材简单，常见模印缠枝莲花、菊花、牡丹和云龙、飞凤、芦雁，不少带有"枢府""福禄"等官府名称和吉祥语的模印文字。若胎体厚重，釉呈失透状，色白微青，似鹅蛋色泽，则称"卵白"。卵白釉与青白釉的主要区别是卵白釉含钙量低（约为5%），钾、钠成分增多，黏度大，没有青白釉的流动性好和透明度高。枢府瓷的

元代梅枝香炉

特征是圈足小，足壁厚，削足规整，足内无釉，底心有乳丁状突起，采用铺沙渣，即高岭土和谷壳灰的混合物做的垫饼仰烧方法。在底足无釉处，呈现铁质红褐色小斑点，且在足边沿粘有沙渣。

元代卵白釉与宋元青白釉的关系是一种系列演变的关系，即元代卵白釉从属于宋元青白釉，元代卵白釉是在宋元青白釉的基础上演变的。宋元青白釉瓷从北宋到元代本来就不是一种釉色，北宋大部分是米黄色，南宋是水青色，即影青釉，元代是卵白色，釉质乳浊化。釉质的变化充分说明了枢府釉在景德镇白釉发展过程中的重要作用，以及承上启下的意义。至于枢府瓷与卵白瓷的关系，更不是等同关系，可以说元代青白瓷可以等同枢府瓷中的一部分，卵白瓷只不过是枢府瓷的一种特殊釉质釉色而已。也就是说，元代枢府瓷中的卵白瓷釉质釉色本质上不能等同于景德镇宋元以来的青白釉。

元王朝最初在景德镇设立"浮梁磁局"的一个很重要的目的，是为朝廷生产祭祀用的各种礼器。《元史·祭祀一》记载："元之五礼，皆以国俗行之，惟祭祀稍稽诸古。""元兴朔漠，代有拜天之礼。衣冠尚质，祭器尚纯。"元王朝建立后的整套朝仪、祭祀制度都是由归附的汉族儒臣根据先秦、两汉的礼仪制度制定的，他们根据《礼记·郊特牲》"郊之祭也，器用陶匏"的规定，认为祭祀礼器用陶瓷制作方合古意。明代的礼仪制度承袭元代，《大明会典》对祭祀用瓷有更明确的记载："洪武二年定，祭器皆用瓷。洪武九年定，四郊各陵瓷器，圜丘青色，方丘黄色，日坛赤色，月坛白色，行江西饶州府，如式烧造

元代印花纹盘

解。"又由于元王朝崇佛信佛，拜藏传佛教萨迦派的领袖八思巴为国师，所以元代祭祀礼器不但多用陶瓷器，而且这些陶瓷礼器无论从造型到装饰都有很深的藏传佛教文化的烙印。

（5）内涵外延

按照蓝浦《景德镇陶录》关于"枢府窑"的记载，枢府瓷不仅仅是"色白"的小足印花瓷器，还包括大足素面瓷器、五彩戗金瓷器。随着各地出土元代枢府瓷的不断增多，学术界开始将枢府瓷由过去单一卵白釉瓷的观点修正为元代景德镇窑生产的一切白釉瓷，这种白釉瓷不分青白釉还是卵白釉，也不管它是正烧的釉口瓷还是覆烧的芒口瓷，甚至将元代加彩加青花的白釉瓷也开始纳入枢府瓷的范畴。这就大大丰富了元代枢府瓷的内容，拓宽了枢府瓷的研究领域，对于人们重新认识元代枢府瓷也提出了许许多多的新课题，拓展了新的前景。

5. 白釉成就景德镇

白釉崛起景德镇，无白瓷都都不成。
青花五彩漫天飞，瓷白可载归乡魂。

（1）景白誉江南

如果说北方的邢窑、定窑烧造的白釉瓷闻名全国，江西景德镇所烧造的白釉瓷同样誉满江南。江西景德镇的诸白瓷窑中，胜梅亭、石虎湾、黄泥头是目前已发现的南方地区烧造白瓷的最早窑址。这些窑都烧白瓷和青瓷，且用叠烧法，碗心多黏有支烧痕，器物较多变形。青釉偏灰，白釉纯正，洁白度达到70%。景德镇诸白瓷的时代均属五代，形制与五代墓出土器物相同。对于胜梅亭、石虎湾和黄泥头窑址的时代问题，在20世纪50年代初期，曾一度误认为唐代。随着后期一些五代墓葬的考古发现，断代标准器物的增多，这三个窑址的时代结论也就得到了纠正，它们应该属于五代。三个窑址都出土有五代白瓷标本，以胜梅亭出土的最为丰富。器物主要有盘、碗、壶、盒、水盂等，而以盘和碗为主。胜梅亭等窑白瓷的成功烧造，对于景德镇地区宋代青白釉的出现，以及元、明、清时期瓷业的发展，有极为重要的意义。

北宋三连蒂粉盒　　　　　　　　　明代甜白釉花口碗

青白瓷是宋代以景德镇窑为代表烧制成的一种具有独特风格的瓷器，因为它的釉色介于青白二色之间，青中有白、白中显青，因此称青白瓷为"影青"，青白瓷的早期烧制历史还有待考证。

（2）青白瓷系

半个多世纪以来，在江南地区发现兼烧青白瓷的宋代瓷窑不少。例如，在景德镇之外，有江西南丰白舍窑，安徽繁昌柯家冲窑，福建闽清窑，湖北武昌金口窑、江夏湖泗窑等。景德镇烧青白瓷的窑址有湖田、湘湖、胜梅亭、黄泥头、南市街、柳家湾等。这些窑址遗留有大量的碎片标本。胜梅亭的烧瓷始于五代，烧青瓷及白瓷，青白瓷还没有出现。到了宋代，青白瓷在这里大量生产，并在景德镇形成风尚。由宋迄元，青白瓷盛烧不衰，形成了一个大的瓷窑体系。属于青白瓷窑系的还有吉安永和镇窑，广东潮安窑，福建德化窑，泉州碗窑乡窑、同安窑、南安窑等。

（3）玉落瓷都

江西景德镇窑是宋代重要瓷窑之一，位于崇山峻岭之中，它有优质的制瓷原料，有便于烧瓷的松柴，有比较便利的水路交通，特别是工匠来自全国各地，带来了各地制瓷的好经验。在原料选择、制瓷工艺以及装饰纹样等各个方面都达到了相当的高度，可以说它比较集中地代表了宋代之后的烧瓷水平。

清人兰浦在《景德镇陶录》卷五"历代窑考"一节之中记景德镇的两处唐窑，即"陶窑"和"霍窑"。

陶窑，初唐器也，土惟白壤，体稍薄，色素润，镇钟秀里人陶氏所烧

121

也。邑志云，唐武德中镇民陶玉者载瓷入关中，称为假玉器，且贡于朝，于是昌南镇瓷名天下。

霍窑，窑瓷色亦素，土善腻，质薄，佳者莹缜如玉，为东山里人霍仲初所作，当时呼为霍器。邑志载唐武德四年诏新平民霍仲初等制器进御。

初唐时期景德镇的陶窑和霍窑是否果有其人其事，目前还需要进一步考证；但是如果把"假玉器"和"佳者莹缜如玉"的评语用于宋代景德镇的青白瓷，倒是比较恰当和符合实际的。

宋代刻花棱瓣盲口洗两件套

宋代青白釉玄纹罐

陆羽在《茶经》一书中曾对越窑青瓷有过"如玉如冰"的评语，即青釉温润的程度如玉如冰。宋代青白瓷不仅远远超过越窑，使釉的质感达到了如玉的要求，而且也几乎具备了与玉器无别的质地。宋人诗词中也不乏赞美青白瓷的句子，词家李清照《醉花阴》中就有"薄雾浓云愁永昼，瑞脑销金兽，佳节又重阳，玉枕纱橱，半夜凉初透"的佳句。重阳节的江南地区暑热未退，瓷枕蚊帐是驱暑的最佳寝具。词中的玉枕可能指的就是色质如玉的青白瓷枕。这类瓷枕是景德镇湖田、湘湖等窑的产品，在江苏南京、湖北汉阳等地宋墓曾有出土。南京出土婴戏纹枕，色质如玉，做工及纹饰俱佳，为宋代青白瓷枕的代表作品之一。

宋代印花水注

宋代竹颈净瓶

（4）枢府甜白

在白釉青花瓷出现之前，青白瓷经历了几百年的长期发展，窑工们不断地摸索与总结，使青白釉逐渐乳浊化。元代时，青白釉乳浊化而形成枢府釉；到了明代初期，窑工们对枢府釉进行了更为细致的提炼，不断地完善釉料配方而使白釉更为净白细腻，呈现甜白之感，似乎有白砂糖的甜味，后人很形象地称其为"甜白釉"。当然，甜白釉不是白釉优化的终点，在明清两朝，白釉又

明代永乐甜白釉暗纹梅瓶

有了许多的演变与发展，作为瓷器的基础釉层，其成果是青花瓷、彩瓷等取得瓷器艺术辉煌的有力保证。

（5）白釉托青花

元青花在制瓷史上具有重要的地位，然而对它的研究则是从 20 世纪 20 年代才开始的。1929 年英国人霍布逊发现了带有"至正十一年"（1351）铭的青花云龙象耳瓶，颈部题字为："信州路玉山县顺城乡德教里荆圹社，奉圣弟子张文进喜捨香炉、花瓶一付，祈保合家清吉，子女平安。至正十一年四月良辰谨记。星源祖殿，胡净一元帅打供。"该瓶瓶身绘有缠枝菊、蕉叶、飞凤、缠枝莲、海水云龙、波涛、缠枝牡丹及杂宝变形莲瓣八层图案。

20 世纪 50 年代以后，美国波普博士以此瓶为依据，对照伊朗阿特别尔寺及土耳其伊斯坦布尔博物馆所藏元代青花瓷器进行对比研究，出版了两本书。

他以"至正十一年"铭青花瓶为标准器，把凡是与之相似的、景德镇在14世纪生产的成熟青花器，称作"至正型的产品"。从此，人们对元青花的研究才进入理性、有序的阶段。

考古学者通过对元大都遗址的勘察与发掘，发现了一批青花瓷器，其中有两件青白瓷碗。碗的底部有墨书的八思巴文字，译成汉字是"张"或"章"，这无疑是物主的姓。八思巴文字颁行于至元六年（1269），到泰定二年（1325）才刻成蒙古文《百家姓》。由此可以推断，这两件青白瓷器底部墨书的八思巴字，有可能是在泰定二年《百家姓》刻印推广后写上去的。由于这批青花瓷器出于窖藏，因此它们的时代当晚于泰定二年，但也不能据此确定其下限的绝对年代。

景德镇湖田窑址发现元青花，是陶瓷史上一件十分重要的事。从已出土的实物看，都属于元代晚期的产品。在已有的元青花中，有一件河北省定兴县窖藏的青花梅花纹高足碗。碗里绘梅花一枝，花上侧绘一弯月，这种月梅纹也见于南宋吉州窑碗内。碗下部有高足，足的高度与碗高略等，足外凸起弦纹六条；碗和足的胎都很薄，与常见青花高足碗的胎不同。这件器物显然要比一般的"至正型"为早，但究竟早多少年，也还无法肯定。把至正十一年款青花瓶，作为典型"至正型"的标准器，并不是说这类青花瓷器都是至正十一年以后的，有可能早于至正十一年。同时，也不能肯定至元以前的元青花必然是青白釉、纹饰简单和青花色泽比较灰的。关于元代青花的分期及其演变过程，还有待各方面的进一步研究。

20世纪70年代后期，在浙江、江西两省分别出土和发现了元代早、中期的青花瓷器，有的出于纪年墓中，有的器身书有年号，为我们探索元青花的发展提供了极为宝贵的资料。

元代烧造青花瓷器的窑场有好几处，然而能代表当时制瓷水平的当属景德镇窑。景德镇地区的元青花胎、釉制造方法是在当地宋青白瓷的基础上发展而来的。景德镇元青花瓷胎的化学组成相较于宋青白瓷稍有变化，将宋代湖田窑青白釉瓷碗碎片与元代湖田窑青花大盘碎片相比较，可知元青花瓷胎中的氧化铝含量明显增加，从宋代的18.65%增至元代的20.24%，这是由于元代采用了瓷石加高岭土的"二元配方"法。[1]

---

① 周荣林. 景德镇陶瓷民俗[M]. 南昌：江西高校出版社，2019：186.

景德镇元青花的釉色白而泛微青，透亮光润。仍以上述两个分析标本为例，它与宋代青白釉的不同之处，是釉中含氧化钙量的减少，从宋代的14.87%减至元代的8.97%，以及钾、钠成分的相应增加，从宋代的3.28%增至元代的5.82%。[①]

元青花使用的青花钴料，有进口料与国产料两种，进口钴料称为苏麻离青。作为青花料的钴土矿，在我国的云南省、浙江省、江西省均有蕴藏，一般习惯称为国产青料。云南的玉溪窑、浙江的江山窑、江西的景德镇窑，由于附近都产青花原料，具备了烧青花瓷器的条件，所以都曾烧过青花瓷器。云南是珠明料的产地，会泽、榕峰、宣威与嵩明等地曾出产青花原料。距玉溪窑最近的宜良也产钴土矿，所以玉溪青花料可能来自宜良。江山是浙江青花料的产地，江山窑青花应当采用本地原料，而景德镇使用青花原料的情况比前面两窑都复杂。

6. 至尊伊始

> 角山商瓷已居赣，天工开物瓷未休。
> 四方传技景德镇，明定四海瓷都形。

（1）明代瓷都

景德镇经历了漫长的瓷业发展，特别是在元代打下了坚实的基础，造就了明代景德镇成为中国的瓷都。元代高岭土二次配方的运用，青花、釉里红新品种的烧制成功，以钴为着色剂的霁蓝和铜红高温单色釉的出现，以及描金装饰手法的运用，都为明代彩瓷和单色釉的辉煌成就创造了技术条件。但是，景德镇在元代的制瓷业中，还不能居于盟主地位。因为当时的龙泉窑、磁州窑和钧窑等各大窑场仍具有相当大的规模。不过，进入明代以后，情况就有了显著的变化。景德镇以外的各大窑场日趋衰落，各种具有特殊技能的制瓷工匠自然会向瓷业发达的景德镇集中，造成了景德镇"工匠来八方，器成天下走"的局面。

景德镇位于昌江与其支流西河、东河的汇合处，四面环山。明代，浮梁县

---

① 周荣林. 景德镇陶瓷民俗[M]. 南昌：江西高校出版社，2019：186；李辉柄. 中国瓷器鉴定（上）[M]. 北京：紫禁城出版社，2011：128.

的麻仓山，以及湖田及附近的余干、婺源等地，蕴藏着丰富的制瓷原料。优越的自然条件，也是景德镇成为瓷业中心的重要因素之一。

浮梁和附近地区，怀玉山脉绵亘起伏其间，多产松柴，可经昌江及其支流水运到景德镇，为烧窑提供了丰富的燃料。当时的民窑大多设于昌江及其支流沿岸。河水不仅可供淘洗瓷土，而且可以设置水碓，利用水力粉碎瓷土。丰富的自然资源，成熟的技术条件，在国内外市场需要的刺激下，明代景德镇的制瓷业在元代的基础上突飞猛进，顺理成章地成为全国的瓷业中心。

宋应星在《天工开物》中说："合并数郡，不敌江西饶郡产……若夫中华四裔驰名猎取者，皆饶郡浮梁景德镇之产也。"从这段话可发现明代景德镇所产的瓷器，数量大、品种多、质量高、销路广。从品种和质量上说，景德镇的青花器是全国瓷器生产的主流，以成化斗彩为代表的彩瓷，是我国制瓷史上的空前杰作，永乐、宣德时期铜红釉和其他单色釉的烧制成功，则展现了当时制瓷工匠的高超技术与艺术水平。

景德镇在全国处于瓷业中心的地位，它不仅要满足国内外市场的需要，由于制瓷的工艺精湛，而且还担负着宫廷御器和明朝宫廷对内、对外赐赏和交换的全部官窑器的制作。

（2）民窑为本

明代后期，随着制瓷业中资本主义因素的发展，民营窑场的激增，制瓷工匠的集中和瓷商的汇集，在嘉靖二十一年（1542），景德镇从事瓷业的，包括工场主和雇工人数已逾十万人，明万历年间王世懋在《二酉委谭》中记录了景德镇当时的繁荣景象："万杵之声殷地，火光烛天，夜令人不能寝。戏目之曰：四时雷电镇。"景德镇在万历时已与苏州、松江、淮安、扬州、临清、瓜州等都会并列，成为有名的瓷都了。

景德镇的瓷业，民窑比官窑显示出较大的优越性。明代景德镇的民营瓷窑，除了生产供国内外市场需要的一般产品外，还生产高级的细瓷器。嘉靖以后，凡属宫廷需要的"钦限"瓷器都由民窑生产。地主、官僚上层也需要一部分高质量的陈设瓷，以满足他们奢侈的生活和夸耀其富贵豪华的需要。正是这些需求，造就了部分瓷器产品的精美绝伦。

嘉靖时期的王宗沐，带着世风不古的悲叹，记录了这种现象："利厚计工，市者不惮价，而作者为奇，钩之则至有数盂而直一金者；他如花草、人物、禽兽、山川屏、瓶、盆、盏之类不可胜计，而费亦辄数金；如碎器与金色瓮、盘，又或十余金，当中家之产。"这些高级瓷器的销售地域亦比较广，"自燕云而北，南交趾，东际海，西被蜀，无所不至，皆取于景德镇"(《江西省大志》卷七《陶书砂土》)。

明代专门经营高质量的细瓷器并为宫廷烧造钦限御器的民窑有"官古器"户，较次于"官古器"户的有"假官古器"户、"上古器"户和"中古器"户等(见《景德镇陶录》卷二)。隆庆、万历年间，当时杰出的名家有专仿宣德、成化瓷的崔国懋(即崔公窑)，善于仿定窑的周丹泉，精制脱胎瓷的吴昊十九(即壶公窑)。① 此外，万历年间的制瓷名家还有陈仲美、吴明官等。而烧制广大百姓日用瓷器的窑场，当时最突出的有"小南窑"。

(3)官窑上器

明代御器厂始设置于何时，在有关史籍中有不同的记载。成书于明嘉靖年间的《江西省大志》说在建文四年，也就是 1402 年。而成书于清嘉庆年间的《景德镇陶录》则说是洪武二年，即 1369 年。《大明会典》卷一百九十四，"陶器"条有这样一段记载："洪武二十六年定，凡烧造供用器皿等物，须要定夺样制，计算人工物料。如果数多，起取人匠赴京，置窑兴工。或数少，行移饶、处等府烧造。"如果洪武二年已经建立御器厂，似乎就不大可能用"行移饶、处等府烧造"的方式了。

御器厂初设时有窑 20 座，其任务是烧造官窑器供宫廷使用，包括朝廷对内、对外赐赏和交换的需要。宣德年间大量烧造时，增至 58 座。御器厂的窑有六种不同的类型，即风火窑、色窑、大龙缸窑、匣窑、青窑。其中缸窑 30余座专烧鱼缸，青窑烧小件，色窑烧颜色釉。御器厂内的分工计 23 作："大碗作，酒钟作、碟作、盘作、钟作、印作、锥龙作、画作、写字作、色作、匣作、泥水作、大木作、小木作、船木作、铁作、竹作、漆作、索作、桶作、染作、东碓作、西碓作。"在资本主义前期，分工协作可以使生产专业化，它是提高生产力的主要办法。分工协作在我国古代官营手工业中实行已久，但是它和民营手工工场有着本质的区别。御器厂所采用的协作形式，便是以封建的超经济强制为前提的。御器厂平时由饶州府的官吏管理，每逢大量烧造时，朝廷

---

① 壶公窑，过去有些记载说是姓吴，或姓昊，谓其别号十九，又称昊十九。近年来，在江西省景德镇出土了一件"吴昊十"的青花圆形墓志，证明壶公窑应为吴昊十九。"十九"是排行，他和吴昊十是兄弟辈。

都派宦官至景德镇"督陶"。

由于御器厂对制瓷技术的严格要求，景德镇民营制瓷业受到很大的影响，主要体现在三个方面：①占用了最熟练的制瓷工匠；②独占了优质瓷土和青料，并且限制民窑的产品品种；③用"官搭民烧"的办法对民窑进行经济干预。

御器厂所需的劳动力有两类：一是具有生产技能的官匠，二是当辅助工的普通劳力。有技能的官匠又分两部分，一部分是所谓"上班匠"，明代把手工业者编入"匠籍"。景德镇的匠籍户例派四年一班赴南京工部上班，但如果交纳一两八钱"班银"，就可以自己从事手工业生产。然而，御器厂若要烧造瓷器，这些工匠仍要被迫自备工食去御器厂"上班"。按规定，这些"上班匠"只要在一次烧造任务完成后，就可归去。但是，繁重的御器烧造任务，往往连续不断，所以有高超制瓷技术的工匠是极受欢迎的。

另一部分工匠是所谓的"雇役"，主要是指数量较少的绘画艺人和烧龙缸的"大匠"、敲青匠、弹花匠和裱褙匠等。名义上，对这些招募的工匠给以工食。不论是"上班匠"还是所谓招募来的"雇役"，都是景德镇各类瓷业中最熟练的工匠，他们被御器厂长期雇用，这对于民间制瓷业的发展来说，显然是有极大影响的。

至于辅助工，有所谓"上工夫"和"砂土夫"等。大约在嘉靖年间，上工夫为 367 名，砂土夫为 190 名，都从饶州府所属 7 个县编派。

高质量瓷器的产生，先决条件是有优质瓷土。明代景德镇的优质瓷土被御器厂独占，即所谓的官土。陶土产自浮梁新正都麻仓山，千户坑、高路陂、低路陂、龙坑坞都为官土。这些官土，民窑无权使用，只能采用质量较次的瓷土。到万历年间，由于这些坑的瓷土逐渐减少，御器厂又要霸占其他地方的瓷土为"官业"，这就引起了当时民间瓷业的反抗。《浮梁县志》记录了这次争执："万历三十二年，镇土牙戴良等，赴内监称高岭土为官业，欲渐以括他，土也徽采取，地方民衣食于土者甚恐……"

明代瓷器中，青花瓷器是生产的主流。但当时最好的青料，都被官家垄断。例如嘉靖时期的回青料，是国外进口青料，只准在烧造御器时使用："陶用回青，本外国贡也，嘉靖中遇烧御器，奏发工部，行江西布政司贮库时给之。"（《江西省大志·陶书》）民窑只能通过各种非法途径，争取得到一点这种高级青料。

民窑制作瓷器的品种、式样，也处处受到官方的限制。正统三年（1438），"禁江西瓷器窑场烧造官样青花白地瓷器，于各处货卖……违者正犯处死，全家谪戍口外"。正统十一年（1446），又"禁江西饶州府私造黄、紫、红、绿、青、蓝、白地青花等瓷器……首犯凌迟处死，籍其家赀，丁男充军边卫，知而不以告者，连坐"（《明英宗实录》）。

但是，随着资本主义因素的发展，这种落后的、专制的封建性束缚，到了明代嘉靖时期，已经有了很大的改观。王宗沐在所作《江西省大志·陶书》中曰："今器贡自京师者，岁从部解式造，特以龙凤为辨。然青色狼藉，有司不能察，流于民间，其制无复分。"

（4）官搭民烧

御器厂"官搭民烧"的制度是又一种对民窑产生影响的方式。明宫廷每年所烧造的瓷器，在形式上有一个预定的数字。从宣德年间开始，以工部所属的营缮所丞管理工匠，御器厂在政府系统应属工部营缮所管辖，每年通过工部颁发的烧造瓷器的额定任务，称为"部限"。但是，在部限以外，往往由于宫廷的需要又临时加派烧造任务，这种额外的加派称为"钦限"。嘉靖以后，瓷器烧造数字激增，御器厂一般只烧造部限的任务，而所谓的钦限任务，则采用官搭民烧的办法，分派给民窑完成。民窑根据派给的任务烧造，成器后，要经过御器厂挑选，并且遭到百般挑剔。如民窑无法烧造或挑选者认为不合格，因而不能完成任务时，那么御器厂就将自己烧造的器物高价卖给民窑，让民窑用这些买来的瓷器再上交给御器厂以完成钦限。《江西省大志·陶书》中曰："部限瓷器，不预散窑。钦限瓷器，官窑每分派散窑。其能成器者，受嘱而择之。不能成器者，责以必办。不能办，则官窑悬高价以市之，民窑之所以困也。"官搭民烧，名义上也付给工值，但是价格极低。在烧造青花瓷器时，由于民窑没有上等的青料，必须出钱购买，而内监则又用"以低青给诸窑，追呼其值"的手法来榨取。景德镇的民窑，遭受到这么多的盘剥和压制，必然大大阻碍了民窑瓷器生产的发展。

御器厂的特权式生产管理是极其落后的，不仅影响了民窑生产的发展，而且造成御器厂瓷器生产成本的提高，运输徭役繁重，给景德镇以及附近州县乃至江西全省带来了巨大的灾难。由于御器厂对瓷器的挑选极严，凡上交的御器大多要"百选一二"，檠台、凉墩之类烧造"百不得一"，龙缸、花瓶之类"百不得五"，因此景德镇实际的烧造数量比上交数量要超出许多倍。就当时来说，每件瓷器的成本耗费，已和银器的价值相近。万历二十八年，工科给事中王德宪曰："瓷器节传二十三万五千件，约费银二十万两。"可见每件瓷器的平均烧造费约为白银一两。而嘉靖朝好多年在十万件以上，每年的烧造费竟高达白银十万两。王宗沐在《江西省大志·陶书》所说的"每岁造，为费累钜万"是符合实际的，这笔巨大的金额往往要江西"竭一省之力以供御"。

7. 明代青花

青花非花胜似花，无青无花瓷奈何。

青亦色异形无定，酣畅粗雅随心合。

(1)洪武青花瓷器

明代御器厂是成立于洪武初年还是较晚时期这个问题有待进一步研究才可确定，但洪武时期青花瓷器需求的数量已经很大了。这么多的需求，包括民用和官用。明朝在洪武二年就规定"祭器皆用瓷"。明朝政府在对入贡国的答赠中，也需要大量的瓷器，例如洪武七年一次就赐赠琉球瓷器 70000 件，洪武十六年赐赠占城和真腊各 19000 件，洪武十九年又遣使真腊赐以瓷器。

明洪武青花壶

目前传世的元末明初青花瓷器中，有一部分似属洪武时期的产品。其特征是一般情况下青花色泽偏于暗黑，这可能是由于当时的战乱环境，中断了进口青料而使用国产青料造成的。在图案装饰方面，则改变元代层次多、花纹满的风格，而趋向于画面多留空白，扁菊花纹描绘较多，葫芦叶的绘画也不如元代那样规矩。

明洪武青花盘

(2) 永乐、宣德青花瓷器

这一时期的青花瓷器，以其胎釉精细、青色浓艳、造型多样和纹饰优美而负盛名，永乐、宣德时期被称为我国青花瓷器的黄金时代。

永乐年间（1403—1424），是明初国力比较强盛的时期。景德镇官窑生产的青花瓷器，不仅要供应宫廷日常生活的需要，还要满足朝廷对外国入贡者的答赠及郑和下西洋所需的礼品和商品，其数量是相当可观的。

明宣德青花莲瓣供盘

但由于史籍失记，又永乐青花瓷器除了"压手杯"等少数有篆书年号款外，都不书年款，因此，对于永乐青花瓷器的识别较难。永乐和宣德之间，虽然隔着一个洪熙，但为时只有一年，事实上几乎是相接的。帝王的更迭，并不必然带来手工业产品风格的改变。永乐和宣德两朝的青花瓷器具有共同的特点和风格，是很自然的事。明人王世懋和黄一正，在《窥天外乘》和《事物绀珠》中把永、宣二窑相提并论，是合乎情理的。

明宣德青花龙纹天球瓶

明宣德青花盘托壶

永乐、宣德时期官窑青花瓷器的胎、釉制作技术，比元代有了进一步的提高，即胎质细腻洁白，釉层晶莹肥厚。在习惯上，人们把釉层更肥润的一类归属永乐时期的产品。

青花色泽浓艳，是这一时期最主要的共同特征。历来传说，这一时期所用的青料，是郑和出航西洋从伊斯兰地区带回的所谓"苏麻离青"。这种青花料含锰量较低，含铁量较高。由于含锰量低，就可减少青色中的紫、红色调，在适当的火候下，能烧成像宝石蓝一样的鲜艳色泽。但由于含铁量高，往往会在青料淤积的位置出现黑疵斑点。这种自然形成的黑斑，和浓艳的青蓝色却又相映成趣，被视为无法模仿的永、宣青花瓷器的"成功之作"。

但是，在传世的永乐、宣德青花瓷器中，有相当一部分不带铁锈黑斑，而青花色泽又极为幽雅美丽的制品。有人物画面的青花器，往往属于这一类，其所用的青料究竟是来自国产钴土矿，还是进口料，还有待于进一步研究。

明永乐青花盖瓶

明永乐青花海涛纹三足炉

关于永乐、宣德青花料用"苏麻离青"的记载，最早的是成书于明万历十七年以前的《窥天外乘》。该书作者王世懋说："宋时窑器，以汝州为第一，而京师自置官窑次之。我朝则专设于浮梁县之景德镇，永乐、宣德年间，内府烧造，迄今为贵。其时以骔眼、甜白为常，以苏渤泥青为饰，以鲜红为宝。"成书于万历十九年的黄一正的《事物绀珠》也有相同的记载。

这里的"苏渤泥青"，在译音上和前述"苏麻离青"很接近，当是同一词的异译。此后，清人唐衡铨的《文房肆考》、朱琰的《陶说》、兰浦的《景德镇陶录》则都把"苏麻离青"误称为"苏泥渤青"。据兰浦的记载，这种误传可能开始于明代闽人温处叔的《陶纪》。

由上可以看出，宣德青料中氧化锰的含量与氧化钴含量差不多，而氧化铁含量特高是进口香料和国产青料在成分上最显著的不同之处。国产钴土矿即青料的成分中，氧化锰的含量要比氧化钴高达数倍乃至十余倍；而像这样含锰少、含铁高的钴土矿，国内至今尚未发现过，这些事实是可以和古籍上宣德青花是用外国青料的记载互相印证的。

宣德青花的呈色是蓝中泛绿，是指具有代表性的宣德青花。有些宣德青花，发色纯蓝，且没有黑斑，色调与康熙青花发色相似，深的部分呈黑色，小的呈黑点状，大的呈黑斑状。从成分分析中可以看到，宣德青料中虽含锰量不多，但含铁量却很高，才使得在还原气氛中烧成金属光泽的黑斑。由此可知，宣德青花的特征正是由以上所述青料的特殊成分所致。

永乐、宣德时期的大型盘、碗，制作一般比较规整，变形较少，这说明当时陶车制坯和烧窑技术已十分成熟。这段时期的青花瓷器在制作风格上，也一改元代的厚重雄健而趋于清新艳丽。永乐、宣德青花瓷器不光有较大的盘、碗等器物，还有很多是精致的小器物，如小巧而又显得端稳的永乐青花压手杯，口沿外撇，拿在手中正好将拇指和食指稳稳压住。这种精心设计的新品种，在明代就得到了很高的评价："永乐年造压手杯，中心画双狮滚球，为上品，鸳鸯心者，次之；花心者，又次。杯外青花深翠，式样精妙。"（《博物概要》）

明宣德青花壶

永乐大多无款，宣德大多有款，这是区别两朝瓷器的重要特征。同样的器物，永乐较轻，宣德较重；永乐的釉层更莹润，器底圈足凝釉处，往往泛青绿色，宣德釉层较多气泡，呈橘皮纹；永乐偶然有青花发色混糊的现象，宣德的青花发色则都较清晰。

（3）三朝空白

中国明代瓷器史上有一段黑暗时期——宣德以后的1436—1449年的正统时期、1450—1456年的景泰时期、1457—1464年的天顺时期，共有三朝。几乎不见有任何官款的瓷器传世。

（4）成化、弘治、正德青花瓷器

不同时期所使用的青花料是不同的，具体来说，永乐、宣德时期的官窑青花，所用的青料主要是进口的苏麻离青。成化、弘治和正德这三朝的官窑青花瓷器，则是进口青料和国产青料混合使用。

　　成化朝（1465—1487），御器厂的烧造量是巨大的。《明史·食货志》说："成化间，遣中官之浮梁景德镇，烧造御用瓷器，最多且久，费不赀。"朝廷派人督烧宫廷用瓷，是一件劳民伤财的事。成化十八年，有一个后卫仓副使应时用，因为要求撤销派太监去景德镇督陶，竟触犯"刑律"被关进了监狱。

明成化青花法轮团花纹碗

明成化青花龙纹高足碗

　　成化瓷器最主要的成就，是斗彩的烧制成功，同时青花瓷器仍有一定的声誉。成化青花除了少数早期制品仍沿用苏麻离青而带有黑斑，同时在风格上又和永乐、宣德时期的青花相似外，其大量而典型的产品，则是以青色淡雅而著称。由于苏麻离青料的断绝，成化官窑后期主要用的是产于江西饶州地区乐平县（今乐平市）的陂塘青，也称平等青。这种国产青料，含铁量较少，因此不再出现宣德青花那种黑斑。由于经过精细的加工，在适当的温度中可烧成柔和、淡雅而又透彻的蓝色来。从传世的实物看，成化青花瓷器的造型，并不如宣德青花那么多样。但是，玲珑、精巧的小型器物，却是这一时期突出的产品。在图案的装饰手法上，更趋向于轻松、愉快，如婀娜的花枝和活泼的婴戏图等，都能给人以艺术享受。当然，除了青色淡雅的典型器以外，成化青花也有较浓青色的。但是，胎薄釉柔白，青料发色淡雅是这一时期青花器的普遍特征，独树一帜。

弘治朝（1488—1505）的青花瓷器，从器型，装饰和青料使用等各方面看，都延续了成化朝的风格。它所使用的青料主要是平等青，只是由于配料成分及烧成温度的不同，也仍有较浓和较淡的不同色调。器物以盘、碗为主。在装饰图案中，以莲池游龙最具特色。

正德朝（1506—1521）初期就在景德镇烧造御器。虽然因宁王叛乱，一度停止生产，但不久即恢复。而且，当时的督陶官梁太监还把一些民户强迫编入匠籍，以扩充其"官匠"人员。这说明正德时期瓷器的烧造量也并不在少。就色泽而言，正德青花有好几种不同的类型：薄胎白釉而青色淡雅如成化风格已比较少见；以胎骨厚重、青花发色浓中带灰的色泽为主；青色亦呈翠青，但"混青"现象严重。

明正德青花八仙过海梅瓶

文献记载，正德时期所用的青花料是比较复杂多样的。正德十年，《瑞州府志》记载："上高县天则岗有无名子，景德镇用以绘画瓷器。"这种瑞州产的无名子，也叫石子青。正德青花中，除了较浅淡的品种仍用平等青，一些浓中带灰的典型产品，可能就是用的石子青。至于作为嘉靖青花标志的"回青"，在正德时也已出现，据《窥天外乘》的记载："回青者，出外国。正德间，大珰镇云南，得之，以炼石为伪宝。其价，初倍黄金，已知其可烧窑器，用之果佳。"

正德青花瓷器，不仅在色泽上和成化、弘治有很大的不同，而且大多数是胎骨厚重，釉色闪青，也和成化、弘治年间青花瓷器的制作不一样。在器物的造型上，则一反成化、弘治以盘、碗为主的单调品种，而是比较多样，并且大型器物亦重新增多。正德青花器以波斯文作为图案的主题，是当时盛行的一种装饰。

(5) 嘉靖、隆庆、万历青花瓷器

嘉靖青花是以使用回青料为标志的，这也是明代青花瓷器史上又一个特点。嘉靖青花并不是全部使用回青料着色，而是以回青和瑞州石子青配合使用的。

嘉靖青花的色泽，一反成化的浅淡、正德稍浓而带灰的色调，呈现出一种蓝中微泛红紫的浓重、鲜艳的色调。由于嘉靖青花中铁与钴的比值是所有国外及国内钴料中最低的一种，而它的锰和钴的比值，虽比宣德以前的进口料为高，但也比一般的国产料为低。因此，它既没有永乐、宣德及元代青花那种黑铁斑，也不产生正德时单用石子青那种黑灰色调，而又比成化时所用的平等青要显得浓艳。由于其青花发色的别致性，嘉靖青花器在明清之际曾得到较高的评价。

明嘉靖青花双龙戏珠纹缸

嘉靖青花瓷器"幽菁可爱"是其真实写照，当然，并不是所有的青花发色都能达到这么美的程度。同其他时期的青花一样，随着配料及烧成温度的不同而呈现不同的色泽。成书于嘉靖三十五年的《江西省大志》记载了当时回青配料不同而产生不同色泽的情况："回青淳，则色散而不收，石青多，则色沉而不亮。每两加石青一钱，谓之上青，四六分加，谓之中青，十分之一，谓之混水……中青用以设色，则笔路分明，上青用以混水，则颜色清亮，真青混在坯上，如灰色，石青多，则黑。"典型的嘉靖青花的那种浓重鲜艳的蓝色，正是成功地掌握了恰当的配料比例的结果。

据《江西省大志》记载，回青并不单独使用，而是与石子青配合后再使用，这当然会在化验结果中反映出来。嘉靖的器物带有一种粗犷的面貌，在图案装饰方面，除了以前各个时期所有的主要题材外，道教色彩的题材出现较多，而像"寿""福"等字也出现了，这是过去很少有的。

隆庆朝虽只有六年（1567—1572），但据《浮梁县志》记载，瓷器的烧造量也很大，计"十万五千七百七十桌、个、对"，按件数算就更多了。隆庆青花瓷器的风格基本上是嘉靖青花的延续，回青料仍在使用，有的色泽亦很鲜艳。在传世品中，像六角壶、花形盒、银锭盒和方胜等，是比较特殊的器型。故宫博物院所藏青花云龙提梁壶，胎骨厚重，色泽浓艳，可说是隆庆官窑青花的典型器物。

万历（1573—1619）早期的青花瓷器基本上也和嘉靖风格一致，所用颜料亦多回青。有的器物如果没有万历的年款，就很难和嘉靖时期的区别开来。从《明代景德镇御器厂大事年表》的材料看，万历十年烧造瓷器 9 万多件；万历十九年以后，共烧造 23.9 万件。此后，一直到明末，再没有烧造官窑器的记载。但是，从传世的实物看，御器厂的制瓷活动并没有完全停止。然而，瓷器产量确实不多了。

万历的青花瓷器，除早期的青料仍用回青并与嘉靖风格相似外，中期以后，可能因回青断绝而改用国产青料。万历官窑青花瓷器，中期以后所用的青料是浙江省所产的青料，在《明实录》相关的记载中可以得到证实。万历三十四年三月，"乙亥，江西矿税太监潘相……上疏请专理窑务，又言描画瓷器，须用土青，惟浙青为上，其余庐陵、永丰、玉山县所出土青颜色淡浅，请变价以进，从之"。传世的万历中期以后的青花瓷器，并不全是"粗恶不堪"。有的虽没有嘉靖青花那样浓艳，但蓝中微微泛灰的色调，也颇有沉静之感。

到目前为止，天启、崇祯两朝的官窑青花瓷器，有官款的器物还很少发现。

（6）明代民窑青花瓷器

民窑瓷器是官窑瓷器发展的基础，是培植制瓷技术的土壤。瓷都景德镇虽然设立御器厂为宫廷提供御用瓷器，但这里的民窑制瓷业也是具有雄厚基础的。

在明代，瓷器是城市居民中极为普遍的日用器皿。洪武二十六年（1393），明政府曾明文规定各阶层的器用制度："洪武二十六年定：公侯、一品、二品，酒注、酒盏金，余用银；三品至五品，酒注银，酒盏金，六品至九品，酒注、酒盏银，余皆用瓷、漆。木器不许用朱红及抹金、描金、雕琢龙凤文。庶民，酒注锡，酒盏银，余用瓷、漆……"（《大明会典》卷六十二）六品以下的官吏、城乡地主、商人和城市居民，一般器皿用瓷器，可以想象当时民窑瓷器市场供应量之大。但由于民间的瓷器不易保留下来，而且民窑器一般无年款，因此，对于明代民窑瓷器的研究具有一定的困难。

遗憾的是，对于景德镇明清两代御器厂的遗址及大量的民窑遗址，由于客观原因，还没有作大面积的科学发掘，但从现有的零星材料也能看出明代景德镇民营窑场，几乎遍及景德镇。已发现的湖田和观音阁地区是明代民窑青花瓷器生产的集中点，从元代起，湖田一直是青花瓷器的主要产区，而观音阁的下限时间可能延续更长。

（7）成化至明初民窑青花瓷器

明初至成化以前的民窑青花瓷器产品，大多用国产料，其青料发色基本上比用苏麻离青的永乐、宣德官窑青花器要更灰，同时也不带黑色的斑点。但是从湖田采集的瓷片看，明代前期宣德年间的民窑青花器也有用含铁量较多的进口"苏麻离"青料烧制的宗教用器和各类民间日用瓷，所以看待历史事物都不能绝对。这一时期的器物，以盘、梅瓶和罐为突出，装饰图案主要有折枝莲、变形菊花、牡丹、凤凰、孔雀、莲池水禽等，基本上不见龙纹。这和明代早期"严禁逾制"的规定，是有很大关系的。

（8）成化、弘治、正德民窑青花瓷器

成化、弘治时期官窑青花瓷器所用的是色泽较淡的陂塘青。上等青料由官府控制，但不会和进口料一样贵重，民窑通过各种途径得到一些较好的青料，是完全有可能的。正德时期的民窑青花瓷器，不论从品种方面，还是从数量方面看，都是比较多的。这一时期所用青料的颜色，表现在器物上基本上偏灰色。

（9）嘉靖、隆庆、万历民窑青花瓷器

嘉靖、隆庆以后，由于资本主义因素的发展和官搭民烧制度的实行，有一些高级的民窑青花瓷器，不仅胎、釉制作的精细和官窑器相似，而且可能冲破了纹饰上官窑器的呆板规定。《江西省大志》所谓的"青色狼藉……流于民间，其制无复分"，就是指官窑与民窑青花瓷器之间，不再像过去那样有一条不可逾越的沟渠了。由于官窑的"钦限"御器是在民窑中烧造，这在一定程度上促进了民窑的制瓷技术水平的提高。

在这一时期的民窑青花瓷器中，还有供中、上层地主官僚使用的极其精细的瓷器制品，较常见的有："郝府佳器""沈府佳器""博物斋藏""青萝馆用"款的盘、碗；"京兆郡寿房记"款的淡描十六子盘；"长府佳器""东书堂"和"德府造用"款的器物等。

万历时期，景德镇民窑还为外销欧洲特制了大批青花器皿，其图案纹饰基本上是根据欧洲客户的需要而设计的，盘子口沿一般分成若干格，绘以郁金香纹饰。日本学者称为"芙蓉手"的，即属此类。

（10）明末民窑青花瓷

明末天启、崇祯时期的景德镇青花瓷器产量是很大的。宋应星《天工开物》中这样记述景德镇制瓷使用青料的情况："凡饶镇所用，以衢、信两郡山中者为上料，名曰浙料。上高诸邑者为中，丰城诸处者为下也。"又曰："如上品细料器及御器龙凤等，皆以上料画成。"这些说明当时的官窑器及高级民窑青花所用的青料是"浙青"，较粗的民窑青花瓷器则用中料和下料。

值得重视的是，明末民间青花瓷器的图案装饰题材多样，完全突破了历来官窑器图案格式化的束缚。各种大小动物如虎、猫、牛、虾、鹭鸶、鹦鹉等全都入画，写意山水也较盛行，并且在画上配诗。日本陶瓷界所谓的"古染付"，即是对天启民窑青花瓷器而言。在景德镇发现的碎瓷片中，也能看出具有写意手法的青花图案。

8. 明代彩瓷

大汉神韵天下炼，豁达内敛粗中细。
五彩争奇四方醉，斗彩惊厥万世醒。

（1）逞妍斗色

彩瓷，从广义角度讲，应该包括点彩、釉下彩、釉上彩和斗彩，但习惯上所谓的明代彩瓷，是指釉上彩和斗彩。彩在瓷器上的运用，是制瓷艺匠者对自然写实性更进一步的追求。

明代釉上彩瓷的盛行，是我国陶工数千年实践的结果。早在新石器时代，

明成化斗彩鸡缸杯

人们就已认识到某些天然矿物如铁矿石、赭石、瓷土等，可以作为赭红、黑、

明代珐华彩人物罐

白等颜色，在陶器表面绘成各种图案花纹，这就是著名的彩陶。汉代盛行的铅釉，是以铜和铁为着色元素制成的低温釉。到唐代，又进一步利用某些含钴、铁、锰的矿物在铅釉中的着色作用，从而制成了具有蓝、黄、绿、白等多种色调的唐三彩。宋代，我国北方磁州窑，采用毛笔蘸彩料，在已烧成的瓷器釉面上描绘简单纹饰，然后置于 800℃ 左右的窑温中加以烧制，使彩料烧结在釉面上，这种彩在宋代称为"红绿彩"。上述这些制瓷工艺的发明，大部分首创于北方省份，后来陆续传入景德镇。景德镇的工匠们吸收了这些技术，并加以综合改进与提升，在明、清两代，他们对釉上彩的配方作了重要的改革。此外，人们还将釉上彩和当时已经比较成熟的釉下彩结合起来，成功创制了别具一格的"斗彩"。

彩瓷的发明是中国陶瓷史上的一个重要的里程碑，也是中国古瓷审美标准的重大变化与转移。它的出现使以往一贯占据统治地位的颜色釉逐渐退居次要地位，同时也使某些历史名窑，如浙江的龙泉窑和河北的磁州窑等，从此陷入一蹶不振的境地。

明代彩瓷的兴起，除了上述关于彩料和彩绘技术方面的因素外，还应归功于白瓷质量的提高。因为有了细腻洁白的白瓷做底，绚丽多彩的画面才能更好地表现出来。明代釉上彩常见的颜色有红、黄、绿、蓝、黑、紫等，所采用的着色剂以及相应的工艺，将在清代的陶瓷部分中加以叙述，本节将仅介绍明代彩瓷的品种和时代特征。

（2）釉上红彩染洪武

1964 年南京明故宫出土的洪武白釉红彩云龙纹盘，是目前仅见的洪武时期釉上红彩。这种红彩瓷器，在宋代山西、河南地区的瓷窑，特别像扒村窑，其烧制技术，已经十分成熟了。但是，由于那时瓷器的胎、釉都远不如明代的细腻洁白，因此，红彩及整体性在感受上就完全不一样。而且，用红彩描绘精细的龙纹、云朵等纹饰图案，也只有在明初景德镇才出现。在整个明代，釉上红彩的制作几乎没有间断。

明洪武釉里红缠枝花卉壶

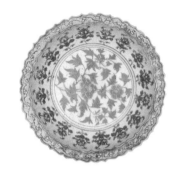

明洪武釉里红花口盘

(3) 宣青映红霞

故宫博物院、台北"故宫博物院"、上海博物馆以及外国的一些收藏馆所，藏有宣德时期的青花红彩瓷器。这种釉下青花和釉上红彩相结合的制作工艺，在明代宣德以前的器物上还没有发现过。

釉下青花和釉上红彩相结合，在广义上可称为斗彩，它在发展上属于成化斗彩的准备阶段。在一定意义上说，它是划时代的。因为在明宣德以前，釉下青花和釉上彩的工艺虽都早

明嘉靖五彩方盒

已成熟，但它们都是单独存在的。只有到了宣德时期，才把这两种工艺结合起来，创造了釉下青花和釉上彩相结合的新工艺。

(4) 两彩相斗乐成化

斗彩，顾名思义就是两彩相斗、相对立，即釉下青花和釉上彩两色相结合的一种彩瓷工艺。斗彩这个名称，不见于明代的文献记载，《博物要览》《敝帚轩剩语》《清秘藏》《长物志》等都只有成化五彩或"青花间装五色"的名称。传世的主要成化斗彩瓷器，清代基本上藏于宫廷中，但雍正年间的内务府档案里，也不见成化斗彩之名。现藏故宫博物院的一件成化斗彩团莲纹罐，盖是雍正年间后配的，当时雍正交办配盖的原档案亦仍用"成窑五彩"的名称。

首先应用"斗彩"这个名称的，是成书于清雍正年间的《南窑笔记》："成、

明万历五彩花觚

正、嘉、万俱有斗彩、五彩、填彩三种。先于坯上用青料画花鸟半体，复入彩料，凑其全体，名曰斗彩。填（彩）者，青料双钩花鸟、人物之类于坯胎，成后，复入彩炉，填入五色，名曰填彩。五彩，则素瓷纯用彩料画填出者是也。"

点彩，全器图案主要是釉下青花画成，只以釉上彩色稍加点缀。

覆彩，在釉下青料已画成的图案上，覆盖釉上彩色。

染彩，在青花图案的轮廓边缘，用釉上彩色烘托相衬。

填彩，青料双勾轮廓线，釉上填入彩色。

青花加彩，全部图案主要以青花构成，只是部分使用釉上填彩。

关于成化彩瓷的称谓，怎样才能更符合其特征、更贴切、更科学，是值得学术界进一步探讨的。

成化斗彩瓷器基本上是官窑产品，在明代就获得了极高的评价。万历《野获编》说："成窑酒杯，每对至博银百金。"郭子章《豫章陶志》则谓："成窑有鸡缸杯，为酒器之最。"《博物要览》比较详细地记述了明末所见到的主要成化斗彩器："成窑上品，无过五彩。"

其实，成化斗彩的主要成就，是开创了釉下青花和釉上多种彩色相结合的新工艺。我国古代瓷器上所用的彩料，多数是天然矿物，其中所含主要着色元素为铁、铜和钴。成化以前的釉上彩色并不多，著名的"景泰蓝"所用的色彩，也远较成化斗彩为少。运用不同的选料和配比，做出这么多的彩色，是成化时期制瓷艺匠的巨大创造。这一辉煌成就，为嘉靖、万历时期的五彩，以及清康熙五彩、雍正粉彩的发展奠定了牢固的基础。

成化白瓷的制作，至少在薄胎这一点上，可说已达到了当时的历史最高水平。为了充分衬托各种色彩的鲜艳程度，成化白瓷的釉色也和以前各时期的色泽不一样，它往往在白中微微闪牙黄，釉层较厚，给人以一种沉静、低调的感觉。这样的白釉呈色也就更能显现出各种彩色的品质效果。此外，还有团花盖罐和天马盖罐，底有"天"字，俗称"天字罐"，更是十分名贵之作。

(5)嘉靖万历五彩扬

成化斗彩的工艺经过弘治、正德两朝的传承，发展成为彩瓷史上又一新阶段，演变为嘉靖、万历五彩瓷器。按照《南窑笔记》对彩瓷的分类，"五彩"应该指单纯的釉上彩。成化时期的彩瓷，以斗彩为主，用青花作衬托的纯粹五彩器，非常少见。

嘉靖、万历时期的彩瓷，除了白地红彩等单色釉上彩和下面将要叙述的素三彩外，主要有两类：一是以红、绿、黄为主的纯粹釉上五彩，也包括各种色地的金彩；二是以青花作为一种色彩与釉上多种色彩相结合的青花五彩瓷器。所谓的典型嘉靖、万历五彩，应该指这种青花五彩器。青花五彩瓷器的工艺，是将釉下青花和釉上五彩相结合。严格说来，这类瓷器也应该属于斗彩，是成化彩瓷发展的产物。但是，嘉靖、万历时期的青花五彩器和成化斗彩有明显的不同。

首先，嘉靖、万历青花五彩器上的青花，并不像成化斗彩那样居于主要地位。在成化斗彩中，青花是构成整个图案决定性的主色，以青花勾好图案的轮廓线，釉上色彩按青花规定的范围填入，或者先用青花画好图案的一半，釉上再着色拼凑成形。有的图案基本上由青花表现，釉上只是略加点缀色彩，甚至这种点缀是可有可无的。而青花五彩则在整个图案中，并不以青花作为决定一切的色彩，只是把青花用作构成整个画面中的一种颜色。在清代康熙时期的釉上蓝彩发明以前，瓷器上的蓝色只能由釉下青花来表现。在五彩图案中，有了这种蓝色，就能增强色泽的对比感，没有这种蓝色，就会明显减弱鲜艳的程度。在这里，青花和红、黄、绿等色处于一样地位，该用蓝色的地方，就用釉下青花来表现。在成化彩瓷中，就有这种表现手法。这一类成化彩瓷究竟仍称斗彩，还是应该称为青花五彩，甚至就称为五彩，是值得进一步商榷的。

仔细分析，成化彩瓷与嘉靖、万历青花五彩有许多不同，特别是图案画面有着明显的差别。嘉靖、万历的彩瓷特别是万历彩瓷以图案花纹满密、色彩浓艳而得名。它以红、深绿、淡绿、褐、黄、紫及釉下蓝色为主，色彩浓重，尤其突出红色。由于图案花纹几乎布满全器，因而就有浓翠红艳的感觉。特别是在万历时期，这种风格发展得更具有典型性了。成化彩瓷的色彩虽鲜艳，但整个风格却以素雅取胜。

万历十年，宫廷命令景德镇烧造瓷器9.6万余件。工科都给事中王敬民等在要求减缓的奏折中，提到这批瓷器："龙凤花草各肖形容，五彩玲珑务极华

明万历五彩捧莲童子

丽。"传世的嘉靖、万历五彩瓷器，以人物、婴戏、莲池鸳鸯、鱼藻和云鹤、团鹤、云龙、云凤纹为主，配以山石、荷叶、花果及璎珞、缠枝莲、回文等辅助纹饰，其浓厚、鲜艳的色彩对比，确实达到了极为华丽的地步。

目前，大型瓷器已比较容易烧造，这是由于烧制材料、烧制工艺和烧制设备等技术的提高，但明代的五彩大型器是很难烧造的。隆庆五年都御史徐拭在奏折中就提道："五彩缸样重，过火色多系惊碎。"在盘、瓶、罐外，嘉靖时期的方斗、葫芦瓶，隆庆时期的多角棱形罐以及万历时期的人物、镂空瓶及云龙笔架、团龙方盒、笔管等，是比较典型而又难制的五彩器。

嘉靖、万历时期的官窑彩瓷，主要是青花五彩器。单纯的釉上五彩虽也有一些，但比较少见，其色彩主要是红、绿、黄三种。这一时期的官窑釉上彩中，各种色地的彩瓷数量较大。在嘉靖三十八年的景德镇御器厂制瓷档案中，就曾记载："青地闪黄鸾凤穿宝相等花碗共五千八百……紫金地闪黄双云龙花盘碟六千，黄地闪青云龙花瓯一千四百六十，青地闪黄鸾凤穿宝相花盏爵一万三千五百二十……"（《江西省大志·陶书》）

从传世的实物看，有黄地红彩、红地绿彩、黄地紫彩、黄地蓝彩、柿地绿彩、黄地绿彩等品种。其中，有的品种要三次烧成。例如，黄地红彩，一般称红地黄彩，但它的制作过程是先以高温烧成瓷胎，然后浇上黄釉，第二次以850~900℃的火候烧成黄釉器，再用铁红按需要填出图案花纹，以低火度烘烤而成。由于用红色罩去黄地，表面上好像是红地黄彩了。

故宫博物院收藏有永乐青花金彩碗和弘治黄釉金彩兽耳罐，台北"故宫博物院"亦有宣德青花莲花描金碗。景德镇御器厂嘉靖三十一年制瓷的档案中又有"纯青里海水龙、外拥祥云地贴金三狮龙等花盘一百、爵一百八十"的记载。由于金彩容易剥落，传世的完整金彩器比较名贵。关于金彩的制作工艺，嘉靖《江西省大志》已有叙述："描金，用烧成白胎，上全黄，过色窑。如矾红过炉火，贴金二道，过炉火二次，余色不上全黄。"以上资料说明，嘉靖时期，金彩的制作特别盛行。

(6) 民窑彩瓷欲争辉

由于明政府的禁令，民窑彩瓷在早期较少制作。但在正德以后却有了大量彩瓷，到了嘉靖、万历时期民窑彩瓷烧造普遍，成就更为显著。《景德镇陶录》卷五记述嘉靖、隆庆年间"崔公窑"仿宣德成化瓷，为"民陶之冠"。从传世的实物看，当时的民窑五彩器，除了接近同时期官窑的青花五彩品种外，以红色为主的釉上彩和鲜艳的红绿彩制作为多。其特征是胎质稍厚，制作稍粗，有的釉层较厚且有乳浊失透现象；在色彩上很少用青花和紫色，多用红、绿、黄色，更以红色为主；器型以盘、碗、瓶、罐为多；图案装饰除花、草、莲池鱼藻、人物山水、云间楼阁外，也有戏曲小说故事画面。

到了正德时期，彩瓷的发展，除了常见的白地绿彩、青花红、绿彩和釉上五彩，还创制了"素三彩"新品种。这种素三彩有两个特征，第一个特征是色彩中不用红色，这和明代纯粹釉上五彩以红为主色的情况截然相反。在古代，结婚、祝寿等喜庆称荤事，用红色；丧葬等称素事，一般用白、蓝、黄、绿等色。这些非红的色彩，也叫素色，也是"素三彩"得名的由来。但它和"五彩"不一定是五种颜色一样。素三彩以黄、绿、紫为主，但也不一定限于这三种颜色。第二个特征是在宣德时期刻填酱釉和在弘治时期刻填绿釉的基础上完善了素瓷胎上直接施色釉的新工艺。正德以前的釉上彩，都是在白瓷烧成

明宣德红绿彩祭器

后，施于釉上的低温彩。素三彩则是在瓷坯上先按预定的图案进行刻绘，待坯体干燥后，以高温烧成没有釉的素瓷，再将作地色的釉浇在胎上，待其干燥后，刮下纹饰图案中应施其他色彩的地色部分，然后涂上某种色彩，或分别将各种色彩涂布于器物纹饰图案的相应部位，再一次低温烧成。嘉靖、万历时期素三彩的制作也有一定的成就。

9. 明代单色釉

万物由简而繁缛，自古尚纯而美之。
永宣瓷红似朝霞，柔淡娇黄弘治醉。

除了以上类型瓷器，明代景德镇的高温单色釉和低温单色釉瓷器都有很大

发展。《南窑笔记》除记述了永乐、宣德时期的甜白、霁青、霁红等，又曰：
"月白釉、蓝色釉、淡米色釉、米色釉、淡龙泉釉、紫金釉六种，宣、成以下
俱有。"同时，还记载了明代直隶"厂官"窑的色釉制品："其色有鳝鱼黄、油
绿、紫金诸色，出直隶厂窑所烧，故名厂官，多缸钵之类，釉泽苍古，配合诸
窑，另成一家。"从传世的实物看，永乐时期仿龙泉釉、仿影青，宣德时期的
酱色釉、洒蓝和成化时期的仿哥窑器也都有较高的水平。

　　元代的青花釉里红已经成熟，明代宣德的釉里红瓷器亦有传世。《遵生八
笺》曰："宣德年造红鱼把杯，以西红宝石为末，图画鱼形，自骨内烧出，凸
起宝光，鲜红夺目，若紫黑色者，火候失手，似稍次矣。"这种宣德釉里红三
鱼高足杯，上海博物馆有收藏。明代单色釉最突出的成就是永乐、宣德红釉和
蓝釉，以及成化孔雀绿和弘治黄釉。

明代娇黄锥拱兽面纹鼎周丹泉造款炉

明代蓝釉双鱼戏莲盘

(1) 似糖白釉甜永乐

　　前面曾叙述过，元代枢府釉白瓷的诞生，意味着景德镇白釉瓷发展的重大
突破。那么明代甜白釉瓷器的烧制成功，则是明代景德镇单色白釉瓷器发展过
程中又一显著进步。中国古代的各种色釉，是利用铁、铜、钴、锰的氧化物之
呈色作用进行着色。由于一般瓷土和釉料中或多或少带有一些氧化铁，在还原
气氛中必然反映出青色来，因此青釉是我国古代最普遍的釉色。但古代白瓷的
制作，并不是在釉料中加入一种白色呈色剂，而是选择含铁量较少的瓷土，釉
料经过细加工，使含铁量降至最低。在洁白细腻的瓷胎上，施以纯净的透明
釉，就能烧制出白度很高的白瓷来。假使再将瓷胎制得较薄，薄到半脱胎或

"脱胎"的程度，那就更增添了这种白瓷诱人的美感。前人对于明代各朝的白瓷有很高的评价：如永乐时期的"甜白"、宣德时期的"汁水莹厚如堆腊、光莹如美玉"、嘉靖时期的"纯净无杂"、万历时期的"透亮明快"，等等。

明清两代在白瓷烧制工艺方面有不少成就，主要表现在下面几个方面：①瓷胎中逐渐增加高岭土的用量，以减少瓷器的变形。②精工粉碎和淘洗原料，去除原料中的粗颗粒和其他有害杂质以提升瓷器的白度和透光度。③提高瓷胎的烧成温度以改变其显微结构，从而改进瓷器的强度以及其他物理性能。④改进瓷器装匣支烧的方法，从而增强美观并利于实用。上述烧造技术的巨大进步，使白瓷的外观和内在质量上都有极大的提高。明代的薄胎瓷，特别是脱胎瓷便是有力的证明。

永乐白瓷，能够光照见影，很多白瓷薄到半脱胎的程度。器物上往往有暗花刻纹和印纹，由于这种胎薄釉莹的白瓷，给人以一种"甜"的感受，因此又称为"甜白"。永乐时期薄胎白瓷的烧制成功，为明代彩瓷生产的繁荣创造了有利条件。

虽然永乐时期开始制作薄胎瓷器，然而此时的薄胎只是半脱胎。到了成化时期，白瓷工艺才有更高的成就，其薄的程度几乎达到了脱胎的地步。脱胎瓷的制作，从配方、拉坯、修坯、上釉到装窑烧成，都有一整套严谨的技术和工艺要求，修坯是其中最艰难、最细致、最重要的环节。脱胎瓷的修坯一般要经过粗修、细修定型、黏接、修去接头余泥并修整外形，荡内釉，然后精修成坯并施外釉。坯体反复取下装上近百次之多，才能将二、三毫米厚的粗坯，修到蛋壳一样薄。在修坯的关键时刻，少一刀则嫌过厚，多一刀则坯破器废，稍有不慎，一个大的喘息都有可能导致前功尽弃。其制作工艺的难度，可见一斑。脱胎瓷的烧制成功展现了明代景德镇陶瓷烧制技术的精湛。隆庆、万历时期的高级民窑的"蛋皮"式白瓷，也能达到"脱胎"的程度。

（2）永宣瓷红似朝霞

中国人喜欢红色，把红色用在瓷器上，会显得喜气。在我国制陶制瓷的历史上，用铜作为着色剂来装饰陶瓷制品，开始于汉代的铅绿釉，但这是铜在低温铅釉和氧化气氛中呈现的绿色。铜还能使高温石灰釉在还原气氛中变成美丽的红釉。宋代的制瓷艺匠掌握了这一科学规律并创制了著名的钧窑红釉器，景德镇在宋代也制成了青白釉红斑的瓷器。元代创制成功釉里红并开始试制纯正红釉器，到了明代永乐时期，纯正红釉器正式烧制成功。在纯正红釉器开始问世以前，在陶瓷这个领域里还没有一种色调纯正的红釉瓷器。"钧红"虽也属于红釉范畴，但通体呈红色的比较少见，且其色调往往红中带紫，而不是纯正的红色。此外，钧窑器还存在不少缺点，如釉面有细小裂纹，釉有垂流现象，工艺上需要二次烧成等。所以纯正红釉器的烧制成功，是明代景德镇陶瓷艺匠们的一项重大贡献。由于这种纯正红釉具有鲜艳的红色，人们就称之为鲜红；又由于这种红釉像红宝石一样的美丽，有人也把它叫做"宝石红"。此外，还有"祭红""霁红""积红"等名称，实际上都是指同一种红釉瓷器。前人对于永乐、宣德年间的红釉瓷器评价是很高的，他们都把永乐和宣德的红釉同等看待。事实上，从传世的实物看，永乐和宣德的红釉瓷器之间还是有一些区别的。《景德镇陶录》有"永器鲜红最贵"的评价，窥其微妙区别，是有一定道理的。而宣德时期，虽红釉制作在生产数量上有明显的增加，但是胎、釉均较永乐略厚，导致红釉发色稍显黯黑。

明宣德宝石红釉僧帽壶　　　　　　　明永乐宝石红釉高足杯

　　由于永乐时期红釉瓷器质量上乘，后朝难以逾越，所以宣德以后的红釉瓷器就极少烧造。成化、正德时期虽力图烧好红釉，但从传世品看，除少数几件外，大多数是不太成功的产品。到了嘉靖初，就用矾红来代替鲜红了。矾红是一种以氧化铁着色的颜色，在氧化环境中烧制低温红，比烧成高温铜红容易得多。矾红发色往往带有一种橙味的砖红色，没有铜红那样纯正鲜丽，但烧成比较稳定。由于此因，景德镇御器厂就采用矾红代替铜红了，这样烧制虽会降低成本，大幅提高产量，然而会减弱审美品质。明代烧造鲜红瓷器的时期，从烧制成功到技术失传，为时不长，因此鲜红器皿的传世也就比较少了，所以呈色好的产品就更加珍贵。

（3）霁青若纱裹白云

蓝釉最初出现在唐代的三彩陶器上，蓝釉是钴的呈色，是一种低温铅釉，它在元代已经烧制得相当成熟。明代以后，特别在宣德时期，蓝釉也称霁蓝、祭蓝，此器烧造较多。后人把它和白釉、红釉相提并论，推为宣德瓷器的"上品"，美曰："宣窑……又有霁红、霁青、甜白三种，尤为上品。"①霁蓝釉是一种高温石灰碱釉，生坯施釉，在1280～1300℃的高温下一次烧成。其特点是

明永乐豆青釉盖罐

色泽深沉，釉面不流不裂，色调浓淡均匀一致，呈色亦比较稳定。霁蓝釉瓷器除了素地，往往用金彩来装饰，给人以金碧辉煌的感觉。此外，也有刻、印暗花的。从传世实物看，宣德的霁蓝器以暗花为多，而嘉靖的霁蓝器则多划花装饰。

我国传统的霁蓝釉，都用天然的钴土矿作为着色剂。这种钴土矿除含有氧化钴，还含有氧化铁和氧化锰等。用这种混合着色剂所制成的蓝釉跟用纯氧化钴作为着色剂所制成的蓝釉比较起来，前者显得深沉古朴，而后者则显得有些妖艳，美感效果较差。

（4）绿釉瓷前孔雀羞

绿釉产生较早，我国汉代盛行的铅绿釉陶器就是用铜做着色剂的。到了宋代，瓷器上的绿釉已经比较普遍，特别像扒村窑的绿釉瓷器是很出色的。可是，在明代孔雀绿烧制成熟之前，所有的绿釉属于一种深暗的青绿色泽，没有达到亮翠的程度。明代的孔雀绿釉则烧成了与孔雀羽毛相似的翠绿色调，雅丽碧翠，极为动人。孔雀绿亦称"法翠"，是一种以铜为着色剂的色釉。

从传世的实物看，明代的孔雀绿瓷器，以正德时期为多，但烧制孔雀绿的工艺并不始自正德时期。《南窑笔记》曰："法蓝、法翠二色，旧惟成窑有，翡翠最佳。"成化时期的孔雀绿品种，比较少见，上海博物馆藏有一件成化孔雀绿青花鱼藻盘，是目前罕见的珍品。

---

① 按：明、清时期，人们往往把"蓝"色亦称为"青"色。

（5）柔淡娇黄弘治醉

对于纯正的经典黄釉的烧成，明代成化与弘治两朝的瓷器艺匠们作出了重要贡献。弘治时期的黄釉瓷器数量特别多，所以又称为"弘治黄釉"。我国的

明弘治黄釉盘

传统黄釉有两种：一种是以三价铁离子着色的石灰釉，这是一种高温黄釉；另一种是低温黄釉，也用含铁的天然矿物作着色剂，但基础釉是铅釉，这种低温黄釉早在唐三彩上就已出现，但唐三彩上黄釉的色调是黄褐色。至明代弘治时期，黄釉的色调才是真正的黄色，达到了历史上低温黄釉的最高水平。明代黄地青花的品种虽在宣德时期已经出现，

但是纯粹的黄釉最早见于成化时期，数量也并不多。弘治时期的黄釉，从大量传世品呈色看，它们的釉色几乎是一致的，这说明景德镇的制瓷艺匠们已经熟练地掌握了烧成技术，具有很强的稳定性。由于这种黄釉是用浇釉的方法浇在瓷胎上的，所以称为"浇黄"，又因为它的色彩比较淡而显得娇艳，又称"娇黄"。浇黄釉另一特点是它的透明度较好，瓷胎上刻划的图案纹饰能透过釉层而显现出来，层次感丰富，并有特殊的艺术效果。

在明代，黄色是宗庙祭祀用器的重要颜色。如前文所述，嘉靖九年（1530），朝廷钦定四郊各陵瓷器的颜色。"方丘黄色"黄釉瓷器在弘治以后的各朝都有制造，器物最普遍的形式是各种大小盘、碗，至于像故宫博物院所藏的弘治黄釉金彩兽耳罐，则是比较少见的。弘治、正德时期的黄釉，以柔淡的"娇黄"为多，嘉靖、万历时期的则又盛行一种较深的黄色。由于浇黄是素三彩器的主要色彩，因此素三彩往往又称"浇黄三彩"。

10. 万瓷之尊

> 千锤百炼万朝瓷，举国艺匠互传承。
> 胎饰釉饰还彩饰，合样精绝归瓷都。
> 釉白胎腻惹人怜，青花瓷艺造峰极。
> 百鸟朝凤皆因彩，色釉静逸美人读。

（1）清代瓷都兴盛与繁荣

清代陶瓷器的产地在全国是比较广泛的，制瓷窑口比比皆是。不过和明代一样，能代表整个时代水平的制瓷产地，仍然是瓷都景德镇。由于战乱以及朝代更迭，清初时景德镇的制瓷业一度处于停滞状态，即使官窑的生产也不例外。直到康熙十九年左右，景德镇的制瓷业才在明代的基础上得到恢复，并有了突飞猛进的发展。当时的景德镇承袭了明代的风采，又成为一个制瓷业繁荣的城市。

清初人沈怀清曰："昌南镇陶器行于九域，施及外洋。事陶之人动以数万计。"（《景德镇陶录》卷八）法国传教士昂特雷科莱，其汉名殷弘绪，于康熙五十一年九月一日在饶州发出的一封信中，形象地描述了景德镇的概况："景德镇拥有一万八千户人家，一部分是商人，他们有占地面积很大的住宅，雇佣的职工多得惊人。按一般的说法，此镇有一百万人口，每日消耗一万多担米和一千多头猪……《浮梁县志》上曰：昔日景德镇只有三百座窑，而现在窑数已达到三千座……到了夜晚，它好像是被火焰包围着的一座巨城，也像一座有许多烟囱的大火炉。"①殷弘绪所列的数字，可能有一些夸大，但景德镇制瓷业的盛况确实存在。

清代仿哥窑双耳瓶

乾隆初期，唐英在《陶冶图说》中也记载了当时的实况："景德镇袤延仅十余里……以陶来四方商贩，民窑二三百区，工匠人夫不下数十万，藉此食者甚众。"清代前期瓷都景德镇的繁荣局面，主要是民窑烧造瓷器所造成的。

（2）瓷都御器厂

景德镇的官窑器是由设在那里的御器厂经办的，明清两代御器厂不全相同。清代御器厂的督窑官不同明代那样由中官来担任，因此也没有出现过像潘相那类贪暴的太监所激起的民变；更重要的一点是，御器的经办一改明代派征夫役的封建性劳役剥削的形式，而采用以金钱雇佣劳动力的方式。清代实行"官搭民烧"的制度，这种"官搭民烧"的办法在明代后期已经部分地实行了，康熙十九年以后成为固定的制度。官窑器大多在"色青户"中搭烧，它占用最

---

① 景德镇陶瓷文物资料组：陶瓷资料[C].北京：国家图书馆特藏室，1978(1)：28.

好的窑位，烧损要赔偿，对于窑户来说，仍然是一种厉害的盘剥。但与明代相比，它的骚扰面较小，强迫使用的无偿劳动也大为减少，因此对于景德镇瓷业发展的阻力也要少许多。由于御器厂集中了优秀的制瓷工匠，为了满足宫廷奢侈生活的需要，可以不计工本地提高质量和仿制古代的名窑器，创制新品种。对高质量产品的需求，大大促进了制瓷技术的创新与进步，并促进了景德镇整个瓷业的蓬勃发展。

御器厂所制的官窑器，只供宫廷使用。除了由帝王赏赐以外，即使最高贵的皇亲国戚，也不可能自御器厂中直接得到官窑器。清代满汉贵族所用的各种优质瓷器，一般来自民窑中的"官古器"："此镇窑之最精者，统曰官古。式样不一，始于明。选诸质料，精美细润，一如厂官器，可充官用，故亦称官。今之官古，有混水青者，有淡描青者，有兼仿古名窑釉者……"（《景德镇陶录》卷二）此外，稍次于"官古器"的，有"假官古器"及"上古器"等。尽管这些都是民窑，但它们供应的对象显然都是达官贵人。不论是御器厂的官窑器，还是民窑的"官古器""假官古器"和"上古器"等各类细作瓷器，都是无数优秀制瓷艺匠的智慧结晶。

清代仿官窑三联葫芦瓶　　　　清代仿汝窑刻花双耳瓶

在清代，有的督窑官对制瓷业的发展确实起到过一定的积极作用。康熙年间有个著名的"臧窑"，那是指臧应选督造的官窑，据光绪《江西通志·陶政卷九十三》记载："十九年九月，奉旨烧造御器，令广储司郎中徐廷弼，主事李延禧，工部虞衡司郎中臧应选、笔帖式车尔德，于二十年二月驻厂督造。"《大清会典事例》卷九百记载："二十七年，奏准停止江西烧造瓷器。"这段时间，

景德镇的官窑瓷器由臧应选负责督造，因此习惯
上称为"臧窑"。《景德镇陶录》记述这时期的官窑
器品种曰："土坯腻，质莹薄，诸色兼备，有蛇皮
绿、鳝鱼黄、吉翠、黄斑点四种尤佳。其浇黄、
浇紫、浇绿、吹红、吹青者亦美。迨后有唐窑，
犹仿其釉色。"臧窑的成就，重点在单色釉，从传
世康熙官窑瓷器的情况看，除了这里所说的鳝鱼
黄和黄斑点外，其他几乎都能得到证实。

清代黄釉兽耳瓶

从文献记载中得知，刘源和郎廷极也是康熙
朝监制官窑瓷器的官员。还有，刘源本人是一个很有声誉的书画家，当时官窑
器上的图案绘制很可能有些就是出于他的手笔。至于郎廷极监制的"郎窑"，
过去有人把它说成是意大利画家郎世宁所创，又有人认为它是顺治朝的巡抚郎
廷佐所督造。事实上，它应该是康熙四十四年至五十一年在江西任巡抚的郎廷
极所主持的。至于郎窑的瓷器品种，从康熙时人刘廷玑《在园杂志》和许谨斋
的诗稿中看，也可能不仅是通常为人称美的所谓"郎窑红"一种。《在园杂志》
说郎窑："仿古暗合，与真无二，其摹成宣釉水颜色，桔皮棕眼，款字酷肖，
极难辨别。予初得描金五爪双龙酒杯一只，欣以为旧，后饶州司马许阶以十杯
见贻，与前杯同，询知乃郎窑也。又于董妹倩斋头见青花白地盘一面，以为真
宣也。次日，董妹倩复惠其八。曹织部子清始买得脱胎极薄白碗三只，甚为赏
鉴，费价百二十金，后有人送四只，云是郎窑，与真成毫发不爽，诚可谓巧夺
天工矣。"许谨斋诗说郎窑是"比视成宣欲乱真"。可见，郎窑除了以仿制宣德
的红釉为其突出成就外，还有仿明代脱胎白釉器和宣德青花等成功之作。

清代蓝地描金开窗鱼纹四系瓶

清光绪绿地鱼龙图花式瓶

此外，《在园杂志》还提到"熊窑"。熊窑究竟有哪些珍贵品种呢？目前的研究结果还无法肯定。故宫博物院所藏清宫内务府造办处档案中，有下述记载："雍正四年三月十一日，圆明园送来……熊窑双管扁瓶一件、熊窑梅桩笔架一件、熊窑小双管瓶二件、熊窑海棠式洗一件……熊窑冰裂纹圆笔洗一件。"又曰，"乾隆三年九月初八日，七品首领萨木哈来说，太监毛团交……熊窑纸槌瓶一件"，也可惜实物无存，我们无法观其全貌，更别说品鉴欣赏了。

雍正四年，年希尧以管理淮安关税务之职，兼管景德镇御窑厂，即所谓"年窑"。《景德镇陶录》曰："年窑，厂器也，督理淮安板闸关年希尧管镇厂窑务，选料奉造，极其精雅。驻厂协理官每月于初二、十六两期，解送色样，至关呈请，岁领关币。琢器多卵色，圆类莹素如银，皆兼青彩，或描锥暗花。玲珑诸巧样，仿古创新，实基于此。"雍正年间瓷器制作的仿古创新，成就十分突出，但把它都归功于年希尧是没有充分依据的，制瓷艺匠的勤劳智慧倒是应该一提的。

所谓的"唐窑"，大多指唐英于乾隆二年督查管理景德镇御窑厂以后至乾隆十九年（其中乾隆十六年曾一度停止）这段时间生产的瓷器。但事实上，唐英于雍正六年即到景德镇御厂"驻厂协理"窑务。他在《陶人心语》中曰："予于雍正六年奉差督陶江右，陶固细事，但为有生所未见，而物料、火候与五行丹汞同其功，兼之摹古酌今，侈贪崇库之式，茫然不晓，日唯诺于工匠之意旨。……用杜门，谢交游，聚精会神，苦心竭力，与工匠同其食息者三年，抵九年辛亥，于物料火候生剋变化之理，虽不敢谓全知，颇有得于抽添变通之道。"《景德镇陶录》记述唐英督窑的功绩曰："公深谙土脉、火性，慎选诸料，所造俱精莹纯全。又仿肖古名窑诸器，无不媲美，仿各种名釉，无不巧合，萃工呈能，无不盛备，又新制洋紫、法青、抹银、彩水墨、洋乌金、珐琅画法、洋彩乌金、黑地白花、黑地描金、天蓝、窑变等釉色器皿。土则白壤，而坯体厚薄惟腻。厂窑至此，集大成矣。"这里所列举的瓷器品种，唐英于乾隆元年所作的《陶成纪事碑》中几乎全都囊括并载入，同时也说明了这些制瓷成就，应该在雍正年间就已经取得了。

唐英不仅是一位官员，还是一位实干家，而且还能将工作中的经验加以总结，他在乾隆元年写的《陶成纪事碑》和乾隆八年所编的《陶冶图说》是我国清代制瓷工艺史上的重要文献资料。

通常所说的清三代时期瓷器辉煌，就是指清代前期的康熙、雍正、乾隆三朝，达到了我国制瓷工艺的历史高峰。明代已有的瓷器工艺和品种，在清早期大多有所提高或创新。例如康熙青花的发色鲜艳纯净，别具风格，康熙五彩因发明了釉上蓝彩和墨彩，比明代的彩色更多样；而且由于烧成温度较高，比明代的釉色更加透彻明亮；斗彩的品种增多，单色釉中雍正青釉的烧制达到了历史上最成熟阶段，黄、蓝、绿、矾红等色釉也有很大的提高。明代中期一度衰落的铜红釉和釉里红，在康熙和雍正时期都已恢复并获得进一步发展。

有许多新的彩釉和经典品种也是这一时期创制的，如釉下三彩、粉彩、珐琅彩、墨彩、天蓝釉、乌金釉、松绿釉、珊瑚红以及采用黄金为着色剂的胭脂红等。

清代早期，白瓷胎中高岭土的用量比明代高出许多，原料的选择和加工比以前更加合理，烧成温度与现代硬质瓷的要求无异。此外，在窑具和窑炉的改进、烧成和气氛的控制技术等方面也比明代益加精进。从技术角度看来，我国传统的制瓷工艺在清代早期就已经非常成熟了。清代白瓷的质量可以说达到了制瓷历史上的最高水平。康熙五彩、雍正粉彩和珐琅彩的突出成就，是和当时白瓷胎、釉的高度精细分不开的。乾隆时期发明了很多特种制瓷工艺，当时仿古、仿其他工艺和仿外国瓷的制品都极为精致突出，青花和釉里红瓷器烧造技术进一步得到提高。

(3) 唱不衰的青花

元明以来，青花瓷器始终占据着彩瓷生产的主流地位。入清之后，青花瓷器仍然是景德镇瓷器最大宗的产品。唐英在《陶冶图说》中曰"青花圆器，一号动累百千"，正是这一现状的真实反映。顺治八年、十一年、十二年、十三年和十六年都有烧造御器的记载。北京雍和宫旧有"顺治八年江西监督奉敕敬造"款的官窑青花云龙香炉，传世的顺治年间民窑青花器也有一定数量，上海博物馆即藏有顺治十四年款的青花人物净水碗和十七年款的青花云龙瓶。

(4) 独步本朝

康熙民窑的青花瓷器，在清代应该具有典型的意义。《陶雅》曰："雍、乾两朝之青花，盖远不逮康窑。然则，青花一类，康青虽不及明青之脓美者，亦可以独步本朝矣。"从俊美角度讲，康熙青花是否一定不如所有的明代各朝青花，还可以再研究，但说康熙青花可以"独步本朝"是有依据的。康熙民窑青花的优点是：色泽鲜艳，层次分明，题材多样。比较成功的康熙青花呈宝石蓝的色泽，极为鲜艳。因此唐英的《陶冶图说》曰："瓷器，青花霁青大釉，悉藉青料，出浙江绍兴、金华二府所属诸山……其江西、广东诸山产者，色薄不耐火，止可画粗器。"优美的康熙民窑青花器所用的青料就是这种"浙料"。当然，有时优质的青花料因温度过高，也会出现带黑、红黑和紫色的现象。康熙青花纯蓝鲜艳色泽的烧制成功，体现了景德镇制瓷工匠深厚的传承功力和长期技术积累的结果。

康熙青花的另一个重要特征是层次分明。明代青花器也有这种情况，特别是正德以前青花的色彩往往也有浓淡不同的层次，但这是在用较小毛笔涂抹青料时由笔触自然造成的效果，即使有一些分色层次，色调也不多。而康熙青花器则完全由艺匠们把青料按色阶分成深浅不同，并熟练地运用多种浓淡不同的青料在瓷器上描绘，有意识地使画面色调显得层次丰富。同一种青料由于它的浓淡不同，形成了色彩上不同的感受，甚至在一笔中也能分出不同的浓淡笔韵。康熙青花瓷器有"青花五彩"之誉，便是指的这个特点。

青花描绘的工序复杂、分工明确。《陶冶图说》记录了清初描绘青花的分工情况："画者学画不学染，染者学染不学画。所以一其手，不分其心也。画者、染者分类聚一室，以成划一之功。至如边线青箍，出镟坯之手，识铭书记，归落款之工，写生以肖物为上，仿古以多见能精，此青花之异于五彩也。"合理的分工对于提高瓷器艺匠绘画着色的水平是极为重要的。这种层次分明的青花着色方法，有利于表现瓷器画面中山头远近和衣褶里外的情致意境，为康熙青花瓷器丰富多彩的画面题材及艺术表现，创造了行之有效的条件。

康熙时期的青花，特别是民窑瓷器很多没有年款，这和康熙十六年浮梁县令张齐仲曾经下令禁止窑户在瓷器上书写年款有关。当时的底款多有仿前朝的年款，如明代宣德、成化、嘉靖和万历年号，特别以仿宣德和成化款为多。

康熙青花还有各种色地的，如豆青地青花、洒蓝地青花、青花矾红和青花黄彩等。雍正、乾隆时期的青花发色已不如康熙时期那样艳丽了。据唐英记载，雍正年间比较突出的官窑青花瓷器应该是仿明成化和嘉靖的作品，但传世所见的则以仿宣德青花器为多，而且在仿宣德时的黑疵及釉下气泡方面都能十分相似，雍正官窑青花器中以青花黄彩和青花金银彩瓷器更为名贵。

(5) 康熙复出釉里红

釉里红是指以铜红料作为着色剂，在瓷坯上进行彩绘，然后上透明釉，以1250℃左右的高温一次烧成。釉里红工艺在景德镇始于元末，明代宣德时期的釉里红瓷器已经有了一定的影响和声誉，但它和铜红单色釉一样，在明中期以后一度衰退，直到康熙时期才逐渐恢复。

清康熙红釉尊

康熙、雍正时期的釉里红瓷器烧造工艺，在明代的基础上又有所提高。元末明初的釉里红也有烧得比较成功的，但往往因为发色不好而呈黑色和灰色。宣德的釉里红瓷器传世不多，其成功之作除少数鲜红外，大多色泽较淡，意蕴幽美。明代中期以后的釉里红瓷器不仅很难发现，即使偶尔出现，也大多色泽灰暗。清康熙时期的釉里红则基本上能掌握发色的效果，其铜红呈色作用一般比较稳定，和宣德时烧制成功的釉里红一样呈淡红色。雍正时期的釉里红更有呈鲜红的色调，而且烧制的成功率很高，对铜红的呈色作用基本上已成功掌握了，已经到了十分成熟的阶段。有一种以青花、釉里红和豆青釉色相结合的"釉下三彩"，更是改进了釉下彩绘的制瓷工艺。康熙时期的制瓷工匠为了能充分发挥釉里红的艺术效果，还用釉上绿彩配合釉下红彩。传世品中有一种马蹄形水盂，其图案就是红花绿叶，显得分外娇艳。

雍正时期的釉里红瓷器更趋精进，唐英在《陶成纪事碑》中记述雍正时期重要的制品，即有"釉里红器皿，有通用红釉绘画者，有青叶红花者"。故宫博物院和上海博物馆都藏有雍正时的桃果高足碗，它的青叶和红桃两种色泽都十分鲜艳。

（6）清绘釉上彩蝶飞

清乾隆茶叶末六联瓶

釉上彩创烧于宋代，到了明代，釉上单种彩和多种彩的工艺已经很完美了。但是明代对釉上彩有独到的审美与理解，往往因嫌色彩单调而和釉下青花相结合，称为青花五彩。到了清代，釉上彩颇多创新，极为丰富，大致可分为民间五彩、粉彩、珐琅彩、斗彩、素三彩等品种。

（7）五彩瓷

《饮流斋说瓷》说，清代的"硬彩、青花均以康熙为极轨"。但是，康熙五彩和青花一样，在清代早期的记载中，并没有关于御厂所制官窑五彩器的具体记述，而在传世的康熙五彩器中，可以确认为官窑器的大多是盘、碗等小件器皿，图案装饰也比较刻板呆滞。我们能见到的那种彩色鲜艳、图案活泼的大型器物一般是民窑器。

发现和运用釉上蓝彩和黑彩，是康熙五彩艺术表现形式的一个重大突破。蓝彩烧成的色相，其浓艳程度能超过青花的色泽，而康熙时期的黑彩有黑漆的光泽，衬托在五彩的画面中，更加强了绘画的表现力度。它基本上改变了明代的釉果，因此康熙釉上五彩就显得比明代的单纯釉上五彩更娇艳动人；也基本上改变了明代釉下彩、釉上彩相结合的青花五彩占主流地位的局面。而且康熙五彩所有的色彩比明代大大增多，特别是金彩的运用突破了明嘉靖时期在矾红、雾蓝等地上描金的单一手法，而在五光十色的画面中往往能起着增强富丽娇艳的效果。如前所述，釉上五彩的制作是先以高温烧成白瓷，然后绘彩，再在彩炉中低温烧成。若炉温过高，将出现颜色流动的现象，炉温过低则彩的光泽不足。在明代嘉靖五彩中偶然能发现这类光泽不足的彩瓷，正是彩烧温度过低所引起的。康熙五彩一般彩色鲜艳，光泽透澈明亮，这说明其烧成气氛掌握较好。

（8）红彩瓷

红彩分为矾红和金红两大类。矾红的主要着色剂是氧化铁，故又称铁红，在中国属传统红彩。矾红始见于宋瓷，宋以后的历代古瓷上的釉上红彩都属矾红。而金红却是从国外传入的，始见于清康熙年间的珐琅彩瓷。在彩绘时，矾红料中需要配入适量的铅粉和胶进行调制。矾红彩的色调与彩料的细腻程度有关系，粉料愈细，色调愈鲜艳。用青矾煅烧分解而制成的氧化铁，颗粒极细，活性也大，故有利于发色。矾红彩的色调也和烘烤的温度、时间有关，如能合理掌握温度和时间，就能得到鲜艳的红色。如果温度过高或时间过长，则会使部分氧化铁熔入底釉中而使红彩的色调闪黄。

（9）黄彩瓷

黄彩分为铁黄和锑黄两种。五彩中的黄彩采用以氧化铁为着色剂的铁黄，而康熙珐琅彩和雍正粉彩中的黄彩则是采用以氧化锑为主要着色剂的锑黄。铁黄彩从铁黄铅釉发展而来，铁黄铅釉创始于汉代，著名的唐三彩上的黄釉即为铁黄铅釉。在康熙以前，中国瓷器上的黄色釉和黄色彩就只有铁黄一种，康熙时期的斗彩和五彩，其中的黄彩也都是铁黄。关于清代铁黄料的制备工艺，当时在景德镇居住了多年的法国传教士昂特雷科莱，在给教会的第二封信中是这样描述的：“要制备黄料，就往一两铅料中调入三钱三分卵石粉和一分八厘不含铅粉的纯质红料……如果调入二分半纯质红料，便会获得美丽的黄料。”①这里所说的红料即指钒红料，制成的黄料即为铁黄。

（10）绿彩瓷

中国传统釉上绿彩，是从铜绿铅釉发展而来的，两者都以铜为主要着色元素。在汉代就已经发明了铜绿铅釉，唐三彩上的绿釉即为铜绿铅釉。对于清代绿色料的配制方法，法国传教士昂特雷科莱给教会的第二封信中是这样记载的：“制备绿料时，往一两铅粉中添加三钱三分卵石粉和大约八分到一钱铜花片。铜花片不外乎是熔矿时获得的铜矿渣而已。……以铜花片作绿料时必须将其洗净，仔细分离出铜花片上的碎粒，如果混有杂质就呈现不出纯绿色。”②

中国传统绿彩品种甚多，色调呈现复杂，这是由于彩料中除含有不同量的铜外，有时还添加少量其他着色元素如铁、铬、钴及乳浊剂如砷、锡等之故。

（11）蓝彩瓷

传统的釉上蓝彩，是从钴蓝铅釉发展而来的。钴蓝铅釉始用于唐三彩，中国古代陶工采用天然的钴土矿作为蓝釉和蓝彩的着色剂。钴土矿的化学组成由于产地不同而有较大差别，其所含主要着色元素除钴外，还有不同量的铁、锰等。我国传统釉上蓝彩中除含有上述几种着色元素外，有时还含有少量的铜，这是为了略为调整色调而引入少量绿彩。

（12）黑彩瓷

釉上黑彩主要用于勾勒枝叶的轮廓和叶脉等。传统釉上黑彩的主要着色元素是铁、锰、钴和铜，估计是用钴土矿和铜花片配制而成的。这种黑彩料的化学组成有两个特点：一是在配制时没有加硝，除钒红外而其他彩料，在配制时都要加硝。二是烧失量高达 14%～26%，这显然是在黑色料中加入某种有机物之故。依据文献记载，这种有机物即牛皮胶，它是作为黏合剂而加到黑彩料中去的。

（13）金彩瓷

中国很早就用金来装饰陶瓷。例如四川曾出土用漆粘贴金箔的唐墓俑，宋代定窑和建窑瓷器上也有用漆粘贴金箔的，在瓷器上贴金到明代更为盛

---

① 景德镇陶瓷馆文物资料组．殷弘绪关于景德镇的两封信[J]．陶瓷资料，1978(1)．
② 景德镇陶瓷馆文物资料组．殷弘绪关于景德镇的两封信[J]．陶瓷资料，1978(1)．

行。到了清代，则改用金粉代替金箔，其工艺方法为：用毛笔将金粉描绘于瓷釉表面，再置于700~850℃的窑温下烘烤，金粉就能牢固在釉面上，然后用玛瑙棒、没有棱角的石英砂或稻谷等来摩擦，使金色发光，这种工艺法叫描金。

关于金粉的制备和使用方法，法国传教士昂特雷科莱给教会的第一封信中是这样记载的："要想上金彩，就将金子磨碎，倒入瓷钵内，使之与水混合，直到水底出现一层金为止，平时将其保持干燥，使用时，取其一部分，溶于适量的橡胶水里，然后掺入铅粉。金子与铅粉的配比为30：3，在瓷胎上上金彩的方法同上色彩的方法一样。"①

用金粉描绘瓷器，由于工艺复杂，耗金量也比较大，所以在古代亦只用于比较高级的瓷器上。到了清代后期，有了液态金，即俗称"金水"的装饰方法传入中国后，上述方法在瓷器上就不再使用。"金水"是一种金的树脂酸盐，系德国人居恩发明，其特点是使用方法简单，耗金量低，外观富丽堂皇。

(14) 珐琅彩瓷

珐琅彩瓷器是清代康熙、雍正、乾隆三朝极为名贵的宫廷御器，过去俗称"古月轩"瓷器，但是在清宫中并无"古月轩"之名，很可能是讹传。

明代有一种新兴的特种手工艺品，它是在铜胎上以蓝为地色，掐以铜丝，填上红、黄、蓝、绿、白等几种色釉而烧成的精致工艺品。永乐时期已有这类制品，由于其蓝色在景泰年间的发色最好，因此有"景泰蓝"之称。清代前期，从国外进口有那种和景泰蓝相似的金珐琅、铜珐琅等器物，当时国内也盛行在铜、玻璃、料和瓷等不同质地的胎子上，用进口的各种珐琅彩料描绘而成珐琅彩器，这些珐琅彩器在故宫保存的原标签上称为"铜胎画珐琅""瓷胎画珐琅"等。"瓷胎画珐琅"也就是驰名中外的珐琅彩瓷器，它所使用的彩料，在雍正四年还有关于进口资料的记载："西洋国……雍正四年五月复遣使进贡……各色珐琅彩料十四块。"(《广东通志》)但根据故宫所藏清宫内务府造办处的档案，至迟在雍正六年清宫造办处已自炼珐琅彩料，并且比原有进口料增加很多色彩品种："雍正六年二月廿二日……奉怡亲王谕，着试烧炼珐琅料。……七月十二日据圆明园来帖内称，本月初十日怡亲王交西洋珐琅料月白色、白色、黄色、绿色、深亮绿色、浅蓝色、松黄色、浅亮绿色、黑色，以上共九样。旧有

---

① 景德镇陶瓷馆文物资料组. 殷弘绪关于景德镇的两封信[J]. 陶瓷资料, 1978(1).

西洋珐琅料月白色……以上共九样。新炼珐琅料月白色、白色、黄色、浅绿色、亮青色、蓝色、松绿色、亮绿色、黑色，共九样。新增珐琅料软白色、秋香色、淡松黄绿色、藕荷色、浅绿色、深葡萄色、青铜色、松黄色，以上共九样。"(《广东通志》)(造字 3318 号档案) 炼珐琅料有专职工匠，造办处档案中提到的有"吹釉炼珐琅人胡大有"(造字 3323 号档案) 等。

康熙年间始创珐琅彩瓷器，器型大多是盘、碗、杯、壶、盒、瓶等小件器，专作宫廷皇帝、妃嫔玩赏和宗教、祭祀的供器之用。康熙珐琅彩器除了一部分用宜兴紫砂胎外，一般是在素烧过的器内壁上釉，外壁无釉的瓷胎上，以红、黄、蓝、绛紫、豆绿等彩色作地，彩绘缠枝牡丹、月季、菊、莲等花卉图案，有的还在四个花朵中分别填写"万""寿""长""春"四个字，应该是为康熙祝寿的器皿。由于彩料较厚，有堆料凸起的感觉，这就增强了色彩的立体感。在烧成后，因料彩过厚，往往有极细小的冰裂纹。在康熙珐琅彩上出现的胭脂红是我国最早使用的金子红，它是一种最早的进口红色料。器底款字一般为红色和蓝色的"康熙御制"堆料款，个别亦有刻字阴文款。

珐琅彩瓷器在雍正以后的制作更趋精进，除了一部分色地和康熙时的一样外，大多是在精致的白瓷器上精工彩绘。所用的白瓷器有从景德镇成批烧好后送到北京的，也有直接利用宫中旧存的脱胎填白瓷器。至于彩绘和烘烧的工序，则都在清宫内务府的造办处内进行。如造办处珐琅作造字 3290 号档案记载："雍正二年二月初四日怡亲王交填白脱胎磁酒杯五件，内二件有暗龙。奉旨，此杯烧珐琅……于二月二十三日烧破二件……于五月十八日做得白磁画珐琅酒杯三件。"雍正本人又极力提倡水墨及青色山水，因此这一时期这两个品种更易出极精的产品。

清雍正珐琅彩瓷青山水碗

清雍正珐琅彩青山地把壶

从传承陶瓷文化的角度，我们需要知道对珐琅彩瓷器艺术作出贡献的艺匠们。根据清宫造办处的档案可知雍正时期参加绘画珐琅彩的人名，雍正十年提供画稿的有唐岱及画水墨珐琅的戴恒、汤振基（造字3349号档案）。雍正六年，被指定画珐琅彩花样的有贺金昆（造字3314号档案）。此外，雍正时期的画珐琅人，有的称"画磁①器人"，有宋三吉、张琦、谭荣、邝丽南、吴士琦、周岳、邹文玉等，其中以谭荣和邹文玉更为出色。在乾隆造办处档案中，乾隆九年的有罗福玟，乾隆十四年的有黄琛、胡大有、杨起胜等六名。

乾隆时期珐琅彩瓷器的画风有些改变，画面有的完全仿西洋画意，人物题材在画面中明显增多。其所用白瓷器很多是造办处库存的上等填白瓷器，如乾隆十八年十一月造办处珐琅作档案记载："白磁盘一件（有透莹）、白磁暗龙盘一件（二等无款）传旨着交珐琅处烧珐琅……填白盘碟大小一百卅件（二等）、填白磁碗大小二百八十件（头等）、填白碗大小八十四件、填白磁碗大小五十件、填白磁碗大小八十件、填白磁碗大小九十七件（有款）、填白磁靶碗四件（宣德暗款二等），交珐琅处烧珐琅。"（造字3442号档案）这些精致的珐琅彩瓷器完全是清代宫廷的垄断品，它的生产量并不大。据造办处造字3323号档案的统计，自雍正七年八月十四日起至十三年十月止，所造最多的一批珐琅彩瓷器的总数也只有：碗八十对又十七件、碟四十四对、酒圆三十六对、盘四十二对、茶圆二十六对又三件、瓶六对。

珐琅彩不是中国的传统彩料，而是从国外引入的，珐琅彩的引入对康熙以后粉彩的发展与演变有着相当大的影响。

---

①　通"瓷"，后同。

（15）粉彩瓷

粉彩瓷器是受珐琅彩制作工艺的影响后，在康熙五彩的基础上而创制的一种釉上彩新品种。它开始于康熙时期，初创之时的粉彩器比较粗，仅在红色花朵中运用珐琅彩中所见到的胭脂红，其他色彩大多仍沿用五彩的工艺方法。

景德镇的制瓷艺匠们在含铅的玻璃质中，引进砷元素，发明了"玻璃白"，这种玻璃白由于其中砷的乳浊作用，有不透明的状况，一般使用在粉彩瓷器图案中的花朵和人物的衣服上。粉彩的彩绘步骤一般是，先在高温烧成的白瓷上勾出图案的轮廓，然后在其内填上一层玻璃白，彩料施于这层玻璃白之上。再用干净笔轻轻地将颜色依深浅浓淡的不同需要洗开，使花瓣和人物衣服有浓淡明暗的层次感。例如，雍正粉彩的花朵一般用胭脂红着色，往往在花心部分保留的胭脂红色料最多也最厚，从花心到花瓣最边缘，红色愈发洗得多；而且由于粉彩中有的色料不像五彩那样用胶水画，而用油料绘彩，色料的厚薄本身就造成不同层次的立体感，这是五彩的单线平涂法所无法得到的写实效果。至于矾红，无论在五彩器上还是粉彩器上，都是在瓷面上直接平涂或洗染，不用玻璃白填底。

粉彩的颜色由于掺入了粉质，有柔和的感觉，又因为粉彩一般在彩炉内以氧化气氛约700℃烧成，比起五彩的烧成温度要低，粉彩瓷器烧成后其色彩在感觉上也比五彩显得柔软，所以又有"软彩"之谓。

粉彩所用的颜色种类比五彩多，以金为呈色剂的胭脂红，在康熙的珐琅彩中已经出现，到雍正的粉彩中则大量使用。这种红的色调也有多种，淡的似蔷薇，深的如胭脂。五彩中的绿色有各种深浅不同的五六种，而粉彩的绿色则有十多种。黄彩则用锑黄，是因为锑黄含有一定量的起稳定作用的氧化锡。锑黄的引用显然也是受了珐琅彩的影响。

洁白的胎地作衬托才能使色彩多样化，才能显出色彩的艳丽。雍正白瓷的胎土洁白，釉汁纯净，出窑后的加工处理也十分细致，底足极为光滑细腻，很多雍正粉彩瓷器瓷胎既白且薄，应验了"只恐风吹去"的美誉。

雍正粉彩不仅用白地绘彩，而且也用各种色地绘彩，如有珊瑚红地、淡绿地、酱地、墨

清乾隆粉彩开光花鸟双连瓶

地、木纹理开光粉彩和粉彩描金等。描金勾线加填墨彩的品种更是别致，它更增添了粉彩瓷器在色彩对比上的美感；堆料彩的粉彩制作往往以蓝料或红料用没骨法堆画花朵、叶子，然后剔划出茎线，以使其富有立体感。

乾隆时期的粉彩瓷器尽管秀丽淡雅之格调已不如雍正时期，但仍有大量精致的粉彩作品。在彩绘工艺上，凡胭脂红花朵大多勾茎，不像以前那样只是单独地渲染，锦地、蓝地、黄地开光粉彩的形式逐渐增多。至于像金地粉彩、胭脂红地粉彩、黑漆嵌金银丝开光粉彩和一些霁红地粉彩、茶叶末地粉彩以及粉彩描金瓷器都是比较珍贵的品种。在这一时期，由于各种彩绘工艺之间的广泛交流、融合，又出现了一种兼用粉彩和珐琅彩工艺装饰的瓷器。

清乾隆粉红锦地番莲碗

清乾隆黄釉粉彩八卦如意转心套瓶

(16) 斗彩瓷

明代成化年间始创斗彩瓷器，嘉靖、万历时期特别盛行的斗彩品种则是青花五彩器。清代康熙的斗彩瓷器虽也有极佳的制品，但与成化斗彩相比仍有差距，不及成化斗彩那么精致、典雅、娇而不艳。

雍正时期的斗彩，在清代已进入极致阶段。从纹饰布局到色彩配合，以及填彩的工整，比明代更为完善；器物类型更多，除了小型器皿外，还有壶、盂、洗、灯座和瓶、罐、尊之类的大型器皿。虽然雍正斗彩的工艺比明代成化的斗彩更加细致、完善，但其艺术品质是不及成化斗彩的。

雍正斗彩的突出成就有两点，一是仿制成化斗彩的成功。清宫内务府造办处档案有这样一段记载："雍正七年四月十三日……交来成窑五彩磁罐一件（无盖）……奉旨，将此罐交年希尧添一盖，照此样烧造几件。原样花纹不甚好，可说与年希尧往精细里改画……"（造字 3323 号档案）这类成化五彩罐即现藏于故宫博物院的成化斗彩罐。唐英在《陶成纪事碑》中总结他驻厂的成就，有一条是："仿成窑五彩器皿。"故宫博物院收藏的那种补配的斗彩罐盖子和原罐大多比较相近，说明当时仿制成化斗彩的技术水平是相当高的。传世的雍正斗彩器中还有仿成化斗彩的鸡缸杯、马蹄杯等，有的几乎可以乱真。

雍正斗彩的另一个突出成就是，由于雍正时期盛行粉彩，改变了过去单纯的釉下青花和釉上五彩相结合的工艺，演变成具有时代特色的釉下青花和釉上粉彩相结合，使得图案更显得艳丽真实了。《南窑笔记》在叙述雍正仿成化斗彩时说："今仿造者，增入洋色，尤为鲜艳。"正是一语中的。

乾隆以后，斗彩瓷器虽然仍在盛行，但已是强弩之末，没有什么特殊的创制与建树了。

（17）素三彩瓷

素三彩的制作在明代已经开始了，"素三彩"是指以黄、绿、紫等色为主要色调，只不用红色而已，至正德时已经做得极为精致。它的制作方法是在白瓷胎上先进行线描、刻绘，再加彩低温烧成。

清代康熙时期，素三彩瓷器有了更进一步的发展，色彩除了黄、绿、紫，还增加了当时特有的蓝彩。同时，加彩方法也更为多样：有的在素烧过的白瓷胎上直接加彩，然后罩上一层白釉，低温烧成，传世较常见的素三彩花果盘即属此种制作方法。也有的在白釉瓷器上涂以色地，再绘素彩，如黄地加绿、紫、白彩，绿地加黄、紫等。还有一种墨地的素三彩瓷器，属于少见的精品。

（18）纯净色釉瓷

清代前期色釉瓷器的成就主要体现在景德镇御厂的官窑器上，这种瓷器在明代的色釉瓷基础上有了很大发展。唐英《陶成纪事碑》记载景德镇的釉彩计57 条，其中就有 35 条是讲色釉的。从传世的实物看，清代前期，特别是康熙、雍正的官窑大瓶大多是单色釉。

不同以往，清代的色釉品种多变，名目繁复。红釉就有铜红、铁红、金红之分；蓝釉亦有天蓝、雾蓝、洒蓝之别；绿釉更有孔雀绿、瓜皮绿、秋葵绿之异；此外，尚有乌金釉、茄皮紫等。中国早期传统的青釉烧制技术一直在发展，到雍正时期其技术才趋于稳定。清代前期大量烧造的仿汝、仿官、仿哥、仿钧釉，以及蟹壳青、茶叶末、铁锈花等含铁结晶釉，都属于色釉的范围。前者是利用开片或者釉色的变化作为装饰，而后者则利用铁的结晶作为装饰。

高温铜红釉在所有颜色釉中，是烧成难度最大的一种。可是，在清代初期，铜红釉的烧制技术已经趋于成熟，达到了历史最高水平。

（19）郎窑红瓷

康熙时期有一种红色釉，习惯称为郎窑红。这种瓷器是在仿制明代宣德宝石红釉的基础上烧造而成的，而且仿制得极为成功，并保留了自己的时代特色。

《在圆杂志》说郎廷极摹仿明代成化、宣德的瓷器"与真无二"，"极难辨别"。康熙时人许谨斋也有一首叙述郎廷极督造瓷器的诗："宣成陶器夸前朝……迩来杰出推郎窑。郎窑本以中丞名……中丞嗜古得遗意，政治余闲程艺事；地水火风凝四大，敏手居然称国器，比视成宣欲乱真，乾坤万象归陶甄；雨过天青红琢玉，贡之廊庙光鸿钧……"（《郎窑行·戏呈紫衡中丞》，见《许谨斋诗稿·癸巳年稿》）诗中突出了郎窑仿制成化、宣德窑青、红两种色釉的成就。根据这两处记载，把康熙仿宣德的宝石红称为郎窑红也不是没有理由的。

郎窑红瓷器的特点：色泽深艳，犹如初凝的牛血一般猩红，因此有牛血红之称。釉面透亮垂流，器物里外开片，在底足内呈透明米黄色或苹果绿颜色，俗称米汤底或苹果绿底，也有红釉本色底。除口沿外，全器越往下，红色越浓艳，这是由于釉在高温下的自然流淌、集聚器下之故。口沿处因釉层较薄，铜分子在高温下容易挥发和氧化，因此出现轮状白线，我们称之为"灯草边"。康熙朝器物的底足旋削工艺保证了流釉不过足，所以郎窑红又有"脱口垂足郎不流"之美誉。

（20）豇豆红瓷

有一种红，色调淡雅，又称为"桃花片""娃娃脸""美人醉"等。它与郎窑红并驾齐驱，酷似豇豆的红色，并带有绿色苔点。郎窑红因宝光四射而鲜艳夺目，豇豆红则因幽雅清淡而尤柔悦目，具有意境更为悠远的美感。

豇豆红釉面的绿色苔点不是刻意烧出来的，而是烧成技术上的缺陷，但是在浑然一体的淡红釉中，掺杂星点绿斑，有着意想不到的艺术效果，可谓相映成趣。有人曾用洪亮吉咏苹果诗句来描述它"绿如春水初生日，红似朝霞欲上时"，可谓恰到好处。

豇豆红器型无大件，因为比郎窑红的烧成难度更大。因其最高的不过20厘米左右，而且器型也不过五六种，因而大多是文房用具，如印合、笔洗、水盂等，其他有少量的菊瓣瓶、柳叶瓶之类。由于豇豆红烧制极不容易，只能是官窑少量生产供皇室内廷使用，器物底足内均白釉青花书"大清康熙年制"三行六字楷书款，而郎窑红器则不见有书写年款的，可见豇豆红瓷器弥足珍贵。

"吹青吹红"，指的是一种瓷器的施釉方法。《南窑笔记》有"吹青、吹红，二种本朝所出"的记载，说明采用吹釉法的青、红两种色釉是清初新创。现在景德镇烧制豇豆红器仍采用吹釉方法，再据传世的实物进行推断，所谓的"吹红"釉，很可能就是指的豇豆红品种。

(21) 霁红瓷

在康熙朝，除了郎窑红与豇豆红之外，利用铜着色的尚有霁红瓷器。霁红有别于郎窑红的浓艳透亮，也不同于豇豆红的淡雅柔润，是一种失透深沉的红釉，呈色均匀，釉如橘皮，官窑器传世品有"大清康熙年制"青花楷书款，但比较少见。霁红瓷器产量与质量的顶峰主要是在雍正、乾隆两朝，以后就日趋衰退了。

清人龚轼在《景德镇陶歌》中也记述了霁红瓷器的难成："官古窑成重霁红，最难全美费良工。霜天晴昼精心合，一样搏烧百不同。"

(22) 仿宋名窑瓷

清代前期，特别是从雍正开始，在仿制汝、官、哥、钧釉的工艺上是很有成就的。此外，景德镇还兼仿"宜钧"器，称为"炉均"，那是因为这个品种先以高温烧成胎子，釉色在低温炉中第二次烧成。景德镇炉钧釉始创于雍正，盛行于雍正、乾隆时期。

(23) 豆青釉瓷

清代有突出成就的"东青"也称"豆青釉"，雍正本人一再指定景德镇御厂烧造东青釉瓷器。《景德镇陶录》(卷二)说："东青器，镇窑专仿东青户，亦分精粗，有大小式。惟官古户兼造者尤佳。或讹冬青，或讹冻青，要其所仿釉色则一。"说明当时的东青釉色，官、民窑都在烧造。

(24) 胭脂水瓷

胭脂水是一种粉红色泽的低温釉，需要在釉中掺入 1‰～2‰的金而呈现犹如胭脂红色，也称金红。它在康熙年间由西方国家引进我国，其制作方式是在烧成的薄胎白瓷器上施以含金的色釉，于彩炉中烘烤而成。胭脂水瓷都为官窑产品，底足用青花书写清代前期各朝年款，始于康熙，精于雍正、乾隆之间。器型多为小件，如杯、碗、水盂等之类。

(25) 紫金釉瓷

紫金釉又称酱色釉，是一种以铁为着色剂的高温釉，氧化铁和氧化亚铁的总量在 5% 以上。它起源于宋代的北方窑口，景德镇在明代初期已烧制，清代前期的顺治、康熙朝酱色釉器十分流行。乾隆时有在酱色地上抹金并加以描金的仿古铜彩器，是当时制瓷工艺中的特殊品种。

(26) 乌金釉瓷

乌金釉是康熙朝发明的一种像漆一般的黑色亮釉，是当时盛行的色釉品种。唐英在总结乾隆以前的景德镇制瓷工艺时，也提道："乌金釉有黑地白花、黑地描金二种，系新制。"[《景德镇陶录》(卷三)]。

(27) 珊瑚红瓷

珊瑚红始于康熙时期，盛行于雍正、乾隆时期，是一种低温铁红釉。康、雍两朝有用珊瑚红作地色，分别绘以五彩或粉彩的瓷器品种，造型、制作、彩绘都极为精细，比较少见。乾隆时期多有在珊瑚红上加以描金或用它来装饰器耳的。

(28) 孔雀绿瓷

孔雀绿起源于宋、元北方民间窑口，是一种翠绿透亮的釉色。明代成化时期，景德镇开始烧造，至清康熙时期而极盛。清代孔雀绿釉面密布鱼子纹状小开片。

(29) 瓜皮绿瓷

瓜皮绿釉有些近似汉代的铅绿釉，是在涩胎上施釉后二次烧成的铅绿釉，即瓜皮绿。此釉于明代中期已经出现，到清代前期有了较大的发展。

(30) 秋葵绿瓷

秋葵绿又称松石绿，是雍正时期创烧的新品种。其于淡黄色釉上微微发绿，与绿松石色泽相似。

(31) 洒蓝瓷

洒蓝釉出现在明代宣德年间，当时质量不太精细，而且产品极为少见。在康熙朝，洒蓝釉制作才完全成熟，并普遍流行。这种釉色由于在浅蓝地上出现水迹般的深蓝色点子，犹如洒落的蓝色水滴一样，所以有一个很形象的名称——洒蓝，亦称雪花蓝。《南窑笔记》所载清初新制吹青釉，可能就是指的这种洒蓝釉品种。

(32)天蓝釉瓷

天蓝釉是一种含氧化钴在1%以下的高温釉，釉色淡雅悦目，可与豇豆红媲美。在康熙朝，器物均属小件文房用具。至雍正、乾隆两朝才见瓶、罐等大器型，而且大部分是官窑烧制的陈设瓷。其中尤以康熙天蓝釉为珍贵，传世作品比较少，底书"大清康熙年制"三行六字楷书款。

(33)霁蓝釉瓷

霁蓝釉是一种含钴在2%左右的失透釉，色泽匀润稳定。釉面如橘皮，与同时期的霁红釉相类似。

(34)紫釉瓷

《南窑笔记》载，"铅粉、石末，入青料则成紫色"。这种瓷色如茄皮，亦称茄皮紫。

(35)茶叶末瓷

茶叶末釉是一种结晶釉，是由于熔体中含有的溶质处于过饱和状态，在缓冷过程中产生析晶而形成的。

茶叶末釉是我国古代铁结晶釉中重要的品种之一，是釉中铁、镁与硅酸化合而产生的结晶。它起源于唐代的黑釉，是无意中烧成的。釉呈失透的黄绿色泽，颇似茶叶的细末，古朴清丽，耐人寻味，因此美其名曰"茶叶末"。

(36)乾隆制瓷艺匠新技

乾隆时期，由于乾隆本人对古物及各类艺术品的嗜好，加上宫廷陈设及生活的大量需求，还有社会上层阶级的各种需求，除了彩瓷和单色釉在康、雍二朝基础上继续大量烧制外，还不惜工本地追求各种新奇的瓷器艺术品。在象生瓷器的制作、各类工艺品的仿制，以及转心、转颈、玲珑等方面，都充分反映了当时制瓷工艺的新技术、新艺术、新创意的极致水平。

朱琰所著的《陶说》，成书于乾隆三十九年以前，详细记述了当时的制瓷业几乎仿制了各种手工艺品："戗金、镂银、琢石、髹漆、螺钿、竹木、匏蠡诸作，无不以陶为之，仿效而肖。近代一技之工，如陆子刚治玉、吕爱山治金、朱碧山治银、鲍天成治犀、赵良璧治锡、王小溪治玛瑙、葛抱云治铜、濮仲谦雕竹、姜千里螺钿、杨埙倭漆，今皆聚于陶之一工。"

这些仿制品不仅力求和各类工艺品的造型一致，而且与原物的色泽也十分相像，往往能精确地表达出各类工艺品原物的质感。有的仿制品一眼望去几乎能乱真，这说明制瓷艺匠们具有高度准确的造型能力，以及对自然事物的极其细微的观察能力，并熟练稳定地掌握了釉料的配合和烧成火度、烧成气氛的技术，完美地展现了制瓷艺匠们的智慧与风采。

11. 回光返照洪宪瓷

瓷都土火燃千载，炼尽艺匠风华髓。

洪宪复古昙花瓷，沉吟低唱千古垂。

（1）传统官窑的终结

花无百日红，人无千日好。事物都有起因、有摸索、有发展、有变化、有巅峰、有衰落，也有消亡，中国陶瓷的发展同样摆脱不了这个规律。在清代的康乾盛世时期，中国瓷器无论从胎炼、釉料、制作工艺、品种、窑炉、艺术表现等，都达到中国乃至世界历史的最高峰。自此以后，清代中晚期的中国古代制瓷业每况愈下，官窑产品质量逐渐拙劣，毫无继承与创新可言，特别是到了清代晚期及民国时期，可谓一落千丈。

在中国历史上出现了这样一个人，与传统瓷器荣耀的最后一搏有着重要的关系，此人便是袁世凯。宣统三年（1911），辛亥革命爆发，晚清朝廷不得不重新起用袁世凯，10月14日任命其为湖广总督，统领北洋军镇压社会进步力量。10月27日，又任命其为钦差大臣，率水陆各军南下阻止进步党人的北伐。11月1日，清廷授袁世凯为内阁总理大臣。至此，袁世凯取得了清朝统治下的全部权力。孙中山以清帝退位、袁世凯赞成共和为条件辞职，并推荐袁世凯接任临时大总统。1912年2月15日，南京参议院应孙中山的咨请，选举袁世凯为中华民国临时大总统，同年3月10日在北京就职。1913年7月，袁世凯在国外势力的支持下，镇压了孙中山领导的"二次革命"。10月6日，袁世凯在北京派出军警包围国会，胁迫议员选举他为民国正式大总统。11月4日，下令解散国民党。1914年，又下令解散国会，后废除具有宪法性质的民国《临时约法》。1915年，接受日本灭亡中国的"二十一条"。同年12月中旬，袁世凯颁布帝位申令，下令改1916年为洪宪元年，改总统府为新华宫，预定1916年元旦举行登基大典。袁世凯做了83天的皇帝后，于3月22日宣布取消民国政体。1916年6月6日早上袁世凯在民众的嘘声中死亡，死后葬于彰德，即今河南安阳。

袁世凯为圆皇帝梦，做了大量的准备工作，其中有一项就是瓷器，他把登基之年改为洪宪元年，此时为登基庆典活动所生产烧造的瓷器称为洪宪瓷，也是民国时期唯一高质量的官窑瓷。

（2）复古之经典

1911—1938年，出现了高品质的民国瓷器，如果不算珠山八友的瓷器，它们与当时的官窑和类似的官窑为最好的瓷器，即原清官窑环境的"官窑内造"款瓷器、江西等五省办的"江西瓷业公司"款瓷器和民国袁世凯授意办的"居仁堂制"款瓷器。

袁世凯称帝之前成立了大典筹备会，当时的瓷学专家郭葆昌奉大典筹备处命令，专程赴江西景德镇为袁世凯烧制专供称帝后使用的"御瓷"。在景德镇，郭葆昌利用江西瓷业公司的实力，重金聘回原御窑厂在造型、上釉、绘画、填彩、焙烧各工序的名手，选用精良瓷土、彩料、燃料，进行实验制作。每件瓷器入窑之前，郭葆昌都要过目，质量不过关的不准入窑；出窑时，他又每件检验，烧制不成功的，仿照前朝全部砸碎不留。由此，他监督烧造的瓷器成品件件精品，胎釉精白，彩质纯净而绘画工巧。款识分为两种，"居仁堂"款是给袁世凯烧造的，"觯斋"款是为自己所用的。而"居仁堂"款的瓷器，据称只烧制成功三套餐具和文具。

居仁堂原名海宴楼（堂），是慈禧太后所建。后袁世凯称帝后将该殿作为寓所，并改名为居仁堂。"居仁堂"款瓷，是正宗的"洪宪"瓷，是督陶官郭葆昌邀集清朝御窑厂的高手，由著名陶瓷家鄢儒珍负责，以雍正、乾隆朝最优秀的瓷器为蓝本，精心仿制，主要画面应该是富贵喜庆，柴窑烧制，款为当时流行的四方手书红圈款。这就是民国经典之瓷"洪宪瓷"。

洪宪居仁堂粉彩碗盘五件套

由于"居仁堂"款真品的制造数量本来就相当少，又因袁世凯仅仅做了83天的皇帝，加上民众对袁世凯的称帝行为的鄙视，以及袁世凯垮台后时局的一直动荡，所以，能够保存下来的真品数量是少之又少。后来，"中山舰"上打捞出一件"居仁堂"款的瓷花瓶，除画面不很喜庆外，质地相当好。由于中山舰是1939年沉入江底，距离1916年有23年的时间，且舰官级别不高，到底该瓶是不是"居仁堂"款的真品或者后仿品还很难有具体的结论。

（3）一江春水向东流

目前，一批苏州博物馆近现代文物通过了江苏省文物局专家组的评定，共评出国家一级文物一套，由13件组成，二级文物4件，三级文物80件。其中由袁世凯第13女袁经祯捐赠的"居仁堂粉彩梅鹊纹碗"共13件，被专家组认定为国家一级文物，作为存世不多的"洪宪瓷"真品。据苏州博物馆介绍，馆藏的此套"居仁堂"款粉彩碗、盆，其造型为口弧而外侈，腹内折，圈足。盆的口径为15厘米；碗的大小口径依次为14.5、12.6、10.7、9.2厘米。胎质白如霜雪，釉色纯净，画工精巧，器身内外以"过墙"手法绘制彩梅鹊图，赭色梅枝上或白或红的梅花，衬以绿叶，两只墨彩喜鹊形态生动。整套作品绘工精细，釉色浓淡明暗皆有，层次丰富，极具美感。

此套"居仁堂"款粉彩梅鹊图瓷器是袁世凯第13女袁经祯分别于1963年5月和1966年9月捐赠的，袁经祯为袁世凯的七姨太所生，后嫁给曾任礼部尚书的苏州人陆宝忠之子陆鼎生。袁世凯死后，袁家的财产被其子女分割。据称，每个女儿除了分得大洋八千元以外，还分得一箱袁世凯生前穿过的衣服和用过的物品。袁经祯所捐赠的"居仁堂"款瓷器，应属于其分得的嫁妆的一部分。如此，从北京带到苏州的这套瓷器是存世罕见的真正的"洪宪瓷"，是鉴别真伪的标准器。

1974年，袁世凯次子袁克文之三子袁家骝与夫人——著名物理学家吴健雄第一次从美国回国探亲，专程到苏州看望其姑母袁经祯、姑父陆鼎生，袁、陆两位曾面赠一盒"居仁堂"款胭脂红彩山水图的文房用具作为纪念。

随着封建帝制的灭亡，"官窑"已成为历史名词。袁世凯于1916年称帝后，景德镇瓷器以水彩和粉彩为主，郭葆昌在当时督烧的御用瓷器便成为近代藏家追逐的稀世珍品。

12. 珠山八友

官窑燃尽民炉起，自由怒放瓷意真。

八友余韵留珠山，遗香后人寄情深。

(1)夕阳争辉

自宋元两朝开始，景德镇的制瓷业都受到历朝官府的关注与重视，起初只是皇宫与各级官府的使用需求，后来逐渐演变到作为定制的奢侈品与艺术观赏品。由于瓷器的实用价值大，形式美观，深受国内外使用者的喜爱，其市场需求量大，各朝官府都看到瓷器生产有极大的经济利益可图，纷纷设立官窑，定样订单地批量生产，在满足皇宫及官府的使用之外，还大量销往全国乃至世界各地，增加了朝廷的经济收入。

明清两朝官窑的设立，集中了全国的人才和物力，保证了皇家官窑景德镇陶瓷的质量，陶瓷的胎体精细、釉质润净、制作规整、品种多样，特别是颜色釉瓷的精细讲究，极大程度上提高和规范了瓷业的生产能力与质量，促进了瓷

程意亭彩绘鹰树图瓷板

邓碧珊浅绛彩鱼草图瓷板

器高端品质的发展。同时，由于制瓷流程的分工细化，机械性地按指定式样烧制，制瓷艺匠们没有办法在创作过程中按自己的理解去尽情发挥天然的艺术个性，制造热情与信心遭受到极大的挫折，成为制约景德镇陶瓷艺术发展的桎梏。

景德镇人杰地灵，人才辈出。尽管清朝国力日益衰败，皇家御窑厂逐渐衰落，仍然有一批出类拔萃的民间优秀陶瓷艺术家异军突起。他们张扬自己的艺术才能与个性，阐述自己对瓷的热爱与理解，意图重新点燃即将熄灭的千古窑火，用尽毕生之力去谱写土与火的壮美绝唱，"珠山八友"就是其中技艺超群的代表人物。

（2）苍南余韵

晚清御窑厂停烧后，有部分制瓷艺匠流落到民间，并从事粉彩和瓷版画的创作，其中"珠山八友"就是当时的制瓷名家。"珠山八友"又名"月圆会"，这里的"八友"分别是：王琦、王大凡、汪野亭、邓碧珊、毕伯涛、何许人、程意亭、刘雨岑。这其中，王大凡、何许人和最年轻的艺人刘雨岑，他们分别来自徽州黟县、徽州歙县和安徽太平（今黄山市黄山区），其他为江西人。如果算上徐仲南、田鹤仙，"珠山八友"实则是 10 个人，这并不前后矛盾。正如"江西诗派"也并不全是"江西人"一样，所谓"以味不以形也"。"珠山八友"也可以指一个画家群体，这样一种形式迄今为止仍受到瓷画家们的效仿，在绘画上他们追求清代中期"扬州八怪"的风骨。

何许人浅降彩雪山垂钓图苹果尊

　　"珠山八友"在中国景德镇陶瓷艺坛活跃了近百年，其中年龄最大的徐仲南生于清朝同治十一年(1872)，比年龄最小的刘雨岑(1904)长32岁。这段时期，中华民族正处于"国破家亡"的动荡时期，"珠山八友"在继承景德镇陶瓷艺术传统的基础上，广泛汲取景德镇民间陶瓷艺术的营养，效仿"扬州八怪"之精神，以海派艺术家为楷模，融入西方陶瓷艺术风格和技法，洋溢着时代的气息和对祖国的深情，耗尽毕生的精力投入瓷艺创作，为后世留下许多惊世之作。

汪野亭浅降彩山水图瓷板

　　"珠山八友"因其制瓷技术成为特定时期瓷器的代名词，虽然学术界对八人的定位还有一些分歧，但这并不是很重要。就像我们对待"扬州八怪"的态度一样，因为我们可以撇开这些不定性的名词争论，去实实在在地研究他们的作品。作品才是品评一切艺术价值的标尺和媒介。通过研究王琦、王大凡、汪野亭、程意亭、邓碧珊、刘雨岑、徐仲南、田鹤仙、毕伯涛、何许人

王大凡彩绘人物贯耳方口瓶

175

等人的创作作品，我们发现一个群体延续了景德镇瓷器的余韵，使得人们在近代景德镇的瓷业史上找回了一些自信与希望。

(3) 破篱自醒

"珠山八友"这一文化现象在中国陶瓷史上是鲜见的，而在中国绘画史上却是相当普遍的"画派"现象。"珠山八友"的出现有其特殊的历史文化背景，在明清以前的陶瓷工匠是为朝廷官府服务的，身份和创作没有自主性，也没有结社的社会条件，他们的身份就是受雇者。到了近代，陶瓷工匠的身份得到了改善，并获得了极大的人身自由和个性释放，于是他们就像其他文人一样具备了形成艺术雅集或艺术社团的条件。他们往往有共同的志趣或人生目标。王大凡在《珠山八友雅集图》中是这样表述的："道义相交信有因，珠山结社志图新。翎毛山水梅兼竹，花卉鱼虫兽与人。画法唯宗南北派，作风不让东西邻。聊得此幅留鸿爪，只当吾侪自写真。"这种带有自娱意味的直抒胸臆，让人看到了无奈，也看到了景德镇瓷业的危机萧条之局面。

王琦彩绘人物诗文琮式瓶　　　　　　徐仲南浅降彩诗竹笔筒

"珠山八友"冲破明清官窑的藩篱，像一股清泉，一泻而下，不可阻挡。如王崎描绘在瓷器上面的人物，汲取了黄慎的写意手法，表现出人物的衣纹和风姿，取得了颇为奇妙的效果。王大凡不用玻璃白打底，直接将彩料涂到瓷胎上的落地彩技法至今影响着景德镇陶瓷艺人。邓碧珊是第一个在瓷板上描绘人物肖像的瓷画家。汪野亭在前人的基础上，以中国画的泼墨技法，在瓷器上绘山水，同样出现墨分五色的中国画效果，给景德镇陶瓷的山水作品注入了新的生机。刘雨岑凭借自己深厚的功底，创"水点"技法，在景德镇陶瓷粉彩艺术上产生了极大的影响，这种技术后来被运用于烧制中华人民共和国主席专用瓷，有当代红色官窑之美誉。"珠山八友"思想成熟的时候，清朝的统治已经结束，使其在陶瓷的创作思想上获得了彻底的解放。

景德镇的瓷艺匠人可谓人才辈出，千年窑火铸就了艺匠人的胸怀与情操。他们满身泥土，却留下艺术的芳香；他们辛苦劳作，却留给后世无尽的财富；他们忠于瓷艺，世代传唱瓷的神曲；他们的汗水浸满了中国陶瓷的历程，成就了中国陶瓷史的辉煌。放眼当下，我们要记住中国近现代的陶瓷名家，他们在默默地探索，谨记瓷祖的宏愿，传承那星星窑火，维系那曾经耀眼的瓷的尊严。

下游篇：吴越玉翠　沪皖润物

一、陶与瓷的邂逅

自古以来，长江流域的下游就是青山绿水、美丽富庶之地。吴越之域，勤劳之邦，人杰地灵，文人雅士，清新俊朗。江水长流，历尽惊涛骇浪，万源归一，驻留人间万物之精华，润物吴越大地，尽享天泽。就是在这样的自然天成的环境里，远古的陶炼早就烙下了古人的思绪与智慧。曾几何时，印纹硬陶和原始瓷的出现，阐释了新的意境，传承与创造了火与土的世缘，青山绿水之间弥漫着新的陶歌与瓷曲。在长江下游的浙江、江苏、安徽、福建、台湾以及江西部分地区和湖南南部的广大地区，普遍使用印纹硬陶和原始瓷，特别是江、浙、赣一带，更为盛行。

1. 印纹硬陶

在历史上，吴越之争，留下许多美丽的故事与传奇。春秋末年，位于长江下游的越国，为了抗争吴国，摆脱从属的地位，意图东山再起，越王勾践"身自耕作，夫人自织，食不加肉，衣不重采，折节下贤人，厚遇宾客，振贫吊死，与百姓同其劳"（《史记·越王勾践世家》）。多年以后，越国的经济和文化很快得到恢复，元气大增，国力日盛。战争需要大量的兵器与粮食，其间，铜料被大量地用于制造兵器和农业生产工具，相比之下，印纹硬陶和原始瓷又远比铜、漆等生活用具价廉实用。所以硬陶与原始瓷在原有的基础上得到快速的发展，成为当时人们重要的必不可少的生活用具。在越国的遗址和墓葬中，硬陶和原始瓷都有大量发现，如上海市金山县（今金山区）戚家墩战国村落遗址中印纹硬陶占全部陶器的 39.9%，原始青瓷占 8.1%。在绍兴漓渚 23 座中小

178

型战国墓中，所随葬的陶器，印纹硬陶占 50%，原始青瓷占 46%。江西清江牛头山四座战国墓共出土陶器 26 件，其中有印纹硬陶 15 件，原始青瓷 8 件，也占大多数。另外，在太湖周围和浙江的嘉兴、湖州、绍兴一带分布密集，数量众多的烽燧墩或称石室墓中的陶瓷器，几乎都是印纹硬陶和原始瓷，其中以原始瓷为主。广东始兴战国遗址出土的陶器中，印纹硬陶所占的比例竟高达 94.3%。这些情况已表明，战国时印纹硬陶和原始青瓷的需求量是巨大的，它们的产量有很大的提高，生产规模比西周和春秋时期都有较大的发展。

春秋布纹硬陶罐

　　印纹硬陶的坯泥不会像瓷土一样淘洗得干净，含有少量的杂质和砂粒，烧成温度较高而不变形。由于胎体已经烧结，敲击时有金属般的铿锵之声，有的陶器表面还带有一层薄薄的透明膜。由于胎土中含铁量较高，所以烧成后胎常呈紫褐色或砖红色。前者烧成温度高，胎壁坚硬；后者烧成温度较低，胎骨较松。印纹陶的成型与前期一样，仍采用泥条盘筑法。

　　硬陶上的纹饰造型基本上来源于生活物品和自然材料，在吴越一带常见的有米字纹、方格纹、麻布纹、回纹、米筛纹等。在西周与春秋时期，常见的有曲尺纹、云雷纹等，但在器物的颈肩部又加饰了弦纹和水波纹。在两广地区还有饰栉齿纹、圆珠纹和篦纹的，篦纹常作点线状。拍印花纹既是成型的需要，也是为了装饰器物，所以纹饰紧紧围绕器物的形状和大小而分别选用。通过

春秋粗方格印纹硬陶罐

战国网纹硬陶罐

战国细方格印纹硬陶罐

对器物形制的归纳与分析，在一般情况下，大件器如瓮、坛、大的罐，拍米字纹、方格纹、米筛纹、粗麻布纹等比较粗犷的纹饰；小件器皿如盂、钵和各式小罐，拍细麻布纹一类比较细密的纹饰。这些器物对纹饰与器器协调的关系把握得非常好，渗透出拙朴的自然美。

由于陶器主要是生活所需物品，种类不会太多，大多是瓮、坛、瓿、罐、钵、盂一类的贮盛器，其中以罐的式样为最。罐有大有小，大的多数为直口、圆腹、平底，也有口沿外翻的。小的有敛口、鼓腹、平底，肩部对称贴平列的贯耳三个，底有三乳足，造型别致。钵和盂等小件，器型工整，胎壁较薄，拍印的细麻布纹整齐美观，并且在肩部常常贴饰旋涡纹或神秘的 S 形堆纹。由于印纹陶分布地区很广，所以各地窑场在产品的种类和造型等方面也各有特点，如浙江、江苏等地以罐、坛为多，还有钵、盂等；两广一带有瓮、瓿、罐、坛、缸和匏壶等，其中广东所出的小口四耳平底大匏壶、双鋬三足坛和三足盖盆等产品，具有明显的地方特色。

印纹硬陶质地粗糙，但坚固耐用。陶因无釉，不适宜作饮食器皿，故大多数用作盛物、盛水的容器。

2. 硬陶裹釉衣

在硬陶修坯过程中，人们精心打磨陶器的表面，渴望器物能光滑润泽，盛水不散。传说制陶者开始思考如何才能实现这一愿望，直到有一天开窑之时，窑内有些陶器表面闪烁着隐隐约约的光泽，宛如池塘泥中隐现的珍珠，好生惊艳。这一重要的发现使窑工们顿觉诧异，是谁给这些陶器穿上了薄薄的蝉衣，如此诱人？于是在黑黢黢的窑内燃烛观察，窑壁上偶尔闪现浅薄的光泽，犹如皮肤上的汗渍柔柔的光亮。这种草木灰形成的物质，带给陶工们予陶穿衣的启示，于是薄薄的原始陶釉出现了。当硬陶裹上釉衣时，原始瓷悄然产生。

原始瓷的胎质细腻致密，瓷土经过粉碎和淘洗，烧成情况良好。江、浙、赣一带的原始瓷，胎呈灰白色。山西侯马、浙江绍兴富盛和萧山茅湾里出土的原始瓷碎片白中带灰。原始瓷用陶车拉坯成形，所以器壁厚薄均匀，器型规整。钵、碗、盘、盂的内底心开始有一圈圈细密的螺旋纹和外底有一道道切割的线痕。与西周时期的原始青瓷相比，坯泥的处理更精细了，烧制技术有了新的提高，原始瓷的成型由泥条盘筑法改变为轮制，使产品质量和生产效率都有了很大的提高，而且坯件的外表都上一层薄薄的石灰釉。出窑后，多数釉呈青色或青中泛黄。釉层有的厚薄均匀，有的凝聚成芝麻点状。釉除黄褐、黄绿色外，尚有墨绿色等，但都属于以铁为主要着色剂的青釉体系。

在制陶时，器物制作技术当然重要，窑炉的构造形式也十分重要。烧印纹硬陶和原始青瓷的窑炉，有圆窑和龙窑两种。从考古资料和发掘窑床所在的地形分析，绍兴富盛、萧山进化区和增城西瓜岭可能已使用龙窑。

原始瓷的生产与演变，在中国有一个漫长的发展过程。自商代到战国的1000多年中都在不间断地向前发展着，特别是春秋末期到战国早中期的原始瓷器，胎质细腻，铁和钛的含量较低，外施青釉，已经接近瓷器。经过详细分析，绍兴富盛的原始青瓷与上虞县(今上虞区)小仙坛的东汉青瓷片的化学组成几乎完全一致，说明它们用的坯料相同，随着制瓷技术的逐渐成熟，瓷器的产生便指日可待了。

商代青釉弦纹尊　　　　　　　　春秋青釉双系罐

正当原始瓷顺利过渡到瓷器的时候，楚越战争开始了，战争的结果是楚国灭掉了越国。奇怪的是，越地原先盛行的原始青瓷突然消失了，位于越国都城较近的今绍兴市富盛和萧山区进化镇的20多处陶瓷窑址，经过多次调查和对绍兴富盛长竹园窑址的试掘，在废品堆积层和龙窑窑床中均未发现战国晚期的陶瓷遗物，生产突然中断了。由此看来，原吴越地区发达的印纹硬陶和原始青瓷的突然消失，极有可能与楚灭越的兼并战争有关。

战国青瓷鼎　　　　　　　　　　　　　　战国青釉兽首鼎

战争总是伴随着残酷性，战国时期是中国版图大统一时期。在越灭吴、楚灭越和秦统一六国的兼并战争中，对被征服地区的人们进行了残酷的屠杀和掠夺。墨子曾说，"今王公大人，天下之诸侯则不然……入其国家边境，芟刈其禾稼，斩其树木，堕其城郭，以湮其沟池，攘杀其牲牷，燔溃其祖庙，劫杀其万民，覆其老弱，迁其重器，卒进而柱乎斗"（戴望云："柱"乃"极"字之误）（《墨子·非攻》）。孟子也说："争地以战，杀人盈野，争城以战，杀人盈城……"（《离娄·上》）因此，在楚灭越的战争中，越国的百姓被无辜杀害，经济与文化遭到重创。越王勾践剑、越王州句剑等越王剑在楚国大墓中屡被发现，就是最好的证据。绍兴富盛、萧山进化区的陶瓷业规模大而集中，距离越国都城又比较近。越国的官府或者是奴隶主经营的陶瓷作坊，在楚灭越的战争过程中被逼迫停烧或被人为破坏也就不足为奇了。

文化与习俗是随着战争的胜利而扩张的，以鼎、豆、壶为组合关系的陶制礼器的随葬习俗在越国是根本不存在的，这显然是受了楚国和中原文化的影响。前述嘉定外冈的古墓，受楚文化的影响更加明显，而且还出土陶质"郢爰"，可能墓主就是楚人。所以楚灭越以后，不仅当地的经济遭到破坏，而且连文化和葬俗都发生了一定的变化。

与此同时，广东、湖南南部等地的印纹硬陶和原始瓷手工业，则继续缓慢地向前发展。而江、浙一带的原始青瓷生产，并不是按一般的规律延续性地发展，而是发生过程断裂，在战国时期由于兼并战争等原因，曾经有一段短暂的中断期。其发展不是由商周时期一直不断地向前发展提高，最后演变成为青瓷；而是到战国末年与秦汉之际，人们又烧制一种从成型、装饰到胎、釉的工艺都与前有别的原始瓷，尔后在新的历史条件下，再重新向前发展，终于在东汉时烧制成真正的瓷器。

秦汉时期，我国陶的生产更加成熟细化，瓷的烧造逐渐形成。这一时期陶瓷生产大致可以分为三个大的阶段：

第一个阶段，包括秦代至汉初的六七十年，即汉武帝元狩五年以前，陶器面貌的变化不大，各地陶器制品的地方特征比较突出。官府控制的制陶作坊，侧重于砖瓦等建筑用陶的烧造，私营的制陶作坊，则生产着大量的日用陶器。咸阳宫殿遗址等出土的大量空心砖、板瓦和瓦当，秦始皇陵陶俑坑出土的大批武士俑、陶马，咸阳杨家湾和西安任家坡等地墓群出土的陶制彩绘骑俑和侍女俑等，都是这一时期制陶工艺进步的实物例证。一般认为，重要的陶器制品用作建筑用材，所谓的"秦砖汉瓦"，而普通的陶器制品是日常生活用品。

第二个阶段，自汉武帝至西汉末期（包括王莽政权），集权统治可以在处理任何的国家事务上达到高效的统一。这段时期的陶器面貌起了很大的变化，地方色彩明显地减弱，陶器的统一性显著加强，烧造的产量进一步提高，特别是铅釉技术迅速从关中地区推广开来，低温绿釉陶器成为相当广阔的地域，流行使用的新产品。用于丧葬的鼎、敦、盘等一套仿铜陶礼器虽还有所生产，但仓灶、井、炉、猪圈、家畜等模型冥器的烧造在日益增多。地下随葬制度所发生的巨大变化，反映了当时人们的观念变化，使我们感到经济基础在形成并酝酿一个新的时代。

第三个阶段是整个东汉时期。这一时期，地主贵族阶层的形成，旧式陶礼器显著减少乃至绝迹。东汉中期以后的墓葬中，反映地主庄园经济的繁荣景象，以及依附庄园土地的农民、奴婢的成套模型冥器和画像砖、陶制楼阁和城堡模型大量出土，由此可见当时经济的发展。

两汉近400年政治统一，制造技术和文化逐渐发展，随着社会经济的发展、人口的明显增加、商业的发达和城市的繁盛，在这天时、地利、人和的盛世下，使得制陶手工业表现出卓越的创造性。由此，在东汉晚期，长江下游的浙江地区已能成功地烧造出瓷器制品，从而结束了我国瓷器发育的培植过程，翻开了我国陶瓷发展的创世之篇。

二、瓷玉交辉

其实，瓷是瓷，玉是玉。瓷玉如何交辉，如何相融？在瓷与玉交相辉映的过程中，蕴含着人们对美的期待。

可是，中国人做到了。在遥远的新石器时代，祖先们在石头中发现了美石，后来称为玉石，简称"玉"。由于其天然具有纹理，石质温润透闪，颜色丰富，坚硬耐用。所以其"美"就定格在人们心里，神秘而美丽。

多少年以后，瓷器诞生了。同样是造物活动，国人把对玉的美好愿望和心中定格已久的"美"之认知，移情到瓷器的制作上。所以，在瓷器的烧制上力求釉面如玉，以释情怀！

我们可以看到有许多古代制瓷窑址，在当时的生产环境和条件下，制瓷艺匠们通过他们杰出的才华和工匠精神，经过反复探索，不懈努力，为后世留下了许多不朽的、如玉般的瓷器。

1. 青瓷初源

> 上林绿水染越胎，青瓷初源敬自然。
> 暗香千里引中原，陆羽茶经越州上。
> 蝉翼绿纱羞胴体，名士达官竞相尚。
> 法门地宫藏娇瓷，翠颜秘色佛亦馋。

(1) 瓷映江南绿

江南的湖水美，是因为满湖春色，是那变化无常、低调含蓄、生机盎然的绿色。在浙江慈溪，有一个神奇而美丽的湖泊，称上林湖。古人曰："越州有湖，名上林，湖畔有窑，名越窑。"上林湖位于慈溪鸣鹤镇西栲栳山麓，湖畔群山环抱，山势峻峭，密布着上百座古窑遗址。越窑是我国浙江东部地区瓷窑的统称，也是我国烧瓷历史最早的瓷窑之一，是最著名的青瓷窑系。

瓷器是我国陶瓷艺匠们的重要发明之一，它出现于东汉时期，距今已有1800余年的历史。东汉晚期的瓷器已经具备瓷的各种条件和标准，把瓷器的发明定在这个时期是有一定依据的。浙江是我国瓷器的重要发源地和主要产区之一。早在东汉时期，上虞、宁波、慈溪和永嘉等地就有制瓷作坊，成功地烧制出青瓷和黑瓷。六朝时期，瓷业迅速发展，在今浙江北部、中部和东南部广大地区有窑场，它们分别属于早期越窑、瓯窑、婺州窑和德清窑，并初步形成了各有特点的瓷业系统。其中以越窑发展最快，窑场分布最广，瓷器质量最高。

北宋青釉温酒壶

越窑地处江南的山清水秀之域，自然界中各种绿色是越窑瓷器釉色模仿的对象，是制瓷艺匠们对大自然的崇拜与敬畏，是田野般充满生机的生命之象，是一种独特的审美与理念。但在上虞、宁波的东汉窑址中却发现越窑还同时烧制黑釉瓷器。此外，在湖北、江苏、安徽等地的汉代墓葬中也曾出土过黑釉瓷器，特别是安徽省亳县的"建宁三年"等纪年墓中黑釉瓷的出土，证明它的烧造时间应在东汉中晚期。这种黑釉瓷器的坯泥淘炼不精，胎骨不及青釉瓷器细腻，器型也较为简单，以壶、罐、瓿等大件器物为多，也发现有碗、洗类器物。

越窑瓷器釉呈现绿褐色乃至黑色，器表施釉一般不及底，器底和器壁近底处露出深紫的胎色，瓿、罐的内壁还常常涂有一层薄薄的红褐色釉料。釉层厚薄不均，常常有一条条的蜡泪痕以及在器表的低凹处聚集着很厚的釉层。由此可见，黑釉瓷的烧制在当时已达到相当高的水平，成为另一种别具一格的色釉瓷器。黑釉瓷器同样是汉代瓷业中的一项重要成就，它来源于酱色釉原始瓷，是对酱色釉原始瓷的优化演变。

青色釉和黑色釉两种瓷器的出现，说明釉料配制的方法已能较好地控制。施釉的技术则已由刷釉而改为浸釉，使釉层厚而均匀，胎料和釉料配制得当，在高温下使胎釉的膨胀和冷却后收缩趋向一致，釉附着胎壁牢固，越窑不同类别的釉色瓷器制作技术初步成熟。

（2）青越唤醒中原白

从三国到南北朝的360余年中，除西晋短暂统一外，我国的北方和南方长期处于分裂和对峙的局面。在这期间，长江流域下游江南广大地区战乱较少，社会相对安定，而黄河流域一带自西晋末年以来战祸频繁，使社会经济遭到严重的破坏，民不聊生。从东汉末年、西晋"永嘉之乱"到北朝的几次大的军阀和地方割据政权的混战中，中原广大民众和一些士族地主大批渡江南下，寻找安身立命之地，江南人口激增。三国时，孙权又派大军围攻山越，迫使大批山越百姓出山定居，增加了大量劳动人力。人们垦荒治田，围湖修堤，开辟山林，江南经济获得了迅速的发展，时有"荆城跨南土之富，扬部有全吴之沃……丝、棉、布、帛之饶，覆衣天下"之说。随着人口的增加、经济的繁荣，出现了建康、京口、山阴、寿春、襄阳、江陵、成都、番禺等重要城市。建康(今江苏南京市)是六朝的政治、文化和商业的中心，山阴(今浙江绍兴市)为豪门士族聚居之处，是江南比较富饶的地区。吴国孙权为了加强建业(三国时南京称建业)与三吴的交通，曾开凿破岗渎联结运河，赤乌八年凿成"以通吴会船舰"，沿途"通会市，作邸阁"。社会经济发展，交通发达，商业繁荣和重要都市建立，为瓷器等手工业生产的发展创造了有利的条件，东汉晚期出现的新兴的制瓷工业迅速成长起来。迄今为止，在江苏、浙江、江西、福建、湖南等江南的大部分地区发现了这一时期的瓷窑遗址，江南的瓷器生产呈现出遍地开花的局面，为唐代瓷业的大发展奠定了坚实的基础。唐代闻名的越窑、婺州窑、洪州窑等已经在这以前或在这一时期创立，并进行了大量的生产。

唐代海棠花口秘色瓷盘

唐代鎏金银棱平脱雀鸟团花纹秘色瓷碗

中原大地及长江流域的土地肥沃，物产丰富，文化先进，是各方垂涎之地，历史上饱受战乱与杀戮，导致中国自身发展进程屡屡受阻。4世纪末，居住在塞外的鲜卑拓跋部逐渐强盛起来，他们联结汉族士族集团，率兵南下，统一了黄河流域，建立起北魏政权。战乱后的拨乱与重建，使得中原的社会经济有了一定的恢复和发展。中原的陶瓷手工业在南方制瓷工艺的影响下，先成功烧制了青瓷，以后发展了黑瓷和白瓷。白瓷的出现，是我国陶瓷史上又一重大成就，为中华瓷业的大发展作出了巨大贡献。

唐代秘色瓷多棱塔形法器

三国、两晋、南北朝是江南瓷业获得迅速发展壮大的时期。东起东南沿海的江、浙、闽、赣，西达长江中上游的两湖、四川都相继设立瓷窑，分别烧造具有地方特色的瓷器，形成了长江流域巨大的青瓷系，并影响中原黄河流域的瓷业，江南越窑对中国陶瓷史的贡献之大可想而知。

(3) 越窑意匠

"越窑"之名，最早见于唐代。陆羽在《茶经》中说："碗，越州上，鼎州次、婺州次……越瓷类玉……越州瓷，岳州瓷皆青，青则益茶……"当时越窑的主要窑场在越州的余姚、上虞一带，唐代通常以所在州名命名瓷窑，故定名为"越窑"或"越州窑"。

越窑青瓷自东汉创烧以来，历经三国、两晋、南朝，后获得了迅速的发展。瓷窑遗址在绍兴、上虞、余姚、鄞县(今鄞州区)、宁波、奉化、临海、萧山、余杭、湖州等县市有所发现，是我国最先形成的窑场众多、分布地区较广、瓷器风格一致的瓷窑体系，也是当时我国瓷器生产的主要窑场之一。同时，这一时期制瓷手工艺也有了很大的提高，基本上摆脱了东汉晚期承袭陶器和原始瓷器工艺的传统，具有独到的特色。在器物成形方法上，除轮制技术有所提高外，还采用了拍、印、镂、雕、堆和模制等，因而能够制成方壶、谷仓、扁壶、狮形烛台等各种成形难度大的器物。瓷器品种繁多，样式新颖。餐具、茶具、容器、酒具、文具、盥洗器、灯具和卫生用瓷等，样样齐备。瓷器制品已渗透到生活的各个方面，逐渐代替了木、竹、漆、陶、金属制品，显示出瓷器制品胜过其他材料的优越品质，也预示着瓷器未来的光辉前程。

除了大量的日用品外，三国、西晋时还生产大批殉葬用的冥器，如谷仓、畚、碓、磨、米筛、畚箕、臼、杵、羊圈、猪栏、狗圈、鸡笼等，以适应丧葬习俗的需要。

三国时期的越窑瓷器仍保留着前代的许多特点：胎质坚硬细腻，呈淡灰色；少数烧成温度不足的器物，胎较松，呈淡淡的土黄色。釉汁纯净，以淡青色为主，黄釉或青黄釉少见，说明还原焰的烧成技术已有很大提高。釉层均匀，胎釉结合牢固，极少有流釉或釉层剥落现象。

西晋立国不久，但在短短的几十年中，越窑瓷业却获得了蓬勃的发展。瓷窑激增，产品质量显著提高。在上虞已发现这时期的窑址达60多处，比三国时成倍地增加。在绍兴古窑庵、九岩和禹陵等地也有窑址十余处。这两地是越窑窑场比较集中，产品质量最好的中心产区。此外，吴兴摇铃山、余杭安溪等地也相继设立瓷窑。其中以上虞县的朱家山、凤凰山、南越、帐子山、门前山、尼姑婆山、陶岙和绍兴县九岩等地瓷窑的产品最好。

西晋越窑青瓷，与东汉、三国时相比有明显的区别。胎骨比以前稍厚，胎色较深，呈深灰色或灰色。釉层厚而均匀，普遍呈青灰色。器型有鸡头壶、盘口壶、扁壶、罐、盆、尊、熏炉、洗、盒、砚、水盂、灯、唾壶、虎子、谷仓、猪栏、狗圈等，品种比以前大大增加，人们日常所需的餐具、酒器、文具和卫生用瓷等大多具备，用于随葬的冥器也有所增加。

东晋初年，越窑青瓷仍旧保持着西晋时的风格，没有多大的变化。东晋中期以后青瓷生产出现了普及的趋势，瓷器的造型趋向简朴，装饰性的内容大大减少，三国西晋时一度大量生产的冥器基本上停烧，常见的产品有盘、碗、碟、钵、盆、罐、壶、洗、灯、香炉、砚、水盂、唾壶、虎子和羊形烛台等。其中碗、碟等有大小配套，不同尺寸的碗在十种以上，碟也有五种左右，饮食器皿已经相当齐备。纹饰以弦纹为主，少数器物上仍可见到水波纹；由于佛教在我国进一步渗入，到了东晋晚期开始采用莲瓣纹。西晋后期出现的褐色点彩，在这一时期也得到了普遍的应用。

东晋时，长江流域下游的德清窑兴起，瓯窑、婺州窑有了比较大的发展，产品运销到福建、广东、江苏等地，出现了贸易上与越窑竞争的局面。同时，江西、湖南、四川等地的瓷业也有了进一步发展，生产的瓷器足以满足当地的需要。因此，上虞、绍兴境内的越窑窑场有减少的趋势，如上虞已发现的这一时期瓷窑遗址还不到30处。另外，萧山区上董、石盖村，鄞州区小白市，余姚市上林湖，都有新建的窑场。从已发现的窑址情况看，越窑窑场已不及前期那样多和集中。

南朝越窑窑址除上虞县有较多的发现外，在浙西北的吴兴县何家埠，浙东的余姚上林湖、奉化县白杜和临海五孔岙等地也有发现。从窑址中所见，这时期的越窑仍采用前期的制瓷工艺，多数胎壁致密，呈灰色，通体施青釉，少数胎较松，呈土黄色，外施青黄釉或黄釉。产品有碗、盘、盏、盏托、壶、罐、鸡头壶、唾壶和虎子等日用器皿。当时佛教盛行，所以刻划的莲瓣纹成了瓷器的主要纹饰。在南朝宋时，褐色点彩仍然流行，但褐点小而密集，与东晋时褐色点彩有区别。

西晋时的越窑，为了使器型更加稳重端庄，瓷胎比前期稍厚。为避免由此而产生的厚重感觉，瓷匠们把碗、碟一类器物的口沿做薄，把洗的唇面做成弧形内凹，将平唇钵的口缘和盘口壶的盘口外缘等部位，或做成规整的直角线条，或做成纤细的棱线，给人以轻巧的感觉，足见瓷器艺匠们的用心之细。

汉代后佛教传入我国，佛教的艺术形式也随着佛教的传播而蔓延开来，瓷器的造型及装饰也深受佛教的影响，佛教艺术在瓷器上的体现也成为当时人们的一种重要的需求。三国、西晋时在瓷器装饰上已有所表现，谷仓、罐、碗、钵等器物出现了佛造像和忍冬纹的装饰。制瓷艺匠们将佛教造像与我国传统的四神、仙人、乐舞百戏和其他图案巧妙地组合在一件器物上，从而创造出不同于前代的表现风格。

东晋的瓷器造型注重经济实用，装饰纹饰简朴，且盛行用褐色点彩和手法简便的弦纹，在瓯窑等瓷器产品中还使用褐色进行彩绘。

佛教艺术中莲花是常用的题材之一，南朝青瓷中普遍以莲花为装饰，在盏、碗、钵的外壁和盘面常常划饰重线仰莲，形似一朵盛开的荷花。在武昌东郊何家大湾发现的南齐永明三年(485)刘凯墓，以及在南京林山梁代大墓出土的莲花尊，是瓷器中用莲花装饰的典型之作。

瓷器的形制演变是有规律的，江南六朝时期的瓷业，以越窑规模最大、产量高、质量好。现以越窑为主，说明这时期的器型演变过程。

烛照明在我国的历史十分悠久。《楚辞·招魂》卷六云："室中之观多珍怪，兰膏明烛华容备。"《文子》卷六云："鸣铎以声自毁，膏烛以明自销。"战国秦汉时已有各式精致的铜烛台。三国、西晋时随着制瓷工艺的发展，始用瓷烛台。三国时有羊形烛台，到了西晋则盛行狮形烛台。南朝时期福建等地盛行单管、双管、四管和荷花形烛台，具有明显的地方色彩。

油灯的基本构造包括油盏、灯柱和承盘三个部分，南京市清凉山吴墓出土的一件油灯，承柱为熊形，似熊蹲坐在承盘内，头顶和前肢托着油盏。该灯造型十分生动，而且在承盘底部刻有"甘露元年五月造"的铭文，是一件难得的珍品。

初唐时还盛行折腹碗，口和上腹几近垂直，下腹向内折收，平底。这种碗，口大，腹浅，除当饮食用具外，还常常置于壶、罐的口上以代替盖子使用，因瓷做的盖子容易破碎，折腹碗可以代替盖子用，从中我们真切体会到古代瓷艺匠人们的人性化设计。

中晚唐时期的越窑瓷器，早在 20 世纪 30 年代就有重要发现。1934 年浙江慈溪县鸣鹤场附近山中出土的唐长庆三年（823）姚夫人的墓志铭，通体施淡橄榄釉。首行刻"唐故彭城钱府君姚夫人墓志并序"，志中记载姚氏死于长庆二年六月二十八日，并于长庆三年八月葬于上林湖东皋山。1936 年绍兴县古城唐元和五年（810），户部侍郎北海王府君夫人墓出土执壶、盘、水丞和唾壶等。1937 年在上海市场上发现一件腹部刻"会昌七年改为大中元年三月十四日清明故记之耳"三行文字的残壶。20 世纪 50 年代以后，各地发现了更多的越窑窑址，越窑青瓷也不断出现，而且器物的质量有了显著的提高。中晚唐越窑瓷器，既有继承前代的形式，也有按照当时社会生活需要而新创的器型。

碗和盘是餐具中基本的、主要的品种。根据诸暨县（今诸暨市）牌头茶场唐贞元十年（794）以及上虞市联江公社红光大队帐子山贞元十七年墓葬等资料，当时已流行撇口碗。这种碗口腹向外斜出，玉璧形的底足，制作工整，是中唐时出现的新品种。它与敞口斜壁形底盘和撇口平底碟，器型风格相同，是当时较为新颖的饮食用具。同时流行的还有翻口碗，其口沿外翻，碗壁接近斜直，矮圈足和敛口浅腹平底碗等。到了晚唐，碗的造型越来越丰富，且模仿金银器的式样，有荷叶形碗、海棠式碗和葵瓣口碗等。荷叶形碗的边缘起伏，碗面坦张，似初出水的荷叶。海棠形碗，曲折多姿，形如盛开的海棠。宁波市和义路唐城遗址中出土的两件直口印花碗，内底印飞鹤和反文"寿""大中二年"五字，为判断同时期越瓷的年代提供了确切的证据。

常见的盘有翻口斜壁平底盘、撇口玉璧形底盘、直口弧腹短圈足盘、委角方盘和葵瓣口盘等。前两种式样出现的时间较早，后两种是晚期的产品。其中，委角方盘呈方形，四角弧形折进；葵瓣口盘，有的口沿四至五处凹进，腹壁配以内凹的直线，有的口缘作波浪式起伏，花瓣形式丰满，轻巧活泼之感并施以滋润的青釉，着实引人喜爱。

而关于壶，据唐人记载，它的正式名称应作注子，但习惯上称作执壶。执壶是中唐时出现的一种酒器，很可能由鸡首壶演变而来。在隋和唐初期越窑仍生产鸡首壶，而不见执壶。到了唐代中期则多产执壶，鸡首壶少见。前述唐元和五年，户部侍郎北海王府君夫人墓中出土两件执壶，其形状为喇叭口短嘴，嘴向外削成六角形，腹部硕大，弯曲的宽扁形把手，壶的重心在下部。到了会昌、大中年间，壶的形状有了显著的改变，颈部加高，腹部作椭圆形，有四条内凹的直线，腹作瓜形，壶嘴延长，把出水孔加大。这种壶不仅式样优美，而且盛酒注酒方便而实用。

唐晚期生产的各式小壶，有的形似盘口的壶，有的又像球形小罐，其肩部多装一个外壁削成多角形的短嘴。还有一种为喇叭口短颈，球腹平底，肩腹之间装短嘴和柄，嘴在前，柄在右，呈90°角。这类小壶高仅6~9厘米，容量很小，多数有嘴，可能是盛放饮食调味品的器具。

唐代晚期，越瓷的原料加工和制作都很精细。瓷土经过细致的粉碎和淘洗，坯泥在成型前经过揉练，所以瓷胎细腻致密，不见分层现象，气孔也少，呈灰、淡灰或淡紫等色。器型规整，碗、盘、执壶等胎面光滑，釉层匀净，特别是晚期，坯体明显减轻，圈足纤细或外撇，制作十分认真细致。釉料处理和施釉技术也有很大提高，如釉层均匀，开细碎纹和剥釉的现象少见，呈色黄或青中泛黄，滋润而不透明，隐露精光，如冰似玉。

晚唐时，越窑瓷器质量的显著提高还与匣钵的使用和装窑工艺的改进有很大的关系。在中唐以前，越窑还未使用匣钵，坯件多数采取叠装，用明火烤成。装窑时，凡是碗、盘等口大底小能够重叠的坯件，都逐层叠装，以增加装烧量，所以器底很厚，以便承受重压。碗、盘的内外底留有窑具支烧痕迹，釉面常有烟熏或黏附砂粒的缺陷。晚唐开始使用匣钵，除大件器物外，坯件都放在匣钵内叠装成匣钵柱烧成，坯体受匣钵保护，不再重叠，不易损坏，为制造精细瓷器创造了条件。所以晚唐时越瓷胎体细薄，釉面光滑，圈足外撇，印盒、粉盒等精致的小件瓷器大量出现，质量显著提高。

(4) 秘色千古

有一种瓷，当你看到它时，就宛如春风拂面，又好似在葱翠的山涧沐浴着清澈的泉水。它是大自然中不可缺少精灵，是绿的代言、春的使者。这就是青瓷之巅的越窑秘色瓷。

"九秋风露越窑开，夺得千峰翠色来。好向中宵盛沆瀣，共嵇中散斗遗杯。"这是晚唐诗人陆龟蒙盛赞秘色瓷的传世七绝《秘色越器》，也是迄今发现对秘色瓷最早的文献记载。首句"越窑开"说明秘色瓷的诞生地为越窑，越窑是中国青瓷最重要的发源地和主要生产基地。东汉年间，这里从陶器到原始青瓷，后来又完成了从原始青瓷发展到青瓷的历史过渡，在陶瓷史上具有划时代的意义。越窑青瓷经过千锤百炼，晚唐、五代时达到鼎盛，北宋中期渐渐衰败。陆龟蒙所谓的"越窑"主要是以今天的浙江余姚上林湖为中心的上虞、宁波等地，此范围中已发现古窑址近两百处，是唐、五代越窑青瓷的中心产区和贡窑所在地。

唐代秘色瓷海棠碗　　　　　　　　　唐代五瓣葵口秘色瓷碗

在五代时，越窑瓷器被称为"秘色瓷"。这一称呼的由来据宋时人的解释是因为吴越国王钱镠割据政权命令越窑烧造供奉之器，庶民不得使用，且釉药配方、制作工艺保密。根据"色"字解释，"色"除了"颜色"一解外，尚可解为"配方"。"秘色"的"秘"意思是"机密""保密"，"色"的意思是"药粉配方""釉

五代秘色莲花盏托　　　　　　　　五代青釉莲花粉盒

料配方"，故"秘色"即"保密的釉料配方"之意。所以，"秘色瓷"就是釉料配方保密的瓷器，故称"秘色"。清人评论"其色似越器，而清亮过之"。在吴越国都城杭州和钱氏故乡临安县先后发掘了钱氏家族和重臣的墓7座，其中有杭州市郊玉皇山麓钱氏墓、杭州施家山钱元瓘次妃吴汉月墓、临安县功臣山钱元玩墓等，出土了一批具有代表性的秘色瓷。

1987年4月，位于陕西省扶风县的法门寺正在进行一座古代佛塔的修复施工。当忙碌的工作人员在清理塔基时，意外发现了唐代佛塔地宫。在随后的考古发掘工作中，从地宫中出土了14件精美的瓷器。据地宫出土的《物账碑》记载：唐懿宗"恩赐……瓷秘色椀（碗）七口，内二口银棱，瓷秘色盘子、叠（碟）子共六枚"。经专家核实考证，它们居然就是消失世间千百年来世人苦苦寻觅的秘色瓷！

法门寺地宫出土的秘色瓷，器型极度规整，造型简洁明快，釉色青绿葱盈（其中有12件），晶莹润泽。出土的器物包括7件碗，其中2件为鎏金银棱平脱雀鸟团花纹秘色瓷碗，还有盘、碟共6件及瓶1件。釉面光滑明快，釉层均匀，釉质莹润，给人以高雅柔和、素洁明快的感觉。最令人惊叹的是：巧妙的凹底器型设计，使得在光线照射下，碟内明澈清亮，如雨后的春草，似盛满的碧波在荡漾，呈现出秘色瓷"无中生水"的视觉奇观。类似效果的秘色瓷还有：五瓣葵口小凹底秘色瓷盘、五瓣葵口大凹底秘色瓷盘、五瓣葵口浅凹底秘色瓷盘和五瓣葵口凹底深腹秘色瓷碟等。其他秘色瓷器隐约也有水感，但相对较弱。通过细致的观察对比，发现"无中生水"的秘色瓷有一个共同特点，即器底部均为"凹底"。所谓"凹底"是相对于瓷器底部而言，由瓷器底部外侧向内侧凹进而出现一个窝状。相应地从瓷器口处观看，瓷器底部形成一个微小的弧面。五代诗人徐夤曾对秘色瓷有过这样的描绘："功剜明月染春水，轻旋薄冰盛绿云。"（《贡馀秘色茶盏》）这是迄今为止唯一能与文献《物账碑》相互印证的确切秘色瓷，具体地展现了这批秘色瓷的来源、件数以及唐人对其称谓。

八棱净水秘色瓷瓶出于地宫中室内，乃稀罕之物，其造型极为少见，端庄规整，有宗教特质的神秘之感。釉色晶莹，胎质细密。瓶颈细长、直口、圆唇、肩部圆隆、腹呈瓣瓜棱形，圈足稍外侈。在瓶颈与瓶身相接处装饰有相应的八角凸棱纹三圈，类似弦纹，呈阶梯状。通体施明亮青釉，有开片。足底露胎，胎色浅灰而精致细密。在发掘时，瓶口覆有一颗大宝珠，瓶内装有29颗五色宝珠，可谓宝中之宝。遗憾的是这么精致的瓷瓶在《物账碑》中竟没有记载。后经专家鉴定，瓷瓶的釉色、胎质与其他秘色瓷完全相同，应该属于秘色瓷。再从佛教的仪规看，此瓶出土时内有宝珠，应属于佛教的供养器"五贤瓶""五宝瓶"之类。用它盛上五宝、五药等以消除烦恼、去除尘垢，系为佛家宝物。《物账碑》不知何故当时没有记载，成为"瓷秘色"账上之"遗漏之物"。

唐代的金银器在历史上具有极其尊贵的地位，代表了那个时期最极致的工艺技术。法门寺地宫中出土的秘色瓷，12件为素面青釉秘色瓷器，只有两件为样式、纹饰相同的鎏金银棱平脱雀鸟团花纹秘色瓷碗。其中一件碗口沿为五瓣葵口，碗身斜腹，高圈足。碗内壁施青黄釉，釉质滋润，开片细碎。碗外壁髹深蓝色漆，并有平脱雀鸟团花五朵，纹饰鎏金。两碗的口、底沿均包有银棱。碗外壁的雀鸟团花纹饰纤细繁缛，刻划精细入微，外观雍容华美，富丽堂皇。其中，每朵团花上的雀鸟比翼双飞，富有自然情趣。其图案设计大气饱满，寓意祥和，工艺酷似今天的窗花剪纸技艺。碗壁的曲线映衬下巧妙而富于变化，显得动感十足，有呼之欲出的立体感。像这种以花卉雀鸟为题材的装饰图案在盛唐十分流行，大多比喻夫妇美满幸福之意。

这种金银装饰瓷器的工艺做法是：先按照设计要求镂刻出雀鸟团花纹银箔纹样并鎏金，再把此纹样粘贴在黄釉秘色瓷碗的外壁上，髹漆盖住纹样。最后，研磨"推光"直到雀鸟团花纹样显露出来并与碗壁黑漆厚度平齐而融为一体时，即为"金银平脱"。据《酉阳杂俎》记载：唐玄宗和杨贵妃赐给安禄山的就有金平脱犀头匙筋、金银平脱隔馄饨盘、平脱着叠（碟）子及金平脱装（妆）具玉合（盒），金平脱铁面椀（碗）等物品。又有《唐氏肆考》记载：唐末前蜀王王建，报送"朱梁"（后梁太祖朱全忠）的信物中就有金棱碗。王建在信中说："金棱含宝碗之光，秘色抱青瓷之响。"这就证明金银平脱在唐代极为盛行，并且在五代已有用金银装饰秘色瓷的工艺了。日本正仓院收藏有我国唐代的金银平脱铜镜、木琴、皮箱等，但没有金银平脱瓷器。所以，这两件出土的鎏金银棱平脱雀鸟团花纹秘色瓷碗就显得弥足珍贵了。它们完美地将"金银平脱"装饰在如冰似玉的秘色瓷上，是陶瓷史上一次重大的装饰工艺创新，在我国乃至世界考古发掘中尚属首次发现。

法门寺地宫出土的这批秘色瓷从造型、胎釉特征和装坯方法上，都表明其产于浙江余姚上林湖一带的越窑。并且，这一地区也有类似的瓷片出土。这批秘色瓷应是上林湖生产的青瓷精品，当时作为贡瓷呈献给唐代宫廷，再由唐懿宗供奉给"佛骨舍利"，密封于法门寺佛塔地宫。

秘色瓷之所以被抬到极高的地位，主要是技术上难度极高。青瓷的釉色如何，除了釉料配方，几乎全靠窑炉火候的把握。不同的火候、气氛，釉色可以相去甚远。要想使釉色青翠、匀净，而且稳定地烧出同样的釉色，那种高难技术一定是秘不示人的。秘色瓷在晚唐时期烧制成功，不久之后，五代吴越国王钱氏就把烧造秘色瓷的窑口划归官办而专烧贡瓷，的确是"臣庶不得使用"，它当然远离百姓，高高在上了。至于它的名称，是青瓷而不言青，也不像宋代那样，取些粉青、梅子青一类形象的名称，却用了一个"秘"字，着实令后人纠结了一千多年。仔细想想，这个"秘"字又包含多少实与虚的内容？如此极富深意的名称，恐怕只有唐代人才懂得其深意吧，给后世留下了千年之谜、万世之文章。

2. 器择陶拣出东瓯

> 拆瓯见瓦扬缥青，瓯越不分争翠峰。
>
> 漏斑回春幻褐彩，遥问釉下彩谁分。

(1) 瓯字瓦中来

《景德镇陶录》中记载："瓯，越也，昔属闽地，今为浙江温州府，自晋已陶，当时著尚。"瓯窑地处浙江南部的温州一带。东临浩瀚之大海，南与闽地为邻，西北是括苍山区，山峦重重叠叠，瓯江、飞云江由西奔腾而来，直下东海。这里地势险要，水陆交通便利，是我国古代的通商口岸之一。所谓一方水土养一方人，制瓷、造船、刺绣和漆器等手工业都比较发达。

瓯江北岸的永嘉早在汉代就已生产原始瓷器，到了东汉末年率先烧制成青瓷。司马迁在《史记·赵世家》中曰："夫翦发文身，错臂左衽，收瓯越之民也。"有人考证说，瓯字从"瓦"，中国文字的组成是强调形意融合，说明瓯越人在远古就会烧制陶瓷。依据考古资料，商周晚期温州瑞安一带的墓葬中就有原始瓷出现。东汉晚期，永嘉县的罗东乡箬隆村后背山窑、芦湾村小坟山窑等地，相继发现了从原始瓷过渡到瓷器的窑址，主要分布在以温州为中心的永嘉、乐清一带。瓯窑瓷胎色泽浅灰白，釉色清淡，有玻璃质感。晋人潘岳在《笙赋》中说道："披黄苞以受甘，倾缥瓷以酌酃。"这个"缥瓷"，很可能就是瓯窑青瓷。瓯窑最为流行的是青瓷茶具，也称为"缥瓷"，东汉蔡邕《翠鸟》诗云："回顾生碧色，动摇扬缥青。"它造型小巧，有利于发挥和保持茶叶的香气滋味；釉色青润，能益绿茶茶水色泽，十分难得。

东晋青釉点彩牛形盘灯

东晋青釉点褐彩四系盖罐

（2）翠峰天青由此开

清代朱琰在《陶说》中说，"杜毓《荈赋》'器择陶拣'出自东瓯"，"后来'翠峰天青'于此开其先矣"，"是先越州窑而知名者也"。按照这种说法，瓯窑应该是越窑的前身。

考古人员在对窑址调查和发掘中发现，在汉代或两晋时期，有部分瓯窑瓷器的风格和制作工艺与越窑很接近。但是，瓯窑的规模和瓷器质量似乎不及越窑。这里面很可能是文献记载有误，也可能还有遗存没有被发现。尽管如此，我们仍然可以确定，瓯窑是一个历史悠久、风格鲜明的青瓷窑系。

汉代至三国时，部分瓯窑瓷器胎体烧结度较差，胎质不致密，胎釉结合不紧密，常有釉面剥离的现象。器型制作随意不规整，与同时期越窑产品的质量有一定的距离。魏晋时期，瓯窑进入成熟和发展的阶段。此时的器型多样，有很多造型与越窑相似，同时又表现出特有的地方风格。瓯窑窑址主要分布在南溪江下游沿岸的永嘉县罗溪夏甓山、东岸赤头山、瓯海区三垟樟岙（鄜）岭脚一带。

也许是古人疵瓷，各执己见，留给后人的文献也说法不一，给考古工作者带来了困惑与迷茫。大量的考古发掘资料证明，浙江东部地区的越窑才是中国陶瓷的发源地，此后发展而来的是金华婺州窑和瓯窑。但是不可否认，瓯窑是南方早期的重要青瓷产地之一。

东晋青釉象鼻高足壶　　　　　五代青釉连体盏托

从目前已知的窑场数量和生产规模来看，瓯窑远不如越窑，在瓷器的制作和纹饰方面也不及越窑精细优美；从各地出土的瓷器中也可看出越窑产品的使用范围比瓯窑广泛，当时达官显贵所用的瓷器极大部分是越器，在社会上的声誉影响力，也应该是越窑大而瓯窑小。

(3) 瓯越不分

瓯窑在浙江范围内是继越窑之后的又一大古代瓷窑，由于地缘政治、经济和文化关系的雷同性，在陶瓷业的制作和烧造技术上与越窑产品没有太大的区别，因而有"瓯越不分"之说。

此时常见器型有壶、罐、瓶、碗、碟、杯、槅、虎子、唾壶、谷仓、鸡窝、狗圈、笔筒、砚台、水盂、熏炉等。除了釉色和制作工艺上的差别，此时瓯窑的瓷器造型风格与越窑一样，器型多以动物为原形，如狮、虎、凤、牛、鸡等。有的器型几乎与越窑相同，如槅、鸡头壶、鸡舍、狗圈、狮形辟邪等。这说明当时瓯窑分布区域在丧葬习俗上与上虞、绍兴一带是有相同点的；但是也展现了特有的地域特点，其中凤形碗、虎形烛台、牛形灯等器型在越窑中未发现。瓯窑有一种谷仓罐，从形式上分析可知其由汉代的五管瓶演绎而来，但与越窑谷仓造型有许多区别。东汉时期的五管瓶为葫芦形，器物下腹部为圆形，而越窑的比它更往外鼓一些。三国时期瓯窑的谷仓为直桶腹，肩部分别有四个小罐，罐与器腹不通。小罐之间有人物、百戏塑像。西晋时的谷仓为圆鼓腹，上面塑有五管或亭台楼阁，周围有百戏人物、飞鸟等，展现了为亡灵祈祷的场景。这类谷仓罐整体造型浑圆敦实，有的器型制作不规整，整个器型缺少协调感，层次比较紊乱。

西晋点褐彩羊首青瓷壶　　　　　　　　　西晋青釉六系凸玄纹盘口壶

汉代至三国时期，瓯窑常见纹饰主要有水波纹、印花斜方格纹、连珠纹等，形式并不丰富。东晋早期和南朝，普遍使用青釉褐彩，有文字、花卉或与堆塑并用的点彩。这种装饰手法在东晋时期的越窑曾被使用，晚唐吴越贵族墓中也出现过，并不普遍。南北朝时期出现莲花纹，纹饰工整，但是制作工艺欠缺，器物表面常有剥釉现象。瓯窑的褐彩花卉装饰，一直延续到北宋。隋代至唐代早期是瓯窑瓷器的低谷期，其产品的胎体灰白，釉色青黄，开片细碎。唐代早中期的瓯窑釉色青中偏黄，容易剥落。晚唐至五代时期，瓯窑窑址主要分布在瓯江干流南岸的市郊西山、杨府山和南溪江下游永嘉县境内的启灶黄田等地一带，此时的瓯窑青瓷已经达到新的境界。其釉色青淡或青黄，釉层滋润如玉；胎体细腻，胎色白而坚致，胎釉结合紧密。在造型上出现了柔和匀称、活泼清新的风格。五代时期的胎体更加细薄，器型更加精巧，小型器增多。器物的造型也比前期丰富，常见的有执壶、罐、碗、洗、香熏、唾壶、砚和冥器桌、筷、椅等。还有一些器型，如唐代青瓷刻花粉盒，这类粉盒的器型呈瓜果形，盖体表面常刻有牡丹、莲花、飞天等纹饰，制作精美。至于其他器型，如杯口壶、曲流壶、冥器桌、筷、椅等器型越窑未见。这一时期瓯窑的纹饰较多，装饰手法也比前期有所突破，主要有印花、划花、刻花、绘花、堆塑等，纹饰有莲瓣、荷花、卷草、双鱼、飞天等。从考古资料来看，瓯窑瓷器的纹饰较之越窑更为丰富，尤其是褐色彩绘纹饰。越窑此时多有点彩和较少的彩绘装饰，纹饰题材不多，使用也不普遍。宋代，温州作为对外贸易的口岸，曾设市舶务和来远驿，元代设市舶司并有停泊海船的码头。对外贸易的出现，推动了瓯窑的发展。

此时，瓯窑的分布依然以市郊的西山、杨府山、仁溪、岩头一带为主，其窑场绵延数里，颇为壮观。其中泰顺、文成、苍南、乐清山区的山坳里，有一部分规模较小的瓷窑，还在生产白瓷和黑瓷产品，这些产品与瓯窑青瓷随着龙泉窑的外销产品一起进入国际市场。常见的青瓷器型有碗、壶、瓶、罐、洗、盂、熏等，品种繁多，一些基本的生活用品器型与越窑几近相同。有一些产品如观音坐像、南宋青瓷盖瓶、南宋青瓷刻花盖罐等器型，越窑则未见。这段时期是瓯窑生产的高峰期，胎体更加坚致、细薄，呈浅灰色。釉色呈淡青或灰绿色，淡雅滋润；釉层薄，但是均匀、润泽，器内外施釉。同时期越窑的产品为灰白胎，施青釉后呈青灰色；纹饰比前期丰富，甚至有些繁缛；主要纹饰有卷草、葵花、牡丹、菊花、双蝶、鹦鹉、如意和形态多样的莲花纹等。

（4）褐彩点奇葩

越窑的纹饰是很丰富的，瓯窑的纹饰则比较简单，常见的有弦纹、莲瓣纹和褐彩。其中，褐彩颇有特色，普遍使用于东晋至南朝的瓷器上，特别是那种绘长条形的纹饰，起笔细，收笔粗，为其他瓷窑所不见。瓯窑的花纹由于简单，不见繁缛的刻划花，与北宋越窑不同。

从东晋到南朝早期的瓯窑瓷器上，褐彩使用普遍。它的形式有两种：一种是在器物的口沿及肩腹部加几点褐彩，或者在器物的肩腹部用褐色点彩组成各种图案。另一种形式是绘成长条形，线条的长短和粗细视画面的大小而定，一般是盖面较小而短，腹部较大而粗，从描法推测当时系用毛笔蘸含铁量较高的彩料绘成，所以起笔较细而落笔较粗。瓯窑的这种褐彩装饰手法，新颖独特，为同时期其他瓷窑所不见。

鹿城区百里坊附近的建筑工地出土了一件褐彩文字青瓷洗和五件褐彩文字青瓷标本，丰富了南宋瓯窑褐彩文字青瓷的研究资料。其中，完整的褐彩文字青瓷洗为温州首次发现，其内底惊现永嘉学派哲学理论相关文字，具有极高的学术研究价值。目前，这批珍贵文物已被温州博物馆收藏。永嘉学派理论是在南宋时期形成的，又称"事功学派""功利学派"，因其代表人物多为浙江永嘉（今温州）人，故名。这批南宋瓯窑褐彩诗词文字和哲学理论文字青瓷标本与器物的发现，充实了宋代褐彩装饰瓷器的实物资料，同时也拓展了人们对瓯窑瓷器内涵的深入认识。

宋代以后，采用褐色彩绘装饰青瓷仍然较多地出现于瓯窑青瓷，有斑彩、花卉绘画和文字书写诸种形式，其纹饰配上淡色的瓯窑青瓷，显得极有趣味而典雅。这种彩绘的主题比越窑的题材丰富，构图形式也比越窑有创意。越窑褐色彩绘的装饰手法在唐代以后就消失了。瓯窑的褐彩青瓷绘画题材新颖独特，联想丰富，堪称浙江青瓷窑系中的一朵奇葩。遗憾的是宋代以后，浙江的瓯窑、婺州窑、越窑基本上走向衰落。今天，我们可以从早期龙泉窑产品中找到越窑、瓯窑、婺州窑瓷器的制作痕迹，这些痕迹是浙江青瓷文化绵延传承的印证。

瓯窑瓷器独特的造型艺术，给后世以启发，留下了诸多经典的作品。牛形灯是瓯窑青瓷特有的器型，代表了瓯窑青瓷在发展过程中所取得的突出成就，是瓯窑发展史上具有划时代意义的精绝之作。还有一件精美作品也是值得提及的，即南朝瓯窑青釉辟雍砚。该砚器型为直口、微外侈，短颈，丰肩，肩以下渐收成筒形腹，平底，肩部竖置对称柿蒂形系。口沿至腹部对称绘饰两大块褐彩斑，胎呈灰白色，胎质细腻，致密坚硬。器内外施淡灰绿釉，釉层匀净透明，滋润晶莹，光亮如新；釉面开细碎纹片，胫部及底足无釉露胎处呈红褐色。器物表面施大面积块状褐斑，是唐代瓯窑青釉瓷器典型的装饰手法之一。

在器物上留下褐色的釉，最初形成的时候可能只是一种缺陷，但瓯窑的瓷器艺匠们却妙手回春，将缺陷巧妙地转化为装饰艺术特色，不失为一种传承与创新。东晋时，甚至有人用毛笔在器物上书写，如"山者文花"等，如此推断，瓯窑可谓长沙窑的先导。独特的釉下彩，是瓯窑对中国陶瓷发展的又一重大贡献。

3. 翠绕黑珍珠

> 江南绿锦镶黑珠，瓷源史迹有德清。
> 商周青涩宋嗜墨，傲然皆因黑如漆。

（1）瓷源之说

浙江省德清县境内已发现古窑遗址几十处之多，这些古窑统称为德清窑。德清窑是以黑瓷与青瓷兼烧、以青瓷为主而以黑瓷闻名的古窑场，是浙江地区最早发现黑瓷产地之一。

商代的南山窑址，以前称为老鼠山窑址，位于德清县武康镇北约 20 千米的湖州青山乡老鼠山，窑址所在小山海拔仅 16 米，地处东苕溪畔。窑址遗迹现象较为丰富，2010 年 3—11 月，浙江省文物考古研究所对该窑址进行了抢救性发掘，发掘面积 800 平方米，共揭开窑炉三条，出土了大量原始瓷标本，以及部分可能作为窑具使用的器物。原始瓷标本以豆为主，兼有一定数量的簋、尊、盆、盘、钵、盂等器物，多数器物胎质较为细腻坚致，但瓷胎中仍含有一定数量的杂质，施釉痕迹明显，釉层极薄，呈色不均匀。发掘资料表明，南山窑址是商代一处几乎纯粹烧制原始瓷的窑场，窑址地层堆积丰富、窑炉保存完整、产品瓷土做胎、人工施釉痕迹明显、器物演变序列清晰，最早可到商代早期，是目前已发掘最早的原始瓷窑址。

同样是商代的水洞坞窑址位于德清县武康镇龙胜村东山自然村水洞坞，在亭子桥窑址北侧，与亭子桥窑址同属一个山体。窑址呈东西走向分布于山体之上，南北宽约 20 米，东西长约 50 米，地面标本分布面积约 1000 平方米。2009 年 3 月，浙江省文物考古研究所、德清博物馆在古窑址调查中首次发现该窑址并进行了局部试掘。采集的标本有盅式碗、瓦楞纹碗残片，器物均施青釉，器型规整，胎质坚

东汉姜黄釉青瓷羊

致，呈灰白色。原生堆积厚 30~50 厘米，表土以下是战国时期窑址的堆积层，以下被叠压的是商代的窑址堆积和一处商代龙窑遗迹。从商代地层出土的遗物来看，这是一处以烧造印纹硬陶为主，兼烧少量原始瓷的商代窑炉遗址。印纹硬陶以罐类为主，外表拍印云雷纹，印纹浅而繁密，少数印纹陶的表面有透明的薄釉。原始瓷有少量的高把豆，外表施淡青釉，釉层很薄。水洞坞窑址的发现对于德清窑来说极为重要，印证了德清窑的悠久历史及瓷源之说，坚定了长期以来人们对德清窑的客观认识。

1956 年 5 月，浙江省文管会汪济英等人对德清焦山窑址开展了调查和试掘，并同时发现了戴家山、城山两处相同类型窑址，将采集的瓷器标本和各式窑具与越窑产品进行比较后，发表《德清窑调查散记》一文，得出德清窑的烧造年代在东晋、南朝时期的结论。此文最早提出"德清窑"的概念，由此"德清窑"的名字沿用至今。

德清窑从发现命名，到各时期德清窑窑址的考古调查、发掘，以及最近几年有关德清窑起源的原始瓷窑址群的考古发掘、研究，前后经历了半个多世纪。在这段时期，由于对德清及湖州南部大量原始瓷窑址的发掘，德清窑的范

围有了更新和扩充。2007年以来，考古又先后发掘了火烧山、亭子桥、南山等窑址，取得了丰硕的成果，更是证明了德清的古窑业创烧自夏商，历经两周、汉、六朝，直至唐宋。中间虽有零星缺环，但整个德清陶瓷的烧造历史过程还是完整的，具有延续性与传承性。德清窑对于浙江青瓷发展的影响是深远的，被誉为中国"瓷之源"之一，可谓实至名归。

（2）唐宋回望

德清窑上溯商周，历经汉、六朝直至唐宋才停烧，可见影响之大。既然德清窑烧造历史止于唐宋，回望其烧造历史过程及产品在不同时期的特征是非常有必要的。

西周至春秋时期的火烧山窑址位于德清县武康镇龙山村，是一处西周至春秋时期烧造原始青瓷的古窑址，分布面积约2000平方米。2007年3—5月，考古发掘面积近900平方米，发掘窑床3条、灰坑10多个。发掘的窑炉遗迹清晰可见，是我国迄今已经发现的最早烧制原始青瓷的窑炉遗迹之一。出土器物绝大多数为原始瓷器，另有少量窑具。原始瓷器产品的类型丰富，以碗为主，包括盘、钵、罐、盂、器盖以及仿青铜器的鼎、簋、卣等。纹饰也多种多样，有与同期青铜器相似的云雷纹、水波纹、勾连纹、锥齿纹、绞索状纹、S形纹等。装饰工艺手法采用刻画、模印、堆贴等。大部分产品釉色佳，器型规整，部分器物装饰纹样复杂。火烧山窑址是目前已知的唯一一处西周晚期至春秋时期的原始瓷窑址，揭开了属于龙窑的窑床遗迹，丰富了关于中国陶瓷史上的龙窑资料，同时也为德清新市皇坟堆、三合塔山和苏南、浙北古墓葬出土的同类器物提供了重要的出产地参考依据。

战国时期的亭子桥窑址位于德清县武康镇龙胜村东山自然村北亭子桥，窑址主要分布于山体东侧，面积约1000平方米，采集的标本有碗、罐、鼓座、句鑃残件等，器型丰富，产品类型较多，是战国时期一处非常重要的原始青瓷窑址。该窑址于1986年被发现，2007年10月—2008年3月被考古工作者进行了发掘。经发掘，共揭开了7条窑炉遗迹，出土大量仿青铜器的原始青瓷礼器和乐器，以及形式多样的各类窑具。揭开的7条窑炉遗迹均建在小山缓坡上，平面呈长条形，系富有南方地区特色的龙窑。出土产品标本主要是原始青瓷，兼极少量印纹硬陶器。原始青瓷器的器型除了一般的日用器如盘、碗、杯、盅、盂、盒等外，主要为大量的仿青铜礼器和乐器。礼器器型有盆形鼎、盂形鼎、盆、三足盆、豆、盘、三足盘、提梁盉、提梁壶、尊、罍、簋、罐、镂孔长颈瓶、三足壶、鉴等，乐器器型有甬钟、三足缶、句镩、镎于、悬铃和悬鼓座。这些器物，形式大小与青铜器相仿，造型规整，制作精良，纹饰精美，釉面匀净明亮，胎质细腻坚致，产品质量已达到成熟青瓷的水平。发掘成果表明，该窑址是一处战国时期越国地区主要烧造高档次仿青铜原始瓷礼器与乐器的窑址，它的发掘为江浙地区战国时期古墓葬，如德清梁山战国墓、无锡鸿山贵族墓等中出土的一大批仿青铜原始瓷礼器与乐器找到了明确的产地和窑口。

东汉时期的青山坞窑址位于德清县三合乡宝塔山村青山坞内、村委西侧50米的山坡上。地面标本散落区域东西长60米、南北长50米，总分布面积约3000平方米，尚保留龙窑遗迹，堆积中包含大量的残器、窑具和红烧土。2010年在对该窑址进行试掘时，采集的遗物主要有瓷器和原始瓷器两类，瓷器约占30%，原始瓷约占70%。两者造型纹饰基本一致，瓷器质地坚致、胎釉结合严密，胎色呈灰白色、青灰色，釉色有青、青绿、青黄以及少量的酱褐釉、黑釉。原始瓷胎的烧结程度差、釉层脱落，与瓷器的要求差距较大。器型主要有碗、壶、罐、罍、钟等，纹饰有网纹、水波纹、弦纹、菱形纹、方格填圈纹、窗帘纹、窗棂纹、梳齿纹、蝶形纹、指甲纹等。产品特征与慈溪上林湖、上虞小仙坛、帐子山，以及江苏宜兴丁蜀镇等地的汉代窑址所出瓷器一致。青山坞窑址是德清境内一处具有代表性的东汉窑址，对于研究该地区及相关地区古窑址和德清窑的始建、发展、演变有重要的参考价值。

东晋至南朝时期的小马山窑址属德清窑东晋南朝时期代表性窑址，位于德清县乾元镇南门小马山上，1959年首次发现了该窑址。1995年德清县博物馆对该窑址进行了抢救性考古清理，后期清理资料显示，小马山窑址主要烧造青瓷和黑瓷两种产品，出土器物以青釉瓷器为主，约占80%，黑釉瓷器仅占20%。器型有碗、盘、罐、鸡首壶、盘口壶、三足砚等，胎质一般较粗疏，夹杂有较多的细砂，胎色较深，施釉不及底。青釉均施化妆土，釉面光洁，釉色沉重，常见点彩装饰；而黑釉不施化妆土，釉层厚，釉厚处呈黑色。

唐代褐釉镇墓兽

唐代黑釉鸡首盘口壶　　　　　西晋黑釉龙柄双鸡首盘口壶

隋唐时期的墅元头窑址位于德清县洛舍镇三家村，产品有青瓷、黑瓷两种，主要器型有碗、高足碗、盘、盘口壶、鸡首壶、盘口四系瓶、罐、砚等。前山窑址位于德清县洛舍镇砂村村章家桥前山东坡，属隋唐时期德清窑窑址。面积约 10000 平方米，堆积厚度达到 1.5 米，规模较大。2009 年 7 月中旬至 9 月对该窑址进行了抢救性考古发掘，共清理出窑炉遗迹 4 处，其中一号龙窑保存相对完整，长 40 米，宽 4.7 米，是浙江已经发掘的历代古窑址中宽度最大的一处。遗物堆积丰富，器型有碗、盘、注壶、罐、灯、枕等，器物施青釉及黑釉两种，胎呈灰褐色，窑具有垫饼、垫珠、筒形柱等。

(3) 青黑德清

如前所述，德清窑是黑瓷和青瓷兼烧的瓷窑，考古资料显示，德清窑相对于长江下游区域的其他窑址来说，生产黑瓷的数量较多。

黑瓷的胎多呈浅褐色、紫色或砖红，瓷胎的化学组成与婺州窑东晋紫胎瓷片十分相似。其中氧化铁的含量为 3%，氧化钛为 1% 左右，由此推测该窑采用了红色黏土做坯料或在瓷土中引入了适量的紫金土。青瓷的胎一般呈或深或浅的灰色，少数用含铁量较高的瓷土做胎料的则呈紫色。由于胎色较深，很不利于青釉的呈色，所以在胎外表面上一层白色的化妆土，以改善青釉的呈色，并使器物光洁，使成品的外观得以改善。德清窑青瓷的釉色比较深，一般呈现出青绿、豆青、青黄色，釉层较均匀，具有较好的光泽。黑瓷釉层较厚，其中最出色的产品，釉面滋润，色黑如漆，闪闪的釉光可与漆器相媲美。

德清窑的装饰非常简单，往往在器物的口沿和肩腹部划几道弦纹，或是在青釉器上饰几滴褐色点彩。也有用褐彩书写文字的，如镇江市东晋墓出土的德清窑青瓷盆，外底书写一个"偶"字。东晋末年以后，在部分碗、盘和壶上划饰复线莲瓣，与瓯、越等窑几近相同。

德清窑的原料开采和处理就更复杂了，前面已经提到几个德清窑瓷场都同时烧造青瓷和黑瓷两种产品，窑工们用含铁量接近3%的原料做黑瓷胎料，用含铁量较低的原料做青瓷胎料，所以青瓷胎呈灰或灰白色，黑瓷胎多呈紫色。德清窑所需的用料约有：配制胎料和瓷釉用的瓷土和含铁量较高的紫金土、配釉用的石灰石、作为化妆土使用的含铁量很低的白瓷土，以及制作窑具所需的普通陶土和耐火黏土等。一个窑场所用的原料，有六七种之多。这些原料都需要分别加以粉碎、淘洗和堆放，工序比较复杂，而且场地要大，生产设备要齐全，等等，这些都表明德清窑制瓷工艺已具有相当高的水平。

德清窑用含铁量很高的紫金土来配制黑釉，使釉内含铁量在6%～8%。因此釉色黑如漆，釉面光泽强，表明釉料配制技术有了很大的进步。这种因用料不同而产生的釉色特点，也是区别各地瓷窑产品的标准之一。由于黑釉瓷深受人们的喜爱，故产品远销到浙江、江苏的许多地方，甚至更远至四川等地。

(4) 艺匠四技

德清窑虽然烧造年代长久，但其最具代表性的产品应该是战国时期的原始青瓷。其烧造技术的改良与进步，器物塑造的规整性，艺术风格的成熟与富有想象力的装饰纹饰表现，给后世留下了美好的追忆，可从以下四个方面细细品赏。

一是器型丰富。战国时期德清窑原始青瓷产品除碗、盘、钵、罐、洗、盅、盂等日用器，还有尊、鼎、豆、匜、瓿、钟、錞于、悬铃、悬鼓座等仿青铜礼乐器。碗的造型改变了战国早期直腹盅式碗的形态，取弧腹造型为主，有浅腹、深腹等大小不同的种类。盅作为饮酒器产量很大，直腹平底，最大腹径在下部。豆小巧别致，上部为浅盘，下承喇叭形圈足。瓿是新出现的容器，且产量很大，直口平唇，丰肩弧腹，平底，肩部堆贴铺首或铺首衔环。罐类造型与其他窑相似，不同之处是在肩部堆贴小圆圈。它们的肩至上腹部的装饰弦纹、水波纹、瓦楞纹，还点戳正反两个"C"形纹组成的"S"形纹，施青或青黄色釉。

二是器物成型。小件的碗、盘之类的器物为一次拉坯成型，而且器型规整、胎体厚薄均匀、外底可见线割痕迹。罐、瓿是这一时期的流行容器，一改西周春秋时期筒形罐大口、直腹的形态，以小口、丰肩为多，这样既增大了容量，又便于加盖封存。但此类器皿在制作时难以一次拉坯成型，故而多采用上下二段分别拉坯制成，再上下衔接的新工艺。轮制技术娴熟，如罐、瓿的小直口制作规矩匀称，碗、盘等内底至腹多见旋坯痕。"C"形纹组成的"S"纹为点戳而成，弦纹在陶车转动时用锐器一点而就。而至于当时流行的水波纹，则巧妙地利用陶车在快速转动时用篦状器斜贴着器表作上下移动刻划而成，这样既快速又使线条自然匀称且柔和。

三是器物装饰。这一时期瓷器的装饰手法变化多样，一般来说与同时期青铜器纹饰大多相仿。如水波纹、弦纹、或弦纹间夹水波纹，多见于碗的口沿下，也常见于罐类的肩部，杯、洗的上部。罐、瓿的肩部多见压印云纹、瓦楞纹、"C"形纹、刻剔锥齿纹等。瓿的肩部堆贴铺首，铺首的兽面作牛头形，是用模具模制后进行胎接再施釉而成。铺首有两种形式，一种较扁平，在牛鼻的位置突起一环形串，有的作桥形，其中衔环。另一种为少量发现的钟、錞于的标本，钟的纹饰为模印，突起的线条将其分成不同大小的长方形，线条上饰斜纹，长方格内有回纹。錞于用正反"C"形纹作"S"纹，系用锐器戳印而就。德清战国时期原始青瓷装饰采用刻划、模印、堆贴等手法，使这一时期的陶瓷艺术绚丽多姿。由于装烧的需要，器物均为局部施釉，凡是适合于套装叠烧的碗、盘、钵等，内外底不施釉，瓿、罐等较大的容器，釉不及底，无釉露胎处因受二次氧化呈朱红色。釉层厚而不均，釉色有青绿、青黄、酱褐色多种，有的胎釉烧结较差，剥釉现象较为常见。

四是器物装烧。人们对战国时期的德清古窑址的窑炉结构无法了解，是由于没有对这一时期的窑址经过科学的考古发掘，仅在窑址堆积中见到很多黑色的烧结物和红烧土。但依据烧结在一起的标本，可以推断碗、盘、钵之类器物是套装叠烧的，叠烧的间隔物已不再使用春秋时期常见的垫珠，而是用一种白色粉末作器物烧造时的间隔物，几乎所有器物的内、外底和窑具的托面有此类物质。以往被认为到东汉时期才被广泛使用的窑床垫底窑具——筒形窑具此时已大量使用，其上部为圆形托面，筒身有镂空，有的有刻划符号或记号。这说明制瓷工匠已经认识到窑内底部窑温相对较低，需要用这种筒形窑床垫底抬高器物烧造的窑位，以提升烧成的成品率。同时，也从侧面反映了当时窑炉技术的改良与进步。

总之，德清窑原始青瓷在战国时期制作工艺上来看，主要表现为器型丰富，对前期器物的单调局面作了很大的改进。这一方面说明在日常生活中，人们对各种不同类型生活器具有了深入的理解和具体的需要；另一方面也让我们看到这一时期的拉坯成型技术又有了新的进步。人们对自然的愿景有着美好的追求，器物装饰性也得到了人们的重视，改变了前期器物以素面为主的状况，显现出浪漫奇特、多姿多彩的陶瓷技艺。胎的烧结程度、釉面的质量和胎釉的结合与前期相比虽有不尽如人意之处，同时也客观反映出当时原料、窑温等方面存在的问题。但器物的装烧、套装叠烧间隔材料发生了很大的变化，从中可以窥视到当时窑炉技术的改革与实质性发展。

4. 红土白抹娆婺州

> 金衢红土演婺州，泥点支烧窑中早。
> 江南独秀乳浊釉，壤锈白抹青瓷烧。
> 逝者眷念凡间情，已尽千年冥器道。
> 喜怒哀乐万生相，市井情缘堆塑烧。

(1) 聚盆似马鞍

金、衢盆地位于浙中西部，北连杭州市，东北接绍兴市，东南邻台州市，南界丽水市，西部边缘与安徽、江西、福建三省接壤。北部有千里山岗，南域有仙霞群岭横亘，整个金、衢盆地呈南北高、中间低的马鞍形。

盆地底部为宽谷平原，内侧为缓冲台地，外围为丘陵，四面山地环抱。丘陵、河谷地带均为红色黏土，土层内瓷土、石灰石、长石、粉砂岩等埋藏不深；盆地多产松木，为当地的瓷器烧造生产提供了取之不尽的原料。这些得天独厚的条件促成了婺州窑的产生。其境内水陆交通方便，以金华江、兰江、衢江为主干构成的钱塘江上游水系自西南向东北横穿而过，为婺州窑瓷器的外运远销提供了便捷的水上运输条件。

大量的考古发现表明：这一地区的人类祖先早在新石器时代早期，距今大约一万年前的"上山文化"时期就已掌握了夹炭陶、夹砂陶的烧造技术。商周时期，印纹硬陶在这一地区已普遍使用。根据古窑址和墓葬发掘的出土器物及其他资料可知：婺州窑青瓷的创烧时期大约在东汉，发展成熟于六朝，鼎盛于唐宋，衰落于元末明初。

婺州窑是中国陶瓷考古界对分布于浙江中西南部金华、衢州一带古代窑场的统称。唐代这一地区属婺州，故以此得名。陆羽在《茶经》中将婺州窑所烧制的茶盏排列为第三，称"碗，越州上，鼎州次，婺州次，岳州次"，所以婺州窑是中国历史名窑，为我国古代六大著名青瓷窑场之一。

早在商周时期，婺州窑就已经烧造出原始青瓷，东汉中晚期又成功烧造出成熟的青瓷，唐代创烧乳浊釉瓷，盛烧不衰，延续至宋元，使婺州窑形成了一套独特的、完整的、地域性的陶瓷文化体系。婺州窑所产瓷器以青瓷为主，还烧制黑、褐、花釉、乳浊釉、青白瓷和彩绘瓷等。

（2）金衢红土演婺州

原始瓷是在选料和制陶技术进步的基础上发展起来的，与陶器相比有了很大的不同与提高。金、衢盆地早在新石器时代晚期遗址中就已发现硬陶和印纹硬陶。商代即已出现了原始瓷，到了西周早中期生产数量增多，质地逐渐精致。在金、衢盆地范围内新石器时代遗址中，泥釉黑陶占有一定的比例。其特点是器表内外均用人工染成黑色，浓淡不一。用 X 荧光谱对其作定性分析，这种黑色陶衣，主要着色剂是铁和锰。

窑炉的逐步改进以及窑炉燃烧温度的提高，是原始瓷烧制成功的重要因素之一。金、衢盆地新石器时代的黑陶，烧成温度已提高到 1100℃。在商代遗址中，印纹硬陶黑色发亮涂料层和"瀑汗釉"的出现，说明当时烧成温度已接近原始瓷器玻璃状釉所需的高温，所以商代后期的原始瓷是能够烧制成功的。

目前金、衢盆地出土的商周时期原始瓷的器型主要有碗、壶、罐、尊、豆、盂等器物。从这些器物的制造工艺分析，金、衢盆地商周时期原始瓷生产工艺主要是在继承和发展印纹陶、印纹硬陶的生产工艺的基础上，同时也借鉴了青铜器等方面的生产工艺，在长期的实践中发展起来的。在漫长的发展过程中，金、衢盆地先民在原始瓷生产工艺方面充分展现自己的想象力，逐渐形成了本地区的工艺特色。如衢州市西山大墩顶西周墓中出土的豆、盂已出现了内外施满釉的工艺，这并不见于全国各地同时期出土器物。而且其外底用泥点支烧，这一装烧工艺是后期运用泥点、支钉、垫圈支烧的先声，应该是金、衢盆地先民在原始瓷生产实践中的首创。

商代晚期原始瓷胎，颗粒较粗，胎为灰白色。到西周早期胎质已有较大改观，说明当时窑工已掌握了较好的陶泥淘洗方法来选取瓷土。这类原始瓷瓷胎较薄，胎色一般呈灰白色，露胎处表面部分呈淡红色。

商代晚期，金、衢盆地原始瓷釉层一般较薄，呈淡青绿色，施釉工艺可能为刷釉；西周一般已采用浸釉工艺，内外施满釉，仅圈足无釉，釉层较厚，一般呈青色。西周中期出现褐色釉，釉面出现挂釉现象。

此时此地，原始瓷装饰工艺走过了一个从素面向纹饰面的发展过程。商代原始瓷基本上是素面无纹，到了西周早期，器表通体饰横向弦纹，并流行贴饰双"S"形小泥饼，或用三条小泥条合并作系，系端饰有小泥饼。个别器物出现有弦纹和人字形篦点装饰，也有沿用陶器的拍打方法，有方格纹、编织纹等。西周中期，一方面沿袭早期装饰艺术风格，另一方面出现新的装饰方法，器表均有刻划纹，如弦纹、网格纹、篦点纹、连珠纹、禾苗纹等。此时之弦纹均是在转轮上修整器物时才刻划，故而部位一致、平整规则、匀称。为体现器物的生动性，其他纹饰则用手工刻划。器物肩部多饰"S"形装饰，用小泥条盘筑而成。西周晚期，早期的装饰风格已基本消失，仅承袭西周中期新创的装饰特点。到春秋战国时期，小型器物崇尚素面，大型器物多饰拍打纹。

从碗、盘、豆、罐、尊、盂等器物来看，一般内壁，特别是内底均有明显的泥条盘筑痕迹，似宽大的凸弦纹。由此推断，因为瓷土质地较粗，可塑性较差，其制作工艺步骤一般为：第一步采用同期陶器之制作方法，用泥条盘筑成型。第二步是用慢轮修整，故而原始瓷外壁较平整光滑。碗、豆、盂等器物，其口沿外、束口处，均留有细小旋纹，这就是轮修工艺的特征。就这个时期的整体工艺而言，商代原始瓷成型较粗糙，西周则较规整。春秋战国时期原始瓷，器表光洁，内壁留有明显旋痕，底部有在转轮上的线割痕迹，说明春秋战国时期金、衢盆地一带原始瓷成型工艺技术已有很大的改进，超越了前期。

婺州位于浙中西部的金、衢盆地，由于偏居一隅，远离中原兵家必争之地，所以古代社会稳定，经济繁荣，为制瓷业的发展兴盛奠定了社会基础，相对稳定的社会历史环境也为婺州窑发展提供了保障。

婺州古时属扬州之地，春秋战国为越之界，秦时置会稽郡，立乌伤县，两汉分乌伤县置长山县。三国时期，孙氏政权为了对抗曹魏和蜀汉，确立了安内一致对外的国策，重视生产和民生，国家比较稳定，确保了农业及手工业的生产。西晋之时，"永嘉之乱"使中原经济遭受到严重的摧残，民众饱受战乱之苦。因此，中原地区的士族地主纷纷渡江南迁以寻安身立命之所。中原人口的大量南徙，给南方带来了北方先进的生产工艺与技术，促进了江南经济的大开发和手工业的大发展，也为制瓷业的兴盛奠定了坚实的基础。

中国古代厚葬之风盛行，使瓷质冥器需求量增大，刺激了瓷业生产的发展。秦始皇统一中国后，具有秦朝风格的新型冥器制度逐步确立。直至隋唐时期，统治者才开始用法律的形式将冥器制度确定下来。如唐代开元二十年

（732）颁布的《大唐开元礼》记载："三品以上，明器九十事，共五十抬……以上明器并用瓦木为主，四神不得超过一尺，其余偶人不得超过七寸。庶人用明器十五事，不准在墓塘中置放四神十二时。所造明器，只准用素瓦，高度不得超过七寸，共三抬。"随着佛教汉化、道教世俗化的程度加深，宋元时期的丧葬礼俗也出现了儒、佛、道的三教合一的现象，佛道同质化的趋向十分明显。厚葬之俗，较唐以前尤盛，士大夫罕有斥其非者。这样的背景下，婺州地区出现了堆塑瓶、罐、龙虎瓶等大量具有鲜明地方特色的丧葬冥器。

唐末五代至北宋初年特殊的社会历史环境与生产需要，为婺州窑走向鼎盛创造了条件。据《宋史》《十国春秋》《吴越备史》等文献记载，仅在宋代立国之初，从开宝到太平兴国十年之间，吴越国就向宋廷进贡瓷器达17万件之多。自唐以来，浙江就是对外贸易中心之一，瓷器亦是对外贸易的大宗商品，颇受海外青睐。当时吴越国钱氏王朝为了满足进贡宋廷和出口贸易的需要，对越窑、婺州窑等名窑进行了扩大生产，并设置了官监窑，由官方垄断制瓷业的生产。钱氏王朝的这一举措，促使婺州窑的生产进入鼎盛时期。

五代十国时期，各国割据势力一方面不断地互相争战攻伐，一方面又在努力地保全发展自己。在此背景之下，钱氏吴越王朝确立了其基本国策：立足两浙，尊奉中原；远交近攻，抗衡淮南；发展生产，保障国用；广建城池，加强防御的治国策略。在这一发展生产、保障国用的治国方略的推动之下，吴越国农业和手工制造业得以全面发展并取得了较大的成就。就瓷器生产而言，五代吴越国时期是浙江制瓷烧造业上的鼎盛时期。

元代以后，婺州窑逐渐衰落，其原因可以从社会历史文化等方面进行分析。

第一，婺州窑制坯原料限制了产品质量的提升，阻碍了其后续发展。

金、衢盆地江河丘陵地带蕴藏着极为丰富的红色粉砂岩风化物黏土。这种黏土具有较强的可塑性，是烧制大型器物较好的制坯材料，但因其含铁量过高，杂质颗粒较粗，因此烧制成器后，气孔率过高，胎骨的颜色过深，对成品的质量有很大的影响。这一制坯原料的缺陷是婺州窑致命的弱点。

婺州窑自东汉创烧以来，其产品定位在烧制当地

宋代青瓷堆塑动物冥器

民用的日常用瓷和丧葬所用的冥器产品。我国早期瓷业的交流停留在一个相对封闭的区域之内，处于一个自产自销的初步阶段，行业之间的竞争不大。在唐之前，瓷业一直稳定在"南青北白"这一概念的格局中，这样的格局对婺州窑亦未产生太多的冲击。秦汉以来，政府加快了对江南地区的控制与开发，促进了该地区的经济发展，特别是六朝以来中原地区的贵族们为避战乱而纷纷大批南迁，金、衢盆地人口剧增，使当地山地得以开垦，经济得到了快速提高，这一形势进一步刺激了婺州窑青瓷生产业的发展。据初步统计，当时以烧制青瓷为主的婺州窑的窑场遍布婺州大地，有400余座。元代婺州窑部分窑场面对景德镇瓷业以及后起之秀龙泉青瓷的崛起，在这两大窑系夹缝之中寻求生存，曾做过一些抗争与努力。如武义、东阳、永康等地发现的一些元代窑场为发挥自身烧制青瓷的生产经验与传统技术，向龙泉窑学习青瓷的生产工艺，烧制龙泉青瓷，但终究因产品的质量品质和生产成本等问题，最终还是放弃了努力。这样的结果导致婺州窑停止了生产，这个具有1300多年烧造历史的著名青瓷窑系从此结束了自己的使命。一些青瓷窑场为了生存和迎合新的市场需求，自明朝以后就改烧青花瓷，具有一定影响的江山青花瓷就诞生在这一时期。

第二，单一的釉色和相对落后的生产工艺，限制了婺州窑的可持续性发展。

婺州窑自东汉创烧以来，其基本釉色为单一的石灰钙釉。窑工艺匠们虽然为了突破这种单一素面的青釉风格与面貌，自西晋晚期开始采用褐色点彩，到了唐代婺州窑出现了褐斑装饰以及乳浊釉花瓷，宋朝之后又出现了釉下褐纹装饰等工艺；但并没有形成具有一定影响力的主流产品，而最终被陶瓷历史发展潮流淘汰。

第三，社会历史文化环境的变革导致陶瓷产品市场的萎缩，最终促使婺州窑衰落。

就婺州窑生产的产品结构格局而言，其生产的冥器占据了很大一部分份额。婺州窑古窑址考察发掘报告表明，有的窑场是专门为生产冥器而开设的。可见，冥器是婺州窑生产中一项大宗产品。所以，民间丧葬习俗以及冥器制度的变革等社会历史文化环境的变化，必将影响其生产与发展。

由此可见，到了明清之时，冥器生产的确已由原

宋代青瓷堆塑人物冥器

来的窑场烧制而变成由市井冥具店铺用纸、布、绸、绢来扎制。这些扎制冥器用品，于出殡之时用来仪式排场，陈列显富，再送到死者坟前焚化。正是由于冥器生产和使用制度的变化，婺州窑烧造冥器用品千余年的历史终于完结了，并于元末明初停止了生产，成为一段过往历史。

（3）江南独秀乳浊釉

婺州窑烧制的主要瓷器有：青瓷、乳浊釉瓷、花瓷、青白瓷、彩绘瓷、褐色瓷等。乳浊釉的成功烧制，填补了长江下游乳浊釉瓷器的空白，可谓一枝独秀。

宋代青釉瓜棱蒂钮盒

化妆土在瓷器上的应用，是西晋时期婺州窑的窑工们在制瓷工艺上的一项创新，也是婺州窑对中国古代陶瓷发展史上的一大重要贡献。化妆土为氧化铁含量低的白色瓷土，经过仔细淘洗后，其质地非常细腻，呈奶白色。由于婺州窑烧制的大型器物，采用的是风砂岩红色黏土作坯，所以含铁量较高，烧成后胎呈深紫色，对青釉的呈色有很大的影响。为了解决这一缺陷，聪明的婺州窑工们就在器物坯胎表面涂上一层质地细腻的白色化妆土，以掩盖深沉的胎色。由于胎表有化妆土衬托，所以施釉后滋润柔和，釉色在青灰或青黄中略泛一点褐色。因胎质原料和使用化妆土的缘故，婺州窑的产品往往呈现如下特征：在胎与釉结合不紧密，釉面的开裂处往往有奶黄白色的结晶物析出。由此，这一特征亦成为断定婺州窑瓷器的一项重要标准。

唐代青釉堆塑人物五管瓶

唐代婺州窑除了烧制青瓷、褐瓷和花瓷，还成功创烧了乳浊釉瓷。目前，考古发现唐代早期有六座婺州窑，以烧制乳浊釉瓷为主，还兼烧少量的褐色瓷。唐代婺州窑系烧制的乳浊釉瓷，其釉色以月白、天青为主，天蓝色极少，大多为盘口壶等大型器物。从目前考古发现的资料分析，婺州窑是全国最早创烧成功乳浊釉瓷的窑口，这也是婺州窑古代窑工们的又一创新和对中国古代陶瓷发展历史的一个重大贡献。

（4）堆塑市井情

婆州窑最引人注目当推它的堆塑艺术，早在东汉时期就已相当成熟。当时婆州窑的窑工艺匠们就能用刻划、捏塑、堆贴、镂空等技艺方法在谷仓、魂瓶等器物之上堆塑出人物、房子、动物等。这些堆塑作品气势磅礴，场面宏大，形象生动，造型逼真，令人叹为观止。婆州窑堆塑艺术发展到宋代已达鼎盛时期，这一时期婆州窑堆塑艺术已充分形成了自己独特的艺术风格和鲜明的地方特色。其堆塑技艺不仅在造型、堆塑等生产工艺层面上取得了空前绝后的成就，而且其大小各异的堆塑产品之文化内涵、美学意蕴也已达到了相当深厚的艺术境界。婆州窑所烧造的主要产品有：碗、盏、盘口壶、罐、熏炉、笔筒、水盂、虎子、谷仓、唾壶、龙虎瓶、多角瓶、堆塑魂瓶等。

唐代天蓝釉三足炉

婆州窑堆塑艺术作品有其很深的文化积淀，其堆塑的写实性使其在发展演变过程中形成了丰富的社会历史文化的真实写照，成为我们今天研究古代社会历史、政治、经济、宗教及民俗等学科的珍贵实物资料。

第一，长江下游古代士族地主真实生活的写照。

东汉时，在浙江开始出现士族大姓，历经三国吴的发展成为这一地区的世家大族。晋灭吴之后，颁行占田制、荫客制等律法。由此，世家大族从法律上获得政治、经济上的特权保护。于是，世族以强大的经济实力和人力资源作为后盾，着力经营庄园，庄园成为其经济基础。今浙江境域的世族庄园经济兴起于东汉末年，至南朝盛极一时。而此时出现的婆州窑的五联罐等随葬冥器，堆塑着亭台楼阁、成群的僮仆、成山的谷仓，就纪实性地反映了这一时期士族地主阶层富庶的庄园生活。

第二，长江下游古代民间游艺、杂技艺术形式的反映。

古代丧葬习俗体现"视死如生"的观念，所以在汉代墓葬习俗中，描绘了当时现实生活中的游艺、杂技等娱乐生活形象的画像石和墓葬壁画。在浙江中部地区婆州窑生产的冥器造型上，也出现了堆塑百戏和杂技的游艺场景的作品。如浦江县出土的东汉五联罐上的堆

五代青瓷双系盘口壶

塑杂技俑、武义县桐琴果园三国墓出土的五联罐，上面堆塑的乐伎，形态生动，逼真有趣，充分印证了杂技早在东汉、三国时期就在江南民间盛行的史实。

第三，长江下游古代服饰演变的真实记载。

婺州窑堆塑表现的人俑、仙佛、神道人物的服饰样式，成为当今研究浙江古代各个历史时期服饰样式、服制规范的珍贵实物资料。

三国之前，江南一带汉民族喜穿直裾襜褕，与少数民族喜穿褊窄紧身、圆领、开衩的服饰完全不同。自从东汉末至三国东吴时期，中原及江淮一带的流民大量迁入江南，其中夹杂一大批少数民族。随着少数民族的流入，江南一带的服饰风格也发生了一定的变化。这种变化的结果，也在婺州窑堆塑人物的服饰上体现出来。此外，婺州窑还为我们研究宋代官服制度留下了珍贵的实物见证资料。

第四，长江下游古代民间习俗的客观反映。

浙江金华市永康市宋代纪年墓葬出土的一件堆塑纹瓶，瓶上堆塑表现了送葬出殡的场面，有举幡旗的，有奏哀乐的，有抬棺材的，有披麻戴孝送葬的，再现了当时婺州地区丧葬仪式的全过程，为我们研究当时的民间风俗提供了形象而生动的实物资料。

第五，长江下游古代市井生活状况的写实性。

浙江省金华市东阳博物馆珍藏着一只宋代婺州窑酱色釉堆塑魂瓶。此瓶之堆塑瓶盖颇有特色，是两个竞技的相扑人俑，这一堆塑瓶盖再现了当时市井生活的相扑之戏，耐人寻味。

第六，长江下游古代建筑艺术成就的真实刻画。

婺州窑堆塑艺术作品中有大量的建筑模型的表现，这些珍贵的建筑样式，具有鲜明的时代特征，是我们目前研究古代建筑发展历史的珍贵实证资料。

第七，长江下游古代民间宗教意识的具体体现。

堆塑罐、堆塑瓶主要是用作死者陪葬的冥器，所以作为一种具有民间信仰意识及功能的民间瓷器丧葬产品，其中所积淀着丰富的文化内涵，是启发我们研究人类社会思想发展史的重要依据和珍贵的实证资料。

早在汉代初期，佛教就从印度传入中国，并很快在江南地区普及开来。据《浙江通志》记载，三国时期在浙江一带兴建寺庙，佛教开始在江浙一带流行。这种宗教意识在民间世俗社会中的大量渗透，也同样在婺州窑堆塑艺术作品之中得到了充分的反映。

5. 西湖水映玉

> 南北两京官窑分，宋人千古绝瓷痴。
> 紫口铁足蟹爪纹，修内司藏惊玉瓷。
> 又闻郊坛南官在，扑朔迷离思断肠。
> 屈尊汝后乏清骨，青瓷巅峰无人承。

(1) 宋人痴瓷

在中国历史上，宋代人对瓷器有一种特殊的情感，从庶人到贵族乃至皇族对瓷器有着无比的喜爱，无论是用瓷、赏瓷还是玩瓷，都注入了极大的心血与智慧，并形成了举国上下对瓷器的情感和高雅的审美情趣。这样的审美智慧与制瓷艺术在中国古代陶瓷上是空前绝后的，深刻地影响着后世。宋代是把瓷器的实用性、工艺性、技术性、艺术性、审美性和品质性结合得天衣无缝的朝代，特别是在宋代五大名窑①中得到充分的体现，时至今日也难以超越。

宋代瓷窑众多，绝大部分是规模大小不一的民窑，在众多的民窑之中，少数产品质量好的、又距两宋都城较近的瓷窑被宋宫廷看中，在烧民用瓷器的同时，也为宫廷烧造一定数量的宫廷瓷器。这类瓷窑在北宋有汝窑、定窑、钧窑、耀州窑；在南宋有景德镇窑和龙泉窑。宋代还有三个瓷窑为两宋宫廷所垄断，烧造的瓷器全部供宫廷专用，失去了商品瓷的性质。这三个瓷窑是：浙江余姚越窑、河南开封北宋官窑和浙江杭州南宋官窑。

宋代青瓷贯耳尊　　　　　　　宋代青瓷海棠式盒

---

① 五大名窑一般指：汝窑、官窑、哥窑、钧窑、定窑。

宋代分为北宋和南宋两个历史阶段，是我国陶瓷业发展史上的辉煌时期。江南一带由于其富庶的地理条件和对外贸易的发展，已形成商业繁荣、人口密集的多个城市地带。如临安（今杭州），是当时政治、文化、经济的中心，又是最大的消费城市。还有明州（今宁波）、越州（今绍兴）、温州、婺州（今金华）、处州（今丽水）等地，这些城镇的历史悠久，而且瓷业甚为发达，既是瓷器生产中心，又是瓷器消费市场和销售集散地。越瓷、婺州窑瓷、龙泉青瓷已久负盛名，各有千秋。

宋代青瓷葵花式洗

"靖康之难"标志着北宋王朝的灭亡，中原地区诸名窑被毁。宋高宗赵构避逃东南，定都临安，建立了南宋朝廷。在杭州凤凰山设立修内司官窑，并在乌龟山八卦田郊坛下附近另建新官窑。内窑和新官窑集中南北各地制瓷的精工艺匠，烧造宫廷和达官贵人需要的瓷器。这是北宋汴京官窑的生产延续，历史上称为南宋官窑。据南宋人叶寘的《坦斋笔衡》一书中记载："政和间，京师自置窑烧造，名曰官窑。中兴渡江，有邵成章提举后苑，号邵局，袭故宗遗制置窑于修内司，造青器，名内窑。澄泥为范，极其精制，釉色莹澈，为世所珍，后郊坛下别立新窑，比旧窑大不侔矣。"此段文献资料是迄今发现的关于南宋官窑历史的最早文字记载，后人研究多以此为考证。依据文献的说法，北宋时期已烧制官窑。南宋官窑继承了北宋官窑的技术和制作方法。文献把南宋官窑划分为"修内司"和"郊坛下"，前者"名内窑"，后者系"别立新窑"，并明确指出新窑"比旧窑大不侔"。1956年所发掘出来的一座南宋乌龟山窑址已确认了郊坛官窑的存在，但文献中所指的"修内司"官窑址迄今未有发现。

（2）皇瓷至尊

宋代官窑瓷器最早是在北宋大观、政和年间，也就是汴京（今河南开封）官府窑场中烧造的瓷器。作为宋代五大名窑的其中之一，官窑以烧制冰清如玉的青瓷为主。

汴京官窑是北宋的官窑，由于其窑址至今无从发掘，也是一个无法从窑址取证的一个瓷窑，给后人留下了千古谜团。针对北宋官窑也仅有南宋人顾文荐《负暄杂录》中的一条简单记载，仅云："宣政间京师自置窑烧造，名曰官窑。"

宋代青瓷莲瓣"殿"字铭洗

顾文荐是南宋人，其"杂录"以"负暄"名，作为其年迈闲居时的忆旧著作，这条记载应当是有可信度的。顾文荐的所谓"宣政间"，是指宋徽宗政和到宣和十五年间，即1111年至1125年。

杭州修内司官窑是宋高宗在北宋汴京官窑随着北宋王朝的灭亡而在杭州另立的新窑，也是汴京官窑的延续，故称南宋官窑。修内司窑也称"内窑"，带有内廷及大内的用意，同时也表明修内司官窑是仿汴京官窑形制特征而烧制的，用澄泥做坯，制作极其规整，由于釉色莹润如玉而备受珍视。明初曹昭《格古要论》曰："官窑器宋修内司烧者土脉细润，色青带粉红，浓淡不一，有蟹爪纹紫口铁足，色好者与汝窑相类，有黑土者谓之乌泥窑，伪者皆龙泉所烧者，无纹路。"曹昭说修内司官窑特点是胎细釉润、色青带粉红，釉有深浅之分，有蟹爪纹开片和紫口铁足的特征，其概括比《坦斋笔衡》更具体。半个多世纪以来，中外研究修内司窑的学者前往凤凰山下探古的络绎不绝，虽然地面上散布的瓷器残片为数不少，但确切的窑址则并未发现。

然而，在1996年发现了杭州老虎洞的窑址，并出土了大量的瓷片和窑具，其中包括碗、盏、盘、洗等20类及53种型制器物，使人看到了令人惊叹的南宋官窑瓷器。其中一件在制作陶器过程中所使用的"荡箍"令人振奋，因为上面清晰地写有"修内司官窑置庚子年"的字样。由此可以断定，杭州老虎洞窑址就是记载中的南宋修内司官窑。

《坦斋笔衡》里提到的"后郊坛下别立新窑"，是南宋初期设立的第二座官窑，也称"郊坛官窑"，它的窑址在今天杭州市南郊的乌龟山一带。早在20世纪初，窑址就已被人发现，瓷片零星流落到古董市场，由此引起中外研究陶瓷的人的注意。1930年以后，到乌龟山郊坛官窑遗址探古还大有人在。20世纪50年代，文物部门对窑址进行了小规模试掘，发现了窑炉一座与瓷片、窑具等。历年郊坛官窑遗址出土的残片，胎土呈黑灰以至黑褐色，胎较薄，施釉较厚，釉有粉青、炒米黄等多种色泽。器型除常见的盘、碗、碟、洗等，仿商周秦汉古铜及玉器者也甚多，显然是受北宋徽宗朝帝王提倡的复古风气之影响，这类仿古器皿只能作为宫廷陈设之用品。郊坛官窑遗址中遗物比较丰富，其特征又与文献记载颇多吻合。此外，明人高濂《燕闲清赏笺》亦云："官窑品格，大率与哥窑相同，色取粉青为上，淡白次之。油灰，色之下也；纹取冰裂鳝血为上，梅花片墨纹次之。细碎纹，纹之下也。"官窑与哥窑一样，无法区分，因此他只能把两窑并列在一起。但就目前传世的官窑和哥窑瓷器而言，应当说大体是可分的，不可分的只占其中的一小部分。元朝后期景德镇窑兴起了一股仿宋名窑的风气，到明朝以后几乎历朝历代都有仿制。官、哥二窑瓷器分为四个等级，即妙品、上乘、中乘和下乘四种。每个等级都列举有器物名称，如上乘作品中的"方印色池、四入角委角印色池"；中乘作品中的"菱花壁瓶、提包茶壶、观音、弥勒、洞宾神象、螭虎镇纸"；下乘作品中的"径尺大盘、夹底盆、蟋蟀盆、佛前供水碗"等器皿。其中绝大多数是元、明两代景德镇窑仿宋代官、哥二窑的作品。官、哥二窑既有宋代的仿制品，又有元、明及以后历代的仿制品，加上明后期以来的文献误把仿品当真品而予以概括描述，给辨别真伪无疑增添了不少困难，这只有依赖考古发掘的资料，才能澄清陶瓷历史上的这类悬案。

北宋覆灭后，宋高宗赵构南渡，定都临安。由于逃避战乱，很多北宋汝窑、官窑等北方窑口的工匠南迁，北方先进的制瓷工艺技术亦随匠师转移到南方的修内司窑、郊坛下窑及其他窑口，而官窑瓷器也随之在南方开始进行烧制。当时为了区分，人们将北宋官窑称为"旧官"，将南宋官窑称为"新官"。

(3) 官窑羞玉

冰清如玉的南宋官窑瓷，继承了北宋汴京官窑瓷、河南汝官窑瓷等北方名窑的造型端庄简朴、釉质浑厚的特点，同时兼有南方越窑、龙泉窑等名窑的薄胎厚釉、釉面莹沏、造型精巧之特征。北艺南技的结合，创造了我国青瓷史上的顶峰。

南宋官窑瓷的釉色主要是粉青色，按现代设计的色谱颜色分辨，是极浅的蓝绿色，但也有以灰绿色、黄绿色色调为主的器物。其良好的釉面乳浊性和釉层多次施釉的凝厚感，在质感上可与璞玉的效果相媲美。南宋官窑瓷的胎土有黑褐色、灰褐色、灰色及红褐色等，但以黑褐色占大多数，所谓"紫口铁足"是由于黑胎上釉后，口部及凸棱部位釉向下流，因而造成口棱部釉薄，而显现了胎色，这就是"紫口"。至于"铁足"，则是指圈足部分的黑铁

宋代青瓷三登方壶

色了。南宋官窑的釉极厚，故便有"厚釉薄胎"之说法。

明初曹昭的《格古要论》在描述官窑瓷器釉色时说："官窑瓷宋修内司烧者土脉细润，色青带粉红，浓淡不一。"明人高濂在《遵生八笺》里进一步说明南宋官窑青瓷釉色的特征是"色取粉青为上，淡白次之，油灰色之下也"。可以说，北宋以瓷尚玉为美的审美之风仍在南宋延续，并发挥得淋漓尽致，我们也能从中一窥南宋官窑瓷器的艺术特色和制瓷理念。

（4）解密溢香

南宋官窑瓷的釉面多有开片，且有大小不一，纹片程度有疏有密，有深有浅，以冰裂纹等大开片纹为主。《格古要论》中记载，"有蟹爪纹，紫口铁足"。《遵生安笺》中又曰："纹取冰裂鳝血为上，梅花片墨纹次之，细碎纹之下也。"由此可见，在南宋官窑瓷器中，以冰裂鳝血纹为极品，乃绝佳之作。

宋代青瓷长方盆

釉面出现的开片纹原本是一种缺陷，它是由于制作过程中的失误而形成的工艺现象，因而具有不可预知的神奇性和美感。这种技艺被制瓷艺匠们巧妙利用，特别在南宋官窑瓷中成为审美的一个重要组成部分。所谓"冰裂纹"者，如同冰糖、云母一般，层层而下，多角形的开片显现出白色的纹路，由于形成的机会不多，较为特殊。

南宋官窑器为皇家所用，器型极其严谨规范，不可逾越。同时，因宋人高品质的审美追求，大美大雅的特色在南宋官窑瓷器上展现得淋漓尽致。南宋官窑瓷器的造型丰富而经典，以陈设用瓷为主，有文房用具，也有日用器皿及装饰瓷，如尊、琮、炉、瓶、壶、洗、碗、碟等，器型多仿自商周、秦汉古制。造型严谨肃穆，弥漫着怀古之风，加上"紫口铁足"更显得风韵别致、古色古香。官窑瓷器以小型器为多见，体积不大；但是它所表现出的气度却是小器大景象，不可低估。南宋官窑青瓷，主要表现的不是它的装饰，而是它本身如玉般的温润厚泽，以及庄重而典雅、神秘而高贵的自然之美。在艺术风格上以釉色取胜，以造型见长，以奇异的开片纹著称。这些制品反映出东方民族淳厚朴实、高怀古雅的艺术风格。

元代青瓷鱼耳炉

在文物收藏界有这样一种说法，南宋官窑瓷器价值连城，一件难求。目前大部分南宋官窑瓷器被收藏在故宫博物院、台北"故宫博物院"或海外博物馆，是国内外博物馆梦寐以求的珍藏之宝，极为少见。而现在能够确认"宋官"的完整器物，也是极为罕见。

6. 金丝铁线

金丝铁线缠人心，哥窑真身何处藏。
紫口铁足似宋官，几多碎瓷留古谜。
巧若范金清比玉，历朝帝王显柔肠。
经络之魅泣乾坤，趣境大美世传唱。

(1) 古人遗谜

对于瓷器而言，古人留下了许多谜团，哥窑就是其中的一个。几千年的窑工汗水汇集成浩浩汤汤的长河，岂是轻易能够斩断截流而臆猜解密？哥窑与汝窑不同，它不见于宋人记载。在元代的记载中，有所谓"哥哥洞窑"，但是否与"哥窑"同义有待进一步证明。哥窑瓷器的窑址迄未发现，陶瓷考古所得的资料还无法与传世哥窑器相印证。因此，揭示哥窑神秘的面纱一直萦绕在学界，至今仍是我国陶瓷史上一大悬疑。

宋代哥窑海棠式盆

①哥窑与"弟窑"之说。宋名窑中

列有哥窑，最早见于明初宣德年间的《宣德鼎彝谱》一书，其谓"内库所藏：柴、汝、官、哥、钧、定"。位列汝窑、官窑之后，钧窑、定窑之前。可见至少自元代末年起，哥窑已被认定为宋代瓷窑，其品第高于钧窑与定窑。但当时不见有"弟窑"之名的记载，而龙泉青瓷似乎也未为藏家所重视。稍晚的明人曹昭《格古要论》考论古器也只说："旧哥哥窑出①色青浓淡不一。亦有铁足紫口，色好者类董窑，今亦少有。成群队者，是元末新烧，土脉粗燥，色亦不好。"曹昭认为哥窑有新旧之分，他明确指出新哥窑"成群队者"是元末新烧，那么旧哥窑当然要早于元末，但早到什么时候则未具体提及，所谓旧哥窑是对新哥窑而言的。值得注意的是《格古要论》"龙泉窑"词条中并没有提到弟窑，可见明代初期哥窑与弟窑之说尚未成立。但比《格古要论》晚一个世纪的《浙江通志》一书却记录了以下传说："处州……县南七十里曰琉华山"，"山下即琉田，居民多以陶为业。相传旧有章生一、生二兄弟，二人未详何时人，至琉田窑造青器，粹美冠绝当世，兄曰哥窑，弟曰生二窑"。这是有关章生一、章生二兄弟烧瓷的最早资料，但是书中未记载章生一和章生二为何时人。

宋代哥窑灰青釉花口碗

嘉靖四十五年刊刻的《七修类稿续编》，则进一步说："哥窑与龙泉窑皆出处州龙泉县。南宋时，有章生一、生二弟兄各主一窑。生一所陶者为哥窑，以兄故也；生二所陶者为龙泉，以地名也。其色皆青，浓淡不一，其足皆铁色，亦浓淡不一。旧闻紫足，今少见焉，惟

宋代哥窑米色釉鱼耳炉

---

① 下有原阙文，原意谓"出"产于某地，但产地待考，作者未及补，刊本照刻如文。

土脉细薄，釉色纯粹者最贵，哥窑则多断纹，号曰百圾碎……"《七修类稿续编》距《浙江通志》成书仅相隔五年，在"相传旧有章生一、生二兄弟，二人未详何时人"的基础上断定为南宋时人，并说"生一所陶者为哥窑，以兄故也；生二所陶者为龙泉，以地名也"。这是我们见到的肯定章生一、章生二兄弟为南宋时人的最早佐证资料，明嘉靖以后对哥窑、弟窑的进一步演绎，大多来源于此。值得注意的是，《格古要论》中哥窑和龙泉窑是分两条描述的，文中没有提到两窑之间有什么直接关系，而且哥窑条中又提到了新哥窑，从文章结构分析，旧哥窑是相对新哥窑而言的。

　　另外，明代陆蓉《菽园杂记》一书亦刊刻于嘉靖年间，对龙泉窑记录得比较详细，是研究龙泉窑不可忽视的重要参考书。书中有言："青瓷初出于刘田，去县六十里，次则有金村窑，与刘田相去五里余。外则梧桐、安仁、安福

宋元哥窑灰青釉系耳三足炉

等处皆有之。然泥油精细，模范端巧，俱不若刘田。泥则取于窑之近地，其他处皆不及。油则取诸山中，蓄木叶烧炼成灰，并白石末澄取细者，'合'而为油。大率取泥贵细，合油贵精。匠作先以钧运成器，或模范成形，候泥干则蘸油涂饰。用泥筒盛之。置诸窑内，端正排定，以柴箬日夜烧变，候火色红焰无烟，即以泥封闭火门，火气绝而后启。凡绿豆色莹净无瑕者为上，生菜色者次之。然上等价高，皆转货它处，县官未尝见也。"这段记载从龙泉窑的分布、原料出处、制作工艺装窑方法直到烧窑，描绘得极其细致，但对于哥窑并无只字提及。基于上述情况，宋代时龙泉窑章生一和章生二弟兄俩各主一窑的说法，从文献记录的资料看，可能开始时得自传闻，此后又进一步演绎而渐次形成。

　　②哥窑与龙泉窑的黑胎青瓷的关系之说。1960 年，浙江省文管会对龙泉窑的大窑、金村窑遗址进行了发掘，在大窑和溪口等五处窑址发现了黑胎青瓷，器物有碗、盘、杯、盏、洗、瓶、盂、觚、盒、炉及灯等标本。而故宫博物院、上海博物馆等单位收藏的传世哥窑器，如鱼耳炉、三足鼎、乳钉五足炉、胆式瓶、双耳乳足炉及折腰盘等典型南宋器物，在所有发掘的窑址里均未发现，由故宫博物院提供的经中国科学院硅酸盐研究所化验测定的哥窑标本，其胎釉的化学组成、纹片颜色以及底足的切削形式等都与发掘出来的龙泉黑胎

青瓷不同，反而与江西地区生产的仿哥窑、仿官窑以及碎器一类产品接近。依此发现，不可避免地出现一种推测，即传世哥窑瓷器不是龙泉窑烧制的，其烧造地点应该是接近江西景德镇的一处窑址。目前对龙泉的黑胎青瓷有两种看法，一种意见认为黑胎青瓷就是古代文献中所提的哥窑的产品无疑；另一种意见认为龙泉窑的黑胎青瓷不是哥窑，是仿官窑的作品。哥窑和弟窑的名称来源本身就值得怀疑，从文献资料看，可以判断是后人依据前人传闻演绎出来的。《格古要论》在论官窑时有"有黑土者谓之乌泥窑，伪者皆龙泉所烧者，无纹路"之说。龙泉窑的黑胎青瓷造型与杭州乌龟山官窑出土的标本有不少共通的式样，正是《格古要论》指出的乌泥窑。再者，中国科学院上海硅酸盐研究所化验宋龙泉黑胎青瓷标本，指出其胎骨成分很接近北方窑口，而与一般龙泉窑又差别较大，可见仿官窑之说，是有一定根据的。

③传世哥窑器之说。宽泛而言，传世哥窑瓷器为数不少，此处探讨的仅限于南宋时期的哥窑作品。其多数分别藏于故宫博物院、上海博物馆及台北"故宫博物院"，当然流散到国外的为数也不少。其造型有各式盘、碗、瓶、炉、洗和罐，胎有薄厚之分，胎质又有瓷胎与砂胎两种，胎色有黑灰、深灰、浅灰、土黄多种色相；釉色也有粉青、月白、油灰、青黄等色。从生产的时间来讲，应该有早晚之别；从产地来说，可能不会出自同一个瓷窑。这说明，哥窑的具体情况比较复杂，有待进一步考证与研究。

④传世哥窑中有旧哥哥窑与新哥哥窑之说。《格古要论》记载的旧哥哥窑与新哥哥窑是值得关注的，曹昭对新哥窑解释为凡是成群成对的就属于新哥窑的产品，也就是说，旧哥窑大部分是单件的，成群成对的非常少。

景德镇明代仿官仿哥窑成风，这类仿品现在流传下来很多，比较早些的有成化时期的仿品，再早的景德镇仿哥窑产品就未见到了。成化时期景德镇御器厂烧制的，器物底部有青花楷书六字款，款体与传世大量成化时期官窑瓷器相同。《格古要论》里曾提及一个碎器窑，烧造地点就在江西省吉安永和镇，也就是宋代的吉州窑。碎器窑所烧制的器物就是与哥窑类似的开片釉，有较大可能这是宋代的名称，由此推断吉安有可能烧哥窑器物。景德镇与吉安永和窑明代都仿烧过哥窑瓷器，特别是吉安永和的碎器窑可能性更大一些。

⑤哥哥洞窑之说。元代至正二十三年刊刻的《至正直记》一书中也提出了另一条新线索，其"窑器不足珍"一节里谈道："乙未冬在杭州时市哥哥洞窑者一香鼎，质细虽新，其色莹润如旧造，识者犹疑之。会荆溪王德翁亦云：'近

日哥哥窑绝类古官窑，不可不细辨也。'"这里引人注意的是"哥哥洞窑"一词的出现。上引文中王德翁所说的"哥哥窑"不知是否即"哥哥洞窑"。无论如何，"哥哥洞窑"或"哥哥窑"都可能与哥窑有关，如果据此进一步追根求源，哥窑究竟出自何处，可能会得到解答。

元代哥窑高足杯

《格古要论》又曰新哥窑是元末新烧，与《至正直记》所说"近日哥哥窑绝类古官窑"的"近日"属于同一时期，说明哥窑在元代后期仍继续烧瓷。传世的哥窑瓷器中有不少是南宋时期的产品，其中也有些元代的产品，只是区分的方法还有待研究。此外，该书又有如下记载："官窑品格，大率与哥窑相同"，"窑在凤凰山下"，"哥窑烧于私家，取土俱在此地"。文章之意似乎是说哥窑的烧造地点在杭州，高濂此说不知何所本。是否与哥哥洞窑有关亦不详，姑且记之，以待日后研究。

哥窑的千古之谜，至今尚未解开。研究者各执一词，似乎都有道理。学术问题的讨论应允许百家争鸣，集思广益，才有可能使哥窑的谜底大白于天下。

(2) 经络之魅

宋代哥窑瓷具有独特风采和鲜明的时代特征，细观之，器物造型多以仿青铜器为本，古拙、质朴、浑厚。胎质坚细，胎色可分灰、油灰、黑、赭诸色。听其音，胎质粗松者叩之声音木哑，是由于宋代哥窑瓷器的烧结温度在1250℃左右，呈色土黄，似欠窑火之力，在陶与瓷之间。釉质凝厚如同堆脂，其色泽有粉青、灰青、油灰、月白、灰黄、深浅米黄等多种，釉间开片均有不同角度的冰裂状。作为以釉装饰瓷器的特殊方法，这种釉面纹理是通过人为控制的工艺，使开片裂纹的大小和疏密形成纹片碎路的结果。

宋代哥窑瓷器的大开片并不是全黑色，而是黑中闪阴蓝色的感觉，开片纹路稍粗的色深，其纹线路长而且相互连接，这应该是当时出窑开片时涂抹上去的炭黑色。小片纹的线路细而弯曲，呈现铁黄或铁红等深浅不一的颜色，这和器物所处的环境有关；在土中埋藏的时间越长，土中的铁元素渗进开片的颜色就越深，反之就越浅。小片纹的线路就好比人到老年后，皮肤自然显出皱纹一样；上千年的春夏秋冬，热胀冷缩及土内对瓷器的压强变化，便会自然产生细小的弯弯曲曲的开片纹理，传世时间长的器物也有空气中的氧化物对它的腐蚀作用。小片纹的线段短并与深色线段相连，奇异的是它们却各自形成不同的两张网。新瓷的裂纹都比较平直，裂口都比较宽，且裂纹都呈带有角度的四边形、五边形等几何形状；而古瓷却不一样，其开片纹线是在漫长的岁月中，随着环境的变化缓慢形成的，裂纹的线条弯曲而自然。小片纹按形状分，有网形纹、梅花纹、细碎纹、鱼子纹等。哥窑开片总的特点是平整紧密，片纹裂开成上紧下宽状，黑色纹片中时有阴蓝色闪现，看似极不规则却又在规则之中。其纹路后经过窑工巧妙地染色，色浅黄者如金丝，色黑者宛若铁线，故名"金丝铁线"。

釉中的气泡密集，在显微镜下观察如同聚沫串珠，但也有的哥窑瓷气泡很少，看不清楚。釉上和釉层内，必然会生长出白色、灰白或泛褐铁色的土绣花结晶，釉内部生成棉絮状、雪花状、碎渣状等各种形状的莫来石晶体。一般来说，哥窑的釉面光泽较少，有一层像涂有酥油，釉面有一种皮肤出油汗的感觉，釉质较深浊不透，釉厚薄不匀。但也有一种哥窑瓷，釉面极其细腻滑润，光泽明亮而温润，精光内敛，整体的感觉是玉而非瓷。釉质均为失透的乳浊釉，釉色以灰青为主，也有砂米黄、浅灰青、米黄等色。哥窑器口沿多窄而尖薄，导致釉厚难以覆盖而显现胎骨黑色，故有"紫口"之说。垂釉多在口沿边稍下之处形成略微凸起的环形带，此乃哥窑瓷器一绝，除宋"官窑"的产品外，后世各窑口产品及历代仿宋哥窑瓷器均无此特殊现象。

宋哥窑瓷器底足工艺分为施釉裹足支钉烧和露胎圈足烧两种，多数器物底足因呈黑色而被称为"铁足"。支烧者钉痕小若芝麻，此为宋代瓷器之共同特征。支钉数量视器物大小而不同，较小的器物，如盘、碗等以三、五个为多，略大器物如洗等则达七个，鼎、炉的器里也多留有数量不等的支钉痕，系大小器物叠套烧所致，此后这一烧法逐渐消失。器物多露胎圈足，足背平齐或略圆，修足手法干净利落，用手不易抓起。其盘、碗器型多在晚唐、五代至宋初时最为常见，如花瓣形口器物、葵瓣六出口器物以及夸斗，尤其是葵口折腰碗最为典型，多见于越窑、汝窑、官窑、定窑及耀州窑，八方杯则见于钧窑、壶、炉、洗、鼎、贯耳瓶也在宋代初期盛行，且与上述诸窑一样制作精致。由此可见，宋代哥窑瓷器为一定历史时期的具体产物。特别是宋代哥窑瓷的釉面，其层层叠叠、千姿百态的开片纹饰，不但开创了我国陶瓷史上审美的新情趣，而且确有"巧如范金，清比琢玉"之感，在宋代五大名窑之中首屈一指。

(3) 帝王宠瓷

宋代哥窑瓷器自诞生之后，其风格独特的瓷器品种深受历代王公贵族的珍爱，仿制产品盛烧不衰，一脉相传。历代文人雅士倾倒其间，为文作诗，不吝赞美之词。

清代乾隆皇帝就是一位好古成癖的皇帝，对历代古器都进行过鉴别欣赏。诸如书画、碑帖、陶瓷、玉石等精品无不留有其鉴赏痕迹，尤喜书写或镌刻御制诗句。其鉴赏的瓷器中尤以宋代名窑（汝、官、哥）为多，有的还通过刻出甲、乙、丙、丁等字来品鉴这些珍品的优劣，还有的器物附有带明代收藏家项子京（元汴）字样的梓檀嵌金器座。清宫秘藏西洋画家郎世宁所绘的两幅乾隆皇帝鉴赏古器图，画面中就有传世宋哥窑、官窑的盘、瓶、炉等，可见这些瓷器在乾隆时期已经十分珍贵了。乾隆皇帝御题诗中亦有专门评论哥窑与仿哥器的诗句："铁足腰圆冰裂纹，宣成踵此夫华纷，而今景德翻新样，复古成不易云云。"

早在两个多世纪以前，乾隆皇帝就曾认识到这些器物具有早年遗物的特征，这也从另一个角度证实了所谓传世宋代哥窑并不是元、明时期的产物。我们期待着考古成果的不断出现，能够发现哥窑遗址，到那时，才能拨开云雾见太阳，饱睹"宋哥窑"的真实风采。

宋代哥窑瓷器的造型庄重、古朴典雅，釉色淡雅自然，尤以独特神奇的纹片为装饰而著称。乾隆皇帝曾写下十首赞颂哥窑瓷器的诗篇，其中《粉青葵瓣口盘》一诗中曰："色暗纹彰质未经，哥窑因此得称名。"另一首《曝书亭集砚铭》赞道："丛台澄泥邺官瓦，未若哥窑古而雅。绿如春波停不泻，以石为之出其下。"

(4) 历代传承

自宋迄清，哥窑瓷器在历代都有仿烧，名曰"仿哥窑"或"哥釉"。官窑和民窑均有制作，传世品不计其数，而且充分体现出本朝的工艺特色。

由于历代仿制的哥窑传世品极多，而宋代哥窑的传世品极少，所以不得不对后朝的哥窑产品作一些基本了解，从而对宋代哥窑瓷有更深入的认识。元代《至正直记》所提的元代哥窑器确有其物，但与宋器大不相同，其胎体泛松且色灰黄，釉粗较薄，且多呈浅灰白色，混浊无光，开裂细小纹片，观之似觉火候不够。其特征恰如明洪武《格古要论》所称："有成群队者是元末新烧，土脉粗燥，色亦不好。"这类实物可见于故宫博物院所藏传世品双戟耳炉，以及明早期墓葬出土的成对器物。

明代初期仿哥窑瓷与元代几乎相同，南京明洪武年间沐英墓出土的哥窑双贯耳长颈瓶，胎色灰黄，质不坚细，月白色釉，釉薄欠光润，开细小片，口部涂茄紫色的黄褐釉为饰，器型倾斜欠规整。扬州市博物馆也藏有明墓出土的与之相同的成对器物，其釉面同上，颇具南京明故宫、凤阳明皇陵等处遗存的明初青白瓷砖瓦之风貌。

永乐时期的仿哥窑，胎白轻薄，釉肥洁白光润，开裂较大的片纹，为景德镇御窑厂的仿哥窑作品。这类实物如中国历史博物馆藏永乐青花莲瓣纹漏斗，其漏管正是哥窑风格。

宣德时期的仿哥窑器制作多规整，胎质酥松，色灰黄。釉面出现大小不等的片纹，呈月白灰色。釉表虽有同于白釉的橘皮皱纹，但与宋代哥窑釉面特有的酥油光皱绝非相同。有的器底书有"大明宣德年制"青花款识，器物的时代特征明显。故宫博物院藏有菊瓣式碗、鸡心碗。

正统至天顺年间的仿哥窑器多为白釉，常有自然开裂纹片。如江苏省溧水县(今溧水区)窖藏出土的梅瓶，仍具有宣德瓷器之风格。

成化时期，御窑厂的仿哥窑产品比较独特，常见器物少有大件，胎质白细而坚，釉质肥腴晶莹，光亮可鉴人。釉色有天青、粉青、翠青、月白和黄色，器口和器足又有不施色釉与涂深浅酱黄或黑褐色厚釉之分，有的极为光亮，有的则无光泽。有的器底书"大明成化年制"，由于施釉较厚，青花款的透视效果深入釉底，并显黑、蓝之色，有的清晰，有的浅淡隐约。如故宫博物院双贯耳瓜棱瓶、八方高足杯，上海博物馆撇口小足碗，首都博物馆卧足杯及台北"故宫博物院"的一些藏品，具有此类特征。

嘉靖时期的仿哥窑器物大小不一，形制浑厚欠规整，胎白质略松，釉面不滋润有光亮现象，釉色有黄、灰白、油灰及淡青。灰白釉多开小片，黄釉一般多开大片。器口施黄釉或不加色釉，光泽明亮、晦暗兼而有之。器型有梅瓶、葫芦瓶、香炉、象耳炉、桶炉、洗、盆等，多为传世品，炉和瓶也见于墓葬出土物中。器物装饰采用露胎黑铁色印花兽面、蕉叶纹，耳饰有剔、雕花卉，纹饰新颖。

万历时期的仿哥窑器，工艺粗糙不规范，一般造型硕大圆浑，器体多呈歪斜状。胎色白，胎体较厚或厚薄不一，釉质肥厚且稀薄兼有，开裂片纹碎小者多黑色、大片纹者多淡红。常见的器物有梅瓶、胆瓶、撇口瓶、壁瓶、炉、薰、罐、棋子罐、洗、盆、印池、葵口碗、诸葛碗(温器)、菊瓣碗等。器物口沿亦有加饰酱黄或深褐色釉者，借以表现"紫口"之意。还派生出哥窑青花的产品种类，或加赭、白色为图案纹饰。款识有"万历年制玉堂佳器""玉堂佳器""福""雅""制"等。万历、天启、崇祯时期的墓葬之中，多有器物出土。

康熙时期，景德镇御窑厂继承前朝的制瓷工艺，也烧造仿哥窑瓷器，而且制瓷水平较高。此时的仿哥窑器造型庄重，胎质坚硬而细白。釉面致密呈玻璃质感，光泽性强，有黄、米白、蓝、绿、红、苹果青等色。器型有盘、碗、长颈扁瓶、橄榄瓶、胆瓶、炉、洗等，有的刻"中丞"二字(系郎窑产品)。

雍正时期的仿哥窑瓷，是由唐英受朝廷之命驻御窑厂督制的，集能工巧匠刻意仿古制作，摹古青铜尊、瓠、罍、壶、注、洗、斚斗等，型制新颖多样，秀丽精巧而规整。胎为铁灰色，经窑火烧结后，外表铁黑或泛油亮光泽，釉质光润，有油灰、灰青及粉青色。由于胎体含铁而具有自然的紫黑色，施釉露骨，故亦能出现"紫口铁足"。此时正值清代制瓷工艺水平的最高时期，仿制器物最为形肖。不过，尽管仿制技艺高超，由于时代所局限，仍难以与宋代哥窑瓷器的自然特征及审美品质相媲美。

乾隆时还是唐英督理陶务，仍旧仿制哥窑瓷。乾隆皇帝虽然屡有谕旨，希望仿制哥窑瓷力求逼真，但由于客观条件所限，制瓷工艺上始终未有超越，工艺基本上与雍正时期相同，只是釉色基调由灰青发展到灰白、米黄、黄、蓝、绿等色。雍正、乾隆两朝的仿哥官窑器，多书写青花篆书年款，也有受皇帝之命刻意仿制而不署款。

嘉庆、道光直至清末，官窑和民窑依旧烧制仿哥窑瓷。不过形拙，胎厚质白，釉质多松懈肥厚，主色灰白，与早中期产品相比大为逊色。碗、盆、瓶、洗的器足宽厚，往往加涂黑色釉以显示"紫口铁足"，或不施釉而露白胎。官窑器写款，民窑器则多书刻"成化年制"，涂以黑色。

综观历代仿哥窑瓷器，其艺术审美、制瓷工艺、整体效果等，无一能与宋代哥窑瓷器相媲美，充其量只能作为每朝每代的瓷器种类的代表作品而已。

7. 龙泉竞翠玉

> 尽揽苍葱落青瓷，湛碧平湖草初春。
> 孰屑弟哥民与官，粉梅两青千世尊。

(1) 窑烟染尽群山翠

相传，在龙泉有一个流传至今的故事：一位龙泉窑的工匠，人们叫他叶老大。当时叶老大正在烧制一批宫廷用瓷，由于屡次烧制的瓷器达不到官方的苛刻要求，朝廷命官下达了最后交付瓷器的期限，如果再不烧制成功，那么叶老大的全家和所有参与烧制的窑工都要被问斩。危难关头，叶老大有个美丽善良的女儿叫叶青姬，为了拯救父亲和众窑工，她饮下山溪清泉，口含山间翠叶，没有与父母道别，淡然地纵身祭窑。此时，群山翠叶骤然飘落，随风几日绕窑不散。悲痛之中的叶老大终于烧出了翠山叠水、温润如玉、晶莹剔透的青瓷。人们历代传颂龙泉青瓷是叶青姬的化身，在龙泉方言里"青瓷"谐音"青姬"，也是对她深深的怀念。

龙泉窑在今浙江省龙泉市境内，此地不仅有蕴藏丰富的制瓷原料，而且盛产可作为烧瓷燃料的松柴。窑址炉多依溪流山坡建筑，制瓷原料的加工则依赖水碓，成品输出也便于利用水运。据浙江省文管会的调查，在龙泉市境内发现的青瓷窑址有大窑、金村、溪口、梧桐口、小白岸、大白岸、道泰、山头窑、松溪、安福口、安仁口、笔架山、项户、安福、碗圈山、马坳、大方、岑脚、周墙、大棋、下村、黄金坑、武溪等 50 多处，其中以大窑和金村两地窑址最多，质量也最精。南宋时期，大窑附近的窑址由北宋时期 50 多处发展到 200 多处，窑场数量成倍地增长。

也许是因为宋朝乃文人治国的朝代，也许是因为达官贵族们的情趣与喜爱和偏居一隅的享乐心态，宋人的心思多敏感细腻，追求精致中的极致。他们将更多的心力倾注到对文化思想的追求、对生活美学的坚持上，因而才造就了灵秀脱俗的龙泉青瓷和那个时代含蓄灵性的美。

南宋粉青釉凤耳瓶

16 世纪时，巴黎市市长的女儿结婚时收到一件优雅温婉、翠绿剔透的瓷器，惊艳了在场的所有人，然而大家却不知其名，不知何物。刚好舞台上正在演唱《牧羊女亚司泰来》，市长发现男主角雪拉同（译：Celadon）穿的碧绿衣裳与青翠的瓷器相似，于是兴奋地大喊："雪拉同！这是中国的雪拉同！"于是，这种青瓷在欧洲有个独特而美丽的名字——Celadon，其实它的中文名更美——龙泉青瓷。

明代青瓷花口刻花盘

青瓷能够仅凭嫩翠的颜色脱颖而出成为一种艺术经典之瓷，离不开皇帝的喜好、文人的推崇，清朝蓝浦曾在《景德镇陶录》一书中总结道："自古陶重青品。"宋朝是陶瓷美学的划时代的高峰时期，美学追求的是"意境"。龙泉青瓷的美，是"如蔚蓝落日之天，远山晚翠；湛碧平湖之水，浅草初春"①，是"青如玉、明如镜、薄如纸、声如磬"。它契合了宋朝文人对美的追求——含蓄、内敛、优雅、深沉。它静默成景，却又意境深远。

龙泉窑青瓷尽揽自然界的苍葱与润泽，以温润如玉的釉色、古朴端庄的造型誉满全球，成为青瓷世界一朵绚丽的奇葩。在中国制瓷史上，龙泉窑是烧制时间最长、窑址分布最广、生产规模和外销范围最大的历史名窑。龙泉窑吸取了南北青瓷的制瓷技艺，并在"官窑"和"民窑"两个不同文化层次的相互激荡中发展，成为中国历代青瓷工艺发展的集大成者，把中国青瓷艺术推向极致。在漫长的岁月里，龙泉窑作为中国瓷器的代表之一，远涉重洋，在各国人民的仰慕与赞叹中送去了伟大的中国文明。

（2）粉梅两青千世缘

龙泉青瓷有两种奇美无比的釉色，宛若一对孪生姐妹，各怀春意，婀娜多姿，一个叫粉青，另一个叫梅子青。粉青如初春的嫩草，在薄薄的晚霞中泛着浅浅的红晕；梅子青似夏叶簇拥的碧绿翡翠，沉湎于其中，仿佛尝到青青梅子的酸甜。

如此精美之瓷，一定有其形成的原因。龙泉地区瓷土原料中，有一部分属于瓷石类，它们含有大量石英和一定量的高岭土、绢云母等矿物；另有一部分则属于原生硬质黏土类，其中亦含有大量石英，而高岭土的含量则较前一类为多。用这些瓷土烧制成的瓷胎，其主要矿物组成是石英、绢云母和高岭土等。因

南宋梅子青釉吉字瓶

---

① 龙泉县志编纂委员会. 龙泉县志·序跋［M］. 上海：汉语大词典出版社，1994：763.

此，龙泉青瓷属于石英、高岭、云母质地的瓷器，与江西景德镇瓷器一样，属同一种类型。

据文献记载以及老窑工口述经验得知，传统制瓷材料中的釉料是以石灰与砻糠制成"乌釉"掺入釉内，并制成石灰碱釉。古代龙泉青釉大体上可分成石灰釉和石灰碱釉两大类，石灰釉使用于五代和北宋，石灰碱釉使用于南宋、元代和明代。

宋代青瓷刻花碗

石灰釉的特点是高温黏度比较小，在高温下釉易于流动，因此这类釉一般都显得比较薄。这类釉主要由玻璃质所组成，釉中气泡和未熔石英颗粒则很少，所以釉层显得相当透明，釉面光泽亦比较强。

石灰碱釉的特点是高温黏度比较大，在高温下釉不易流动。这样施釉就可以厚一些，使器物的外观显得比较饱满。南宋的陶瓷工匠们还通过控制烧成温度和还原气氛，使这类釉的外观获得一种柔和淡雅的效果，有如青玉一样，这就是著名的龙泉窑粉青釉。粉青釉的釉层中含有大量小气泡和未熔石英颗粒，当光线进入釉层时发生强烈的散射，从而使瓷器釉面在外观上获得一种与普通玻璃釉完全不一样的艺术效果。南宋时期发明的石灰碱釉，进一步升华了青瓷如玉般的柔美，是一种很有创造性的制瓷工艺技术。

南宋时期，龙泉窑还生产一种釉色可与翡翠媲美的梅子青釉。通过在烧制过程中对窑温的测试可知，梅子青釉的烧成温度比粉青釉要高，如此形成釉的玻化程度也比粉青釉高。梅子青釉的釉层略带透明，釉面光泽亦较强。从烧造工序的层次上讲，梅子青釉的形成原因除了窑温高，还需要较强的还原气氛，以及比粉青釉更厚的釉层。

宋代青瓷棱线鸟食罐

胎釉配方中钾、钠含量在南宋和元、明时代都很高，现在当地原料无法配成，其原因可能是古代所用瓷石的风化程度较浅，因而含钾量较高。古代采用

"木叶"来烧炼釉灰，也会在釉中掺入一部分钾，所谓"木叶"，可能是一种含钾量较高的枝叶植物。

胎的色度对釉色有一定的衬托作用，所以古代龙泉青瓷烧造时，一般要在胎的配制中掺进一定量的紫金土，其目的就在于降低胎的白度，使胎色在白中略显灰，甚至成为灰黑色，这样便可使釉色深沉、含蓄。不同类型的釉色所匹配的胎色也不一样，如粉青釉要求胎白中带灰，梅子青釉要求胎的白度高一些，或白中略带灰，而黑胎青瓷则要求灰到灰黑色胎。

古代龙泉青瓷的烧成温度在 1180~1230℃，梅子青则在 1250~1280℃。其胎质都不太致密，介于生烧与微生烧之间。由此可以看出古代青瓷在烧成时气氛的平均性质，上品的粉青釉的还原比值为 2~3，即要求强弱适中的还原焰；梅子青釉的还原比值在 10 以上，即要求强还原焰；黑胎青瓷的还原比值约为 0.4，即要求弱还原焰。

宋元粉青釉条纹盒

粉青釉瓷和梅子青釉瓷是古代龙泉青瓷中的绝代双骄，是中国青瓷发展乃至今日都无法逾越的高峰。粉青如初春嫩绿，羞含粉黛，莹润如玉，故曰粉青。梅子青则凝厚透明，温润泽和，远看如树枝上挂着的梅子，"雨轻风色暴，梅子青时节"，故曰梅子青。龙泉青瓷将这张"青翠剔透的娇容"定格下来，意境之深远，品位之高格，情怀之浪漫，可见一斑。

(3)龙泉叹涸东逝水

龙泉青瓷发展过程中有三个代表性的阶段，从窑址遗存的早期标本可以看出，南朝是龙泉青瓷的初创阶段，已发现丽水吕步坑窑址、庆元唐代窑址。器物以碗、钵为主，釉色青黄，无光泽，多施半釉。唐中期后，产品种类增加，多通体施釉。五代时金村窑生产的一种淡青釉瓷器，胎质细腻、造型端巧、刻花纤细，别具一格。北宋是龙泉窑走向成熟的探索时期，大窑、金村、安福等地已发现窑址 50 多处。器物造型规整，胎色较灰，胎壁厚薄均匀。釉色青中泛黄，釉层透明，釉面光洁。装饰以刻划花为主，刻划线条自然流畅，层次分明，颇具匠心。南宋晚期是龙泉窑的极盛期，元代在烧大件器物的技术上有所突破，明中期以后龙泉窑便逐渐走向衰落。故宫博物院藏品中有带康熙五十一年铭文的龙泉窑标本，可以作为龙泉窑烧造历史的下限资料，此后很少看到清代龙泉窑的产品，所见的传世器基本上是景德镇的仿烧品，文献里也记载有景德镇仿烧龙泉窑的釉料配方记录。

龙泉窑烧瓷有七八百年的悠久历史，早期产品在器型、装饰与釉色各方面与越窑、温州窑、婺州窑有相似的特征。龙泉窑在南宋中期逐渐形成了自己的风格，器物造型淳朴，器底厚重，圈足宽阔而矮，具有稳重感。

南宋是龙泉窑发展的第一阶段，也是鼎盛时期。龙泉窑的兴盛期可能开始于南宋中期，已发现南宋窑址 200 多处。早期发展迅速，器物釉层增厚，纹饰形象生动，刀法刚劲有力。中晚期在胎釉配方、造型、施釉、烧造等方面进行了技术改进，成功烧制出滋润如玉的粉青釉与梅子青釉，成为青瓷釉色之美的经典代表。这一时期，龙泉窑烧制的黑胎厚釉开片青瓷和白胎厚釉青瓷，胎薄釉厚、釉色类玉、造型优雅、制作精细，真是无与伦比。就窑址遗存的大量瓷片而言，按其胎色可分为白胎和黑胎两大类，而以白胎为主，占总数的 90%以上。黑胎青瓷可能是仿南宋官窑的产品，白胎青瓷则是代表龙泉窑系特点的龙泉青瓷。

元代是龙泉窑发展的第二阶段，这个时期生产规模继续扩大，已发现窑址 300 多处，产品数量和产品种类急剧增加，达到了前所未有的程度。此时产品器型增大，并突破烧造技术，成功烧制出一米多高的大瓶和直径 70 多厘米的大盘。元代产品装饰，博采众长，丰富多样，不但使龙泉窑装饰艺术发挥得淋漓尽致，还把我国青瓷的装饰艺术推向巅峰。继元大都遗址出土龙泉瓷器之后，1976 年，韩国新安海底沉船中发现了大量的龙泉青瓷。1979 年为配合浙江省紧水滩水库工程的兴建，浙江省文管会等单位在龙泉市境内进行了普查和发掘。龙泉市东部安仁口地区元代窑址出土的器物，是为龙泉窑在这一时期生产情况和产品面貌的大量实物资料。这些资料表明，元代仍是龙泉窑的兴盛时期，不仅部分制瓷技术继承了宋代传统，且在器型和装饰艺术上有了新的突破。

元朝统一中国后，瓷器成为实用器和赚取外汇的商品，所以大型器物不断涌现。又由于元代水陆交通和对外贸易的扩大，瓷器也大量出口，需求量激增。元人汪大渊《岛夷志略》中多次提到，对外国销售的瓷器，用"处州瓷"，或称"处瓷"和"青处器"。韩国新安海底沉船打捞出 10000 多件元代瓷器，其中龙泉青瓷就有 3000 多件，由此可见龙泉瓷器在元代外销瓷中所占的比例和地位。

在这样的条件下，元代龙泉窑迅速地由交通不便的大窑和溪口向瓯江和松溪两岸扩展。现在已经发现的元代龙泉窑系统的窑址，大窑周围有 50 多处，竹口、枫堂一带有多处。在龙泉市东部有梧桐口、杨梅岭、山石坑、小白岸、大王屿、前赖、安福口、道太、葡萄墙、王湖、安福、马岙、大琪、丁村、岭脚、源口、王庄等地，在云和县有赤石埠，在丽水县(今丽水市)有规溪、宝定、碧湖、高溪、石猴等地，在永嘉县有蒋岙、朱塗等地，武义县也发现了元代烧造龙泉青瓷的窑址，总数在 300 处以上。元代龙泉窑系宏大的规模是前所未有的，而其中分布在瓯江和松溪两岸的约占总数的一半。这样，大批的龙泉窑瓷器便可顺流而下，转由当时重要的通商口岸温州和泉州，运销国内外市场。

元代龙泉窑的窑型与宋代窑制无异，仍沿用长条形斜坡式龙窑，只在长度上略有缩短。据目前发掘资料，北宋龙窑有长 80 米以上的，元代龙窑长为 40~50 米。这一改变有利于提高窑内温度和使热量分布更为均匀合理。看来，元代龙泉窑瓷器大件的烧成与窑制的改进有很大的关系。

元代龙泉窑烧窑技术的改进和生产规模的扩大，瓷器品种的丰富以及装饰花纹的精美，都在一定程度上超越了前代。从瓷器的品质、经典和美学意义上来说，南宋是龙泉青瓷烧造的巅峰时期，那么元代龙泉窑在规模、烧造工艺和装饰等方面仍有一定程度上的发展，这些都有客观的历史意义，应当予以肯定。

明代是龙泉窑发展的第三个阶段，这一时期有衰退之势，但在明代仍继续烧造，特别在明代初期，龙泉窑传承了前朝的烧造技术。如枫洞岩窑址出土的宫廷用瓷，刻花工艺精湛，技法娴熟，釉色青翠，将精美纹饰与厚釉完美结合，并将烧造工艺水平发挥到极致，为朝廷烧制了许多精品瓷器，在当时的制瓷业中还占有一定的地位。

明初的龙泉瓷，在制作工艺上和元代的基本一致，烧制了大量的精品瓷器，已发现窑址 180 多处。正统年间，著名匠师顾仕成的作品，名声远扬。明中期以后，成型草率，胎粗釉薄，质量渐趋粗糙。至明末，产品胎骨粗笨，修足马虎，足底厚重，釉色浑浊灰暗，呈青灰、茶叶末等色，器底往往不施釉。此外，由于配方和烧制工艺的改变，造成明代龙泉青瓷釉层的玻化程度比南宋时高，因而釉层中原来要求存在的大量小气泡和小晶体就消失了，使器物釉面从不透明变成透明，随之釉面的浮光也产生了，失去了南宋龙泉青瓷的造物精髓，即滋润如玉的艺术美感。

随后，清代龙泉窑的产品胎体厚重、造型笨拙，釉色青中泛黄，厚薄不均，釉面多有细纹片。以烧炉、瓶、盘为主，有的器物内外底不施釉，部分器物刻有文字和纪年年号，除供器和少数花瓶制作工整外，大多胎骨疏松、品质粗劣、纹饰呆板。由此可知，龙泉窑已步入衰落阶段。

清末民初，日本、德国、美国先后有人来龙泉搜罗古代青瓷，其后国内大批古董商来龙泉淘宝，一批民间制瓷艺人开始研制仿古瓷，同时也生产新品种。

清光绪、宣统年间，孙坑村范氏兄弟烧制仿古青瓷颇有盛名，民国初期龙泉县城廖献忠，宝溪乡陈佐汉、张高礼、张高乐、李君义、龚庆芳、龚庆靖、龚庆平，八都吴兰亭、吴庆麟、蒋健寅、黄观光，木岱口徐子聪等人生产仿古青瓷，备受人们喜爱，许多仿古瓷达到以假乱真的程度。1935 年，陈佐汉将仿制的"牡丹瓶""凤耳瓶"等 70 余件作品邮寄国民政府实业部请功，获蒋介石赠"艺精陶坊"匾。

(4) 谜遗人间万思空

龙泉青瓷之美，不仅仅包括粉青釉、梅子青釉的动人丽姿，还有一种让人魂牵梦绕、谜一样的黑胎开片。有人说它是南宋哥窑，有人又说它是南宋官窑，还有人说它是仿哥窑，又有人说它是仿南宋官窑。林林总总的猜测无非是表达这个黑胎开片青瓷制作之精美、品位之高尚、类玉之特征，可与朝廷用瓷相媲美。

多年以来，根据大量发掘出来的实物资料分析，龙泉窑除了生产白胎青瓷外，还生产一种黑胎青瓷。根据出土器物的数量统计，白胎青瓷的产量所占的比例比黑胎青瓷大得多。在发掘过程中，黑胎青瓷和白胎青瓷混杂在一个考古堆积层里，没有单独的层位，说明这两种类型的瓷器是在同一窑中兼烧的。黑胎青瓷的胎色跟烧成温度有关，烧成温度越高，胎色越深；烧成温度越低，胎色也就越浅。釉的色度和光泽度也和烧成温度与气氛有密切的关系。温度较高，烧成后的釉就呈棕黑色，为玻璃状；温度较低，釉色也变浅，且光泽亦减弱，呈半木光或木光。这种黑胎青瓷，无论是造型、釉色、纹片以及底足的切削形式等方面，都与南宋官窑相似，从外观上看很难分辨。

如果由表及里微观分析，龙泉的黑胎开片青瓷与南宋官窑瓷在胎质上存在本质性的区别。南宋官窑的胎质，普遍颗粒较粗，色泽纯黑，质地疏松。本该官窑瓷的胎质更应细密，究其原因，却是胎土原料耐高温，难以达到高温下的瓷化点之故。相比之下，龙泉窑的胎土达到瓷化点的温度要求相对要低些，所以胎质坚硬细密，瓷化程度较高。更由于原料调配合理得当，胎与釉结合较为紧密。

龙泉窑青瓷的胎质都缜密坚硬，瓷化程度高，釉面光洁不开片或开片，质量好的器物莹净无瑕，就瓷器的实用性而言无疑要优于南宋官窑。杭州城出土的南宋龙泉窑青瓷数量很大，除了一般的城市生活遗址，还包括德寿宫、太庙等重要皇城建筑遗址，尤其有些带有和宫廷相关的刻款，还有支钉残片等，这充分说明南宋朝廷在大量使用龙泉窑产品。这些瓷器有黑胎也有白胎，妙者可与南宋官窑争奇斗艳。龙泉窑的胎土含铁量较高，南宋之前的胎色多呈灰白色，而此时的胎质特别洁白细腻，几乎与高岭土一致。胎土也经过多道淘洗程序，可见，窑工在胎料配方上有了成熟的技术，且与宫廷的质量需求休戚相关。

或许，南宋龙泉窑凭借其得天独厚的条件，才获得南宋朝廷的指定烧制，并通过上贡等方式源源不断向宫廷供送瓷器。因为存在官方用瓷背景，南宋龙泉窑青瓷，特别是龙泉黑胎开片青瓷与南宋官窑之间，存在着某种说不清道不明的千丝万缕的关系，或曰"仿官"，或曰"官器"。

三、吴皖茶紫壶砂

历史上，有那么一些古老的陶瓷窑址，默默无闻，静静地躺在那里。没有关于它们的史料记载，也没有考古遗址发掘，可能有的只是遥远的传说。它们久远而短暂地存在着，启示与传承着陶瓷艺术。由于历史上某件偶然事件的影响，它们消失了，留下许多的遗憾。它们似大自然的醇厚，赋予后世浓浓的恩泽，滋润着大地。它们不需要为自己而"喧嚣"，只在乎后世的尊重，它们已镶入自然，浑然天成！

1. 寿州瓷黄茶色紫

千年尘封窑火沉，寿州瓷黄茶色紫。
降红堪媲宋紫定，兼容南北可载史。

(1) 皖域榜寿州

长江下游的安徽省相对同一区域的其他省份而言，古代瓷窑要少得多。而寿州窑是在中华人民共和国成立后古陶瓷考古学方面的首次发现，也是目前安徽省古代瓷窑遗址年代最早的窑口。寿州窑窑址在今安徽省淮南市，此地唐代属寿州，故名寿州窑。它始于南朝陈，盛于唐，止于唐晚期。在隋代时主要烧造青瓷产品，

隋代青釉褐彩骑俑两件套

有小口碟、高足盘、四系瓶等，器型主要有碗、壶、罐、枕、注子、盂、玩具及建筑材料等，是我国唐代著名的瓷窑之一。陆羽在《茶经》中，将寿州窑列在当时名窑的第五位，在评唐代 6 个瓷窑出产的茶碗时，把寿州窑产品排在越、鼎、婺、岳州窑之后，居江西洪州窑之前。《茶经》中指出，"寿州瓷黄，茶色紫"，明确寿州窑是以烧制黄釉瓷而闻名于世。

目前发现的寿州窑遗址的积聚点有 10 处，地跨古寿、濠两州，即今凤阳县和淮南市等地。寿州窑分布区域比较广，是一个从东至西长约 80 千米的延绵不断的大窑场，以淮南市上窑镇的窑河、高塘湖沿岸约 2 千米的地带上较为密集。隋代以及之前的早期窑址有地属凤阳县的大刘庄、临泉寺和上刘庄，以及淮南市上窑镇的管家嘴地区。唐代窑址主要分布在淮南市上窑镇的高窑、马家岗、上窑镇医院住院部、东小湾、余家沟、外窑及田家庵区的泉山、洞山一带。古寿州窑遗址主

隋代青釉执壶

要分布在淮南市大通区上窑镇内，包括高窑、管嘴汊、上窑镇医院住院部、车小湾、松树林 5 个保护区。中心窑址面积约 30000 平方米，总面积约 16 万平方千米。寿州窑延续的时间长，创烧于南朝的陈，历经隋、唐的繁荣期，唐末开始衰落并停烧，历时约 350 年。

寿州瓷窑的产品大致分为 6 个时期。第一期，以隋开皇三年，即 583 年为例证，时代约在南北朝陈至隋，有临泉寺窑烧造的淡青灰釉产品；第二期，以

唐代黄釉印花瓷枕

隋开皇六年为例，时代约在隋，有临泉寺窑烧造的青绿釉产品，以及管嘴孜、上刘庄出土的青釉器；第三期，前者的晚期产品属于第三期，以窑址地层叠压的状况推断，上刘庄和余家沟窑址出土的青釉残损瓷器标本也属第三期；第四期和第五期有黄釉器；第六期有黑釉器，时代大约从初唐至唐末。

寿州窑位于淮河南岸，背倚上窑山区，面临窑河、高塘湖，其良好的地理位置，是寿州窑赖以生存及其发展的基础。寿州窑烧造所需的原料，包括瓷土、釉料、化妆土、燃料等均为当地所产，可就地取材。淮南市上窑镇附近丘陵地带蕴藏着丰富的瓷土矿，釉料则采用山上、河中的"山釉""河釉"制造的，化妆土的原料亦是当地生产的"焦宝石"。

（2）窑火沉烟

同其他窑址一样，早期寿州窑产品的种类生产偏少，而到了唐代，寿州窑进入繁荣时期，其生产器物的种类才逐渐增多。早期生产的主要器物有碗、高足盘、盏、壶、罐、瓶等，造型端庄凝重。壶颈肩部多饰有凸弦纹，多浅盘口，壶与罐往往都有系。碗、盏修底为平足，敞口直唇。虽然寿州窑早期烧制的器型种类比较少，但在造型上有丰富的变化，如壶有四系、六系之分，罐有四系、八系之分，龙柄壶有单身、双身两种，碗、盏、高足盘的口沿、腹部及底部都有不同的变化；器物线条流畅、造型古拙优美，尽显寿州窑艺匠们高超的制瓷技术。当时我国北方青瓷的风格受到早期寿州窑的影响，与此同时，其

唐代黄釉执壶

可贵之处还在于器物造型上的南方情结，吸取了当时南方青瓷的一些特点，生产出当时南方普遍流行的盘口壶、四系罐等器物。到了唐代，寿州窑的制瓷艺匠们在原有的基础上，进一步挖掘与探索，在生产规模、产品种类、烧制数量都有了长足的发展。此时的寿州窑，产品类型十分丰富，有盘、碗、钵、盏、杯、壶、注子、水盂、豆、罐、瓶、枕、纺轮、碾轮、玩具、砖等十余种，基本上是当时老百姓日常生活中所需要的生活用品与生产用具。

寿州窑瓷器的制作工艺还是比较原始的，相对于

长江下游同一时期的越窑、瓯窑等窑口来说是较为落后的，其器物的胎坯还在用轮制法，即采用旋转筑成、慢轮制坯和修整加工等工序，借用陶钧旋转的动力，将熟胎泥拉成毛坯，待晾干七八成后，再放到陶钧上用木质旋削器切除把和加工腹部及底足部分。遇到复杂的器型，并不能一次成器，必须经过拼凑黏合才能成型。对于器物的流嘴、柄等不规则的形制采用模制而成，待干至适当

晚唐黄釉剪纸花卉罐

之时，再用瓷泥和釉料配成浆水固定在成形的胎上。玩具类的形制灵活多变，基本上用手工捏制。

　　寿州窑每个窑口都有自己的制瓷特点，其瓷器在制作工艺上同样有自己的特点。它的器物胎体比较厚重，器多平底，也有的底心微凹。碗类圈足器，因使用上的需要，由平底心微凹，发展成宽圈足、窄圈足等不同阶段的形式，这一特征可以作为我们判断寿州窑碗类器物年代的依据。碗、盏一类器物，边棱一般会用刀削去一圈。钵类器物体型较高，敛口圆唇，腹壁微曲。注、壶为唐代流行式样，喇叭形口、圆唇、长颈，壶柄为宽带形曲柄，壶嘴为多棱形短流或圆柱形短流、平底。枕类器物形体不大，为长方形、平底，棱角作圆形或方形。瓷玩具有骑马俑，短尾，马头高昂，人两手持缰绳，双腿夹马腹，姿态自然生动，形象逼真。

　　寿州窑瓷器采用蘸釉法施釉，在胎坯干至适当时，先施白色化妆土，然后用蘸釉法施瓷釉。早期寿州窑器物通常施半截釉，仅施在上腹部，下腹部、底部、圈足均无釉。到了唐代，器物施釉至腹的下部，但多数不及底，圈足也无釉。釉层厚薄不均匀，釉色浓淡不一，且玻璃质感强。胎釉结合得不太好，有剥釉和开片的缺陷，淋釉现象偶有出现，集中在器物的下腹部，并出现蜡泪痕。

　　在马家岗、余家沟发现唐代圆形窑炉，窑壁用砖砌或用窑棒砌成，直径约3米，匣钵上下叠置，匣钵相互之间留有8厘米左右的火路。匣内可装一件或数件器物，皆是仰烧的方式。早期使用的烧瓷窑具有圆形多足支托，隋初以后，多用三、四岔支托，以及支钉、支棒及三角支托等。

瓷器上的装饰技法有其发展的规律性，寿州窑瓷器的装饰手法是随着时代的发展不断变化的。早期装饰方法主要有绳纹、划花、印花和贴花四种，这在壶、罐和瓶上具体表现较多。划花有单弦纹、复弦纹、波浪纹、弧纹及莲瓣纹等，贴花有卷草纹。

一件器物往往不是用单一的方法装饰，而会兼用几种手法装饰，组成带状或团花状的图案。唐代寿州窑的瓷器纹饰，除了保留早期的纹饰外，又增加了云龙纹、鸟兽纹、叶纹、云气纹、凸弦纹、凹弦纹、几何纹，还有少量的漏花纹等。较之以往，更为丰富、更加多彩，富于联想与变化。

(3) 唐黄遗风

寿州窑的早期产品主要是烧造青釉瓷器，由于釉层的薄厚不均，以及不稳定的烧造技术与不均匀的窑膛气温，致使产品的釉色不均匀，呈现为青灰、青黄和青褐等色彩。隋代时，由于烧造技术的提高，窑温控制得当，釉面及发色就比较匀净，呈现为悦目的青色。斗转星移，到了唐代，寿州窑又改烧黄釉瓷，由此在中国陶瓷史上留下了重彩一笔。唐代陆羽《茶经》"寿州瓷黄，茶色紫"的记载就是有力的证明。青釉改为黄釉是制瓷工匠们长期探索的结果，最终形成了唐代寿州窑的时代风格。唐代寿州窑虽然以烧黄釉为主，但不排除其他釉色品种的存在。寿州窑所烧制的高温石灰釉，含氧化钙的成分比较高，着色剂为氧化铁，由于烧造采用还原、氧化和先还原后氧化等不同气氛，使釉的发色呈现为青、黄、黑与绛红四种。

寿州窑瓷器普遍使用化妆土，表层是透明的玻璃质釉，釉面光润，开小片纹，釉层厚度约3微米。化妆土光润细腻，用蘸釉法施釉，釉层厚薄不均匀，釉的发色浓淡不一。玻璃质釉和化妆土之间有的部位结合得不好，有剥釉现象。

唐代寿州窑改烧黄釉瓷后，技术上有所创新。其器物多装在匣钵中再入窑烧制，从而避免了窑中高温烟尘对器物釉面的直接熏染，使釉面色泽光亮纯净，极大地提高了产品质量。寿州窑是较早使用匣钵的窑口之一，而普通产品则直接入窑叠烧，瓷器受到高温窑火烟尘的熏染和冲击后，造成釉与胎的色泽不匀净。釉面发色，呈现出黄、蜡黄、鳝鱼黄、黄绿、黄褐等不同的差异，往往在器物转角积釉较厚的部位，呈现出翠青色的窑变釉。

寿州窑绛红釉的发现引发了人们极大的兴趣，其釉色彩较灰暗，红得不鲜明，并有大小不等黑色或褐色的斑点。寿州窑绛红釉体现了窑工艺匠们对高超技艺的追求与创新，即在长期的生产实践中认识到色元素在高温中化学变化的性能。窑工艺匠们发现，窑火的气氛发生改变后，釉色则随之转变并引起第二次化学变化，从而获得新的釉色。

宋代的定窑有名贵的"紫定"，唐代寿州窑的绛红釉却非常类似后世的"紫定"，且早出现 200 多年，着实令人惊叹！遗憾的是，寿州窑这一新的釉色品种未能得到普遍的应用，随着寿州窑的衰落也被淹没。唐代寿州窑的绛红釉与宋代定窑的"紫定"，其背后是否有关联，给后人留下了无限遐想。

晚唐紫釉咕噜瓶

隋代的管家嘴窑烧青釉瓷，余家沟等唐窑则以烧黄釉瓷为主，器皿有碗、盏、杯、钵、注子、枕和玩具等，烧制瓷器的窑具有匣钵、托杯、三岔支托、四岔支托、印模和支棒等。

由青釉改烧为黄釉，形成了唐代寿州窑的时代风格。究其原因，并不是原料的不同，而是窑炉的烧成气氛发生了改变：隋代用还原焰烧成青釉，唐代则改用氧化焰烧成黄釉，胎色也由青灰变为白中泛黄。唐代时寿州窑已经使用匣体，这与各地唐代瓷窑大体相同。

（4）南北兼容

寿州窑地处长江流域，却以中原文化为主，兼含南北方陶瓷文化的特征，同时能具有鲜明的地方特色，从而成为我国六朝至唐朝的著名瓷窑之一。

依该窑的器物特征来分析：隋代时的器物胎体坚实、厚重，胎色青灰；唐代时的器物胎体原色，胎色白中泛黄。隋代釉色青中带黄绿，釉面有玻璃光泽，通常开有小纹片；唐代器物以黄釉为主，釉面光润透明，胎表大多施用化妆土并有剥釉现象。另外还有黑釉瓷，其釉面光润如漆，有少数器物呈酱褐色。黑釉瓷按工艺粗细可分为两类产品，其中精细者胎为白色。

在瓷器的装饰技艺上，有划花、印花、贴花三种手法。在烧制方法上，都用托珠叠烧法，碗、盘器内留有支烧痕迹。寿州窑隋唐瓷器特征的区别要领是：

①隋代青瓷，胎质坚硬，胎体较厚，胎色青灰；断面较粗，有大小不等的气孔和铁质斑点。釉色青中带黄或带绿，光泽很好。器物一般只施半截釉，釉面常有小开片。装饰方法有划花、印花、贴花三种。划花有单弦纹、复弦纹、

莲瓣纹、波浪纹等，贴花仅见卷草纹，图案的组成常采用带状或团花状。器型主要有高足盘、四系瓶、小口罐等。

②唐代器物胎体比较厚重，胎色白中泛黄。釉色以黄为主，釉面光润，开小片纹，呈透明的玻璃质感；胎体表面大多施化妆土，由于釉与化妆土结合不牢，有剥釉现象。器物烧造时采用三足支钉或托珠叠烧，碗、盘内心和底足留有三个支钉或托珠痕；器型有碗、钵、杯、盏、注子、枕、玩具等。器物多数为平底，有的底心微凹。碗、盏一类器物底足的边棱用刀削去，注子有多棱形短流，枕为小长方形，都具有典型的唐代风格。

寿州窑胎坯的原料采取就地取材的方式，窑址附近的山区盛产黏土，即瓷土矿。这种黏土当地俗称"老土""坩子土""拌子泥"，有黄、灰白、棕等色，可塑性强，经过高温烧结后为黄白色，至今上窑镇缸厂还在采用。总的来说，寿州窑瓷器的胎体较厚重，质地粗，坚硬且少有光泽，击之声音清脆，吸水率低，耐火程度为1200℃。值得注意的是，早期青釉产品的胎体比唐代中晚期的黄釉、黑釉产品的胎体要细。

寿州窑的产品主要通过窑河、高塘湖转运至淮河，畅销整个淮河流域。据考古资料，在皖、苏、豫广大地区有寿州窑黄釉瓷器出土，甚至隋、唐时期最繁华的商业都市，当时对外贸易重要港口的扬州，也大量出土寿州窑的黄釉瓷器。寿州窑作为隋唐时期的民间瓷窑之一，在促进当时社会经济的发展和满足人们日常生活的需要方面，可谓功不可没，被誉为唐代名窑也在情理之中。

寿州窑快速发展的时期在隋代，这也是该窑承前启后的关键历史阶段。隋代青瓷的快速推进为唐代寿州窑产品在中国陶瓷史中奠定了基础地位。隋唐时期，寿州窑便是我国早期七大名窑之一，尤其是进入唐代以后，名品"鳝鱼黄"瓷更是声名大噪。寿州窑与其他瓷窑的产品相比，虽略显逊色，但它的戳印、剪纸贴花等陶瓷装饰艺术特点却非常突出。它以中原文化为基础，兼容南北方的地域文化特点。由于其位于我国南北分界线淮河之滨，融合了我国南北方青瓷造型的特点，形成了南北过渡地带早期寿州窑器物造型的鲜明地方特色。

地处江淮平原的寿州窑，深受南北方陶瓷的共同影响，器物的成型工艺基本上与北方瓷相同，支烧工艺也几乎一样，只是有些器物的形制与南方瓷相近，总体上以北方瓷的风格为主。艺匠们集刚柔于一身，其制作工艺、造型方法、艺术风格，既有北方瓷的粗犷豪放，又有南方瓷的细致柔顺。这些特征通达南北之意，又融南北风格为一体，突显了该窑产品兼容之态和另类的风格特征。

2. 南唐遗贡瓷

> 龙潜繁昌今呼出，千载未舐青白瓷。
> 二元配方何时有，南唐顾氏画解谜。

(1) 龙潜繁昌

在繁昌县城南侧城关镇，有一个名叫柯家冲的地方，这里已经发现的古窑址由于村民建房、生活、生产等历史原因，大部分受到了不同程度的破坏。偶有窑炉残迹暴露于天光，穿插于村民的房前屋后。根据以往的考古经验，繁昌窑主要处于县境的西郊和南郊的丘陵地带。因此，这一带的群山有望考察与发掘新的内涵。

2002 年 9—11 月，安徽省文物考古研究所对繁昌柯家冲古窑址群进行了为期两个半月的发掘，先是定位地段布下探方，而后进行试挖掘，以寻找地下遗迹的准确方位。非常幸运，考古队沿着第一个探方挖下去后，便有了巨大的收获。因为发现了瓷器废弃物的堆积处，由此推测出，古窑本体在南方位。有了明确的方位后，先顺窑炉延伸的东西方向布下两排 5×5 米的 8 个探方，其后发现龙窑向山顶和山脚两个方向延伸，为了完整揭露窑炉，又顺其延伸的方向布下 12 个探方。最深挖到地下 4 米，终于揭示出一座罕见的斜长 50 多米且保存完整的宋代龙窑，该窑被称为繁昌柯家冲一号龙窑。后来又发现了二号龙窑，并正式启动发掘。二号龙窑与一号龙窑仅有十几米远，长约 35 米，整个窑炉如橄榄形，中间宽两头窄，中间窑床最宽的地方有近 3 米，这在当年也属中等规模的窑炉了。两座龙窑宛如两条巨龙，相邻盘踞，犹显"霸气"。

柯家冲古龙窑的结构已经非常成熟，其功能条件与现代龙窑相类似。在发掘过程中，发现了大量匣钵和烧结的废品，透露出极其重要的专业信息，从中可以了解到柯家冲古龙窑烧造技术中最重要的环节之一。在龙窑前部，还发现了房基，并有两个砖砌的深坑，坑边有泥沙，坑底沉淀有较细的瓷泥，估计这就是过滤池，是当年工匠们反复进行筛洗瓷土的地方，这个细节让人们联想到是什么原料可以烧制成功青白瓷的。

在山下附近有两个比较大的水塘，就是当年淘洗瓷土、制瓷取用的水源。距离柯家冲古窑址数百米的山南边，有一处地貌独特的山崖，名曰翻车岭，主要由瓷石形成。依据此地环境推断，这里应该就是当年最主要的制瓷原料开采场。

繁昌窑自20世纪50年代被发现后，从此就声名远扬。在1平方千米的范围内，繁昌窑由相邻的柯家冲窑、洛冲窑等组成。根据考证，繁昌窑的产品年代最早始于五代，柯家冲二号龙窑的年代应该介于五代至北宋中期。通过窑址两边堆放着密密麻麻的碎瓷片就可以看到，这些是被随地倾倒的残次品。这也说明由于当时受烧造工艺技术水平的局限，所造成瓷器烧制过程中的残次品比例率较高。

1995年，中国古陶瓷学术年会在繁昌召开。与会者惊讶于当地出土的青白瓷，并给予极高的评价，并因此统称其为"繁昌窑"。繁昌窑是长江中下游地区一处专烧青白瓷的窑址，遗址规模大，而且烧造的年代较早，对研究我国青白瓷的早期起源与发展历史具有非常重要的意义。

在2002年的发掘中，就曾出土了大量精美瓷器。这次龙窑中出土的器型包括盘、碟、碗、温碗、盏、执壶、香炉、瓷砚台、粉盒、水盂、瓷塑小动物等，其中相对完整可以修复的有160多件，如有件精巧的青白瓷小狗看起来栩栩如生，憨态可掬。在繁昌的青山绿水间，等待着我们能够发现更多的考古上的实物证据。有幸的是，繁昌窑于2001年被国务院列为第五批全国重点文物保护单位。不过，繁昌窑之谜，还有待人们去进一步深入认知。

繁昌窑生产的青白瓷种类齐全，几乎涉及人们生活中的方方面面，是当时社会生活的集中反映。繁昌窑的瓷器类型具体来说，食具有盘、碗、碟、钵；酒器有注壶、注碗；茶具有茶盏、盏托；储具有瓶、缸、罐；卫生用具有香薰、唾壶；照明用具有灯盏；寝具有瓷枕；化妆用具有粉盒。除此之外，还有文房用品、陈设用品等。器物不仅温润如玉，光可鉴人，而且造型各异、色采斑斓。从中我们可以体会到，繁昌在北宋时期，文人气息浓厚，饮茶、斗茶之风雅盛行，生活品质优越而高贵。

冥器也是古代民窑广泛烧制的器物，繁昌窑作为民窑也不例外。其烧造的民间生活实用瓷与冥器品种有碗、碟、盘、盏、杯、壶、盆、盂、罐、盒、瓶、炉、奁、玩具、俑、谷仓等。器物造型工整，烧制精细，有明显的时代韵味和地方特征。繁昌窑产品的工艺制作特点是：胎壁相对普遍较厚，多为矮圈足，足圈外直内撇，稳定性好；器物以素面为主，少量的器物有简单的刻花和印花，一眼望去依旧朴实无华。

通过对实物的细节分析，这些窑址遗物既有青白瓷窑系的共性，又有自己的个性表现：繁昌窑的碗、碟，或宽厚唇，或外卷唇，或弧形腹，或斜浅腹，或矮圈足，或大平底，极具地方表现风格。

从五代到北宋，繁昌窑托盏的烧造形制很多。托盏的托柱是由矮向高逐渐演变的，有莲蓬形和荷花形，造型各异，还有高托柱素面托盏和连托盏。

出土的盒，分为镜盒和粉盒两种。镜盒有筒形和扁圆形，均子母口，弧形盖，盖顶蒂形钮青白泛翠。粉盒腹径约 6 厘米，形制多样。

执壶也是多种多样。双系盘口壶是繁昌窑的典型器物，盘口束颈，壶肩两侧有系，五代至北宋初期多见此类器物。另有折肩壶、长颈喇叭口壶、瓜棱壶等，属繁昌窑的普通类型产品。

繁昌窑的杯同样种类繁多，有饼足、圈足、高足、卧足等。

（2）青白瓷之源乎

繁昌窑址的发掘现场，山路和周边草丛里，到处散落着大小不一的碎瓷片。随手拾起抹去土层，就能看到釉面青白、质地莹润、开片纹线清晰可见的瓷片。窑址两边，堆放着密密麻麻的碎瓷片，各种废弃的窑具残剩狼藉。

唐代时，以地理布局而言，瓷器釉色为南青北白。具体而言，南方主要烧造青瓷，北方主要烧造白瓷。这是因为一方面南北天然瓷土的成分差异导致瓷品颜色的差异；另一方面则是由于南北地域的文化习俗不同，北方人民崇尚色泽纯洁的白瓷，南方人民则以温润如玉、清澈如水的青瓷为贵。

自古以来，中国大地北方的战事比南方频繁。五代十国期间，同样是北方战乱不断，烧制瓷器的窑工们大批逃往南方，南方开始逐渐吸收北方的造瓷技术和工艺，于是介于白瓷和青瓷之间的一种釉色瓷器产生了，这就是青白瓷。

从五代时期繁昌窑烧制瓷器的精致及釉色近白的情况看，其创烧之初是想烧制白瓷的，许多瓷器釉面白度经测试已经达到了 70%，基本符合白瓷的标准，但从综合情况分析，繁昌窑产品还是应该属于青白瓷。有一种说法，繁昌窑创烧青白瓷的时间先于景德镇湖田窑、武汉青山窑等窑场，是我国青白瓷的起源之所。

在中国传世名画《韩熙载夜宴图》中，也有对瓷器的关注，画中一共描摹了 32 件瓷器用品，而这些瓷器与出土的繁昌窑青白瓷十分相似。无论是花口碟、荷花托盏，还是执壶、葵花口温酒壶等，无不呈现出繁昌窑青白瓷的明显特征。由于当时景德镇还没开始烧制青白瓷，这也可佐证繁昌窑青白瓷的烧制年代是五代时期。

江西省景德镇市的湖田窑，一直以来被认为是青白瓷生产最早、质量水平最好的古代著名窑场。釉层透明度高，光泽度强，多用刻花装饰。釉的质感远远超过普通青瓷，几近玉质，又被称为"假玉器"。前文说到繁昌窑始于五代，而景德镇青白瓷的代表湖田窑则在宋代，由此，人们会联想到青白瓷最早到底产生在哪个窑口？湖田窑的早期遗址考古发掘资料显示：五代和北宋早期，湖田窑还没有烧造青白瓷，主要烧造青瓷和白瓷。直到北宋中期，湖田窑才烧造青白瓷，并在北宋晚期迅速兴盛起来。

繁昌窑在五代便烧制青白瓷，比湖田窑提前了近100年。从这个数据上看，青白瓷的发源地之说，就显得更加扑朔迷离了，关于这点还需要更多的考古发掘的资料加以证实。

宋代青白釉八边双层印花盒　　　　　　宋代青白釉瓜棱贴花瓶

五代十国时期的繁昌县在南唐国境内，南唐经济发达，文化繁荣。现已发现窑址多处，主要有柯家冲窑、洛冲窑、姚冲窑、半边街窑等，面积约1平方千米，遗留有龙窑30余座。其中，以位于繁昌县南郊的柯家冲窑址面积最大，所产器物造型工整，胎质洁白细腻，釉色白中泛青，釉面光洁莹润，达到了较高水平。繁昌窑始烧于五代，兴盛于宋代早中期，于宋末元初衰落，是长江下游专烧青白瓷的重要窑址，对研究我国青白瓷的早期发展历史具有极其重要的意义。

（3）二元配方由何时

繁昌窑遗址中的柯家冲窑还发现了二元原料配方的方法，这是五代时期柯家冲窑在制瓷工艺上取得的重大技术突破，它标志着我国烧瓷工艺由此跨入改造天然黏土原料制坯的大门，为以后的瓷器烧造提供了宝贵的经验与探索方向。

瓷石是胎坯原料，而长江流域的浙江、江西和安徽等地盛产各类瓷石。用瓷石中的一种原料制作瓷胎的技术，就是所谓的"一元配方"工艺，在中国瓷器诞生后的很长时间内，长江流域窑场均使用一种制瓷原料。

使用一种瓷石作为原料有很大的工艺局限性，主要是瓷石原料中铝的含量相对较低，因而胎坯在高温烧成时，容易产生大量的玻璃气泡和器物变形，同时难以达到釉面莹润的效果。分析繁昌窑出土的青白瓷可知，它已相当完美地避免了这些工艺缺陷。这样不得不让人猜想，繁昌窑极有可能采用了两种以上的瓷石原料配方，即"二元配方"的工艺。

2002年，中国科学技术大学在发掘研究的基础上，按照传统的制瓷工艺流程，对繁昌窑瓷胎及制瓷原料主要元素的化学组成做了一次详细的理化检测实验。最后得出结论：繁昌窑瓷胎中铝的含量远高于一般制瓷原料中铝的含量，这种量上的较大差异单纯依靠对原料的粉碎、淘洗过滤等物理过程是不可能达到的，只有通过在制胎原料中加入其他富含铝的黏土类物质才能实现。在繁昌地区土质采样中发现，确实有类似高岭土的存在。

如果说以柯家冲古窑址为代表的繁昌窑，采用了当地原料加高岭土混合制胎的"二元配方"的工艺，并烧制出高质量的青白瓷。那么一直以来，学术界所认为最先发明"二元配方"工艺的是江西景德镇窑，而发明时间却在元代初中期，从技术传承的角度讲，这又给人们留下一个悬而未决的难题。若是繁昌窑率先发明了瓷土的"二元配方"，那么"二元配方"的技术历史就比文献中记载的要提前300多年。繁昌窑与景德镇窑在这个问题上孰先孰后，值得人们去进一步考证，以便于更加科学合理地研究。

（4）唐风宋韵

在繁昌窑出土的器物中，大部分是生活用具，尤其各种瓷盏、瓷碗比较多，器型典雅大方。如玉般的青白瓷反映了宋代文人的审美情趣，不同于明代以后艳丽的彩瓷，倾向于素雅。出土的大部分器物釉面有或深或浅的裂纹，少量还有莲瓣纹、菊花纹等纹饰。当时受烧制技术的局限，大部分繁昌窑瓷器上能看到裂纹，这种自然的开裂现象叫做"开片"。可这样的开片却有独特的魅力，后来甚至演化出独具韵味的制瓷表现工艺，如哥窑生产瓷器上的冰裂纹、网形纹、梅花纹、细碎纹、鱼子纹等就是典型的"仿古"结果。

繁昌窑创烧于五代，但出土的器物却有唐代遗风，朝代的更替不会使一个时代的艺术风格戛然而止，繁昌窑青白瓷是唐宋艺术风格的完美体现。如繁昌县博物馆收藏的一件凤首壶，这是唐代中西文化交流、吸纳外来艺术形式的例证，造型具有明显的波斯风格。繁昌窑兴盛于北宋早期，容易将唐风宋韵集于一身，如繁昌县博物馆收藏的一套温酒器注壶、注碗，溜肩鼓腹，端庄典雅，而极具动感的长流和高曲的手柄，则如优美的孔雀长颈。在这把具有实用性的温壶上，艺匠们用端庄浑圆和柔美曲线把"环肥燕瘦"、唐风宋韵精到地糅合在一起，达到了完美和谐的艺术效果。

宋代是我国艺术史上成就突出的时代，神、意、趣、韵、味兼备的诗词、书画及其他艺术形式都达到历史阶段上的极致。同时期的繁昌窑青白瓷趣味高雅、形色单纯，仅以优雅的造型、莹润的单色釉、简洁的刻划就给人以平实自然之美。它没有唐代瓷器的热烈奔放，也没有明清瓷器的艳丽繁复，而以静态、细致、精巧和章法取胜，完美体现了宋代崇尚自然、推崇理学的儒家思想和宋人淡泊宁静、清逸致远的审美情趣，是宋代精神文化的真实反映。

宋代青白釉刻铭文塔盖瓶

宋代青白釉盘口蝶结执壶

繁昌窑青白瓷还反映出古人尊崇玉器的历史风尚。在史前社会，玉器就被赋予宗教的神秘性；在王权社会，玉器又被赋予浓厚的权贵尊严；到了唐代，玉器仍为皇族显贵们所独享，寻常百姓难以拥有。繁昌窑创烧的青白瓷似冰如玉，既受到皇家贵族的青睐，又受到普通百姓的追捧，满足了各阶层对玉器的需求。由此，"假玉器"青白瓷成为当时的社会时尚，并兼容唐风与宋韵之大美。

(5) 南唐贡瓷

繁昌窑不仅仅是一处民间窑厂，同时也是一处具有官窑性质的窑厂。南唐顾闳中所绘制的传世名画《韩熙载夜宴图》中，生动形象地描绘了南唐重臣韩熙载在家宴请宾客、歌舞升平的场景。画面中除了对人物神态、服饰、动作的描绘外，对于瓷器也有精致入微的刻画，如荷花托盏、执壶、温酒壶等。这些瓷器均产于繁昌窑，这充分说明了繁昌窑瓷器已进入达官贵人之家，在南唐的瓷器界已经大有名气。

由于优质瓷土日渐稀少，繁昌窑到北宋中晚期开始衰落，直到20世纪50年代才得以重见风采。千年时光，繁昌窑一直沉睡在地下，沉默在山中，文字记载寥无，世人无缘关注，几乎被历史遗忘。

对于繁昌窑到底是"官窑"还是"民窑"，一直存在争议。从繁昌窑出土瓷器的年代特征判断，繁昌窑可能是我国青白瓷的起源地。同时，从繁昌窑出产瓷器的品质判断，繁昌窑可能是我国最早的"官窑"。

五代青白釉莲花平肩梅瓶　　　宋代青白釉双线瓜棱执壶　　　宋代青白釉四系印花瓶

同浙江、江西等地制瓷业循序渐进的发展过程不一样，繁昌窑的兴起显得较偶然。在其发展早期，质量就已经很好了，随后则出现产品质量下降的迹象。这种不符合事物发展规律的迹象表明，繁昌窑的创烧很可能与南唐官府行为有关，其早期应该具有官窑性质，随着北宋对江南统治地位的确立，导致繁昌窑的官窑属性较快消失，民窑性质随之凸显。有学者认为，繁昌窑中地处偏僻的洛冲窑瓷器做工精良，纹饰细致，很可能是我国最早的"官窑"。

五代青白釉素面盒

2002 年，柯家冲一号龙窑的发掘显示，出土的温壶与中国传世名画《韩熙载夜宴图》中达官贵人夜宴时使用的器物几乎一模一样。而在柯家冲二号龙窑的发掘现场，出土瓷器的制作工艺水平与前者却不一样，大部分瓷器应该是普通老百姓日常使用的"民用品"，这让繁昌窑的身份更加扑朔迷离。《瓷史》中曾记载过"宣州窑"，宣州瓷器为南唐所烧造，其中作为供奉之物者，色泽雪白。而目前古宣州境内的五代北宋时期烧制白瓷或近白瓷的只有泾县的窑头岭窑和繁昌窑。窑头岭窑青白瓷胎多为青灰色，其产品达不到"雪白"的程度，从产品质量看应为民窑。而繁昌窑创烧初期釉色普遍近白，特别是洛冲窑瓷器几乎可以达到现代白瓷的状态。因此，繁昌窑更符合文献对宣州窑瓷器的描述，也许繁昌窑就是文献中记载的"宣州窑"。

当时的南唐国就处在繁昌这片地域，繁昌窑烧出的青白瓷中的精品都要进贡给皇宫，所以具有官窑性质，质量稍次的瓷器就流入市场交易。南京南唐二陵曾出土大量白瓷，一直未确定其窑口的出处，假设南唐白瓷出自繁昌窑，将对五代的白瓷研究具有非凡意义。

3. 阳羡朱泥壶倾心

品茗何思宜兴壶，只缘艺匠类鬼工。
阳羡泥火五千载，凝道紫砂惊茶神。
百色砂泥万种技，铭诗画艺聚名人。
壶雅品道茶相思，上善若水天然成。

(1) 千秋窑火

宜兴古称阳羡，坐落在烟波浩渺的太湖之滨，苏、浙、皖三省交界之处，沪、宁、杭中心之地，境内气候温和，雨量充沛，四季分明。自然环境山清水秀，河湖纵横，竹海溢岭，溶洞幽藏。宜兴的陶土矿藏储量丰富，山林柴草密布，是宜兴陶瓷得以发展的原料基础。

宜兴烧制陶瓷历史悠久，远在五六千年前的新石器时代，勤劳智慧的宜兴古人就发明了陶器，宜兴的蜀镇窑场是世界陶器的发源地之一。历代无数的能工巧匠在这里创作了巧夺天工的陶瓷艺术珍品，汉代的陶器、两晋的青瓷、宋明的均陶和明清的紫砂，以及当代的美术陶、彩釉陶、精陶等品种，历史脉络清晰，传承有序地展示了宜兴陶业的风采。千百年来，宜兴家家窑烟相连，处处窑火通明。如果将景德镇誉为瓷都，那么宜兴作为陶都乃是当之无愧。

清代嘉庆年间《重刊荆溪县志》的记载，宜兴在乾隆以前已经是一个"万家烟火"的繁华城镇，制陶是这里的主要产业支柱、重要的经济来源。明清时期的古龙窑遗址，分布在丁山青龙山南北麓、川埠、蜀山、宝山寺、汤渡、上袁、四瓦窑、均山东、任墅石灰山等处，大小龙窑有四五十座。

有学者指出，宜兴窑窑址位于南京东南方的江苏省太湖之西的湖畔附近，从明初期(洪武二十四年九月，向太祖进贡团茶以来)起盛行烧造煎茶用的朱泥等原料的茶器。[①]

明代观海听涛铭文壶

宜兴窑使用特殊的红泥土成器，此外也使用配合黄白等黏土制作器物。各地名人及风流雅士到此地聚集，在极为细腻的朱泥坯胎器物上雕刻诗句、画画等。

宜兴窑有鼎山和蜀山两座窑业产地，鼎山窑以烧造宋官窑或钧窑的仿造品而闻名，例如宋的官窑仿造品，称为"宜均"。

宜均指宜兴生产的一种带釉的陶器，品种甚多，釉色以天青，天蓝、芸豆居多，此外尚有月白等，其中一部分花釉产品与广均极为相近。釉层较厚，开片细密，不甚透明，浑厚古朴，胎有紫色与白色两种。白胎用宜兴白泥制成，紫胎用宜兴紫泥制成。

从文献记载看，宜均陶器流行于明代中叶。明谷应泰撰写的《博物要览》卷二"均窑"条曰："近年新烧，皆宜兴砂土为骨，釉水微似，制有佳者，但不耐用。"

万历年间，曾两次到宜兴的王穉登在其《荆溪疏》里也提道："近复出一种

---

① 张维持. 广东石湾陶器[M]. 广州：广东旅游出版社，1991：94.

似钧州者，获值稍高。"可见宜兴地区的带乳浊釉的陶器，即所谓宜均，在万历时期就已经达到了较高的制陶水平。

明代后期生产宜均最成功的窑场是所谓欧窑。朱琰在成书于乾隆年间的《陶说》中记述："明时江南常州府宜兴欧姓者造瓷器，曰欧窑。"据文献记载，"欧窑"这个名称的出现应该更早。清宫造办处档案在雍正四年就有"欧窑方花瓶"一件的记载。许多衡《饮流斋说瓷》说："欧窑，一名宜均，乃明代宜兴人欧子明所制，形式大半仿钧，故曰宜均也。"他特别强调主要是形式上的仿钧，因为欧窑也还有仿哥窑、仿官窑的制品。

据《陶雅》记载欧窑的釉色："以天青、天蓝、云(芸)豆等色居多，间有葡萄紫者。""宜兴砂皿，多甜白、淡青二色。"在欧窑的釉色中，灰蓝釉色弥足珍贵，这种釉色在灰墨、灰绿之间，正所谓"灰中有蓝晕，艳若蝴蝶花"。

明代一捆竹壶

明代松鼠葡萄壶

明代素身圆珠壶

与鼎山窑不同，宜兴蜀山窑以煎茶用的茶盏、茶壶及茶器等小型器物为烧制对象。此地生产的朱泥茶器茶碗类的器物，流传域外，特别受日本人的喜爱，被视为贵重之物。

(2) 紫砂漫茶

明代的饮茶方式与宋代不同，也许是元代蒙古人习惯了草原的青绿，给汉民族的饮食及饮茶带来了一定的影响，到明代时就废除了团饼茶，崇尚炒青茶。由此引起了新的饮茶冲泡方法，也使得饮茶器皿发生了改变，由壶身、壶嘴、壶把、壶盖所构成的茶壶就这样应运而生。这样，由饮茶方式的改变而引起茶具的形式变革，使紫砂壶一跃成为"茶事"中的主角。

紫砂器是一种由质地细腻柔韧、含铁量高、可塑性强的特殊陶土制成的无釉细陶器，其制作可追溯至北宋。谪居宜兴的大诗人苏东坡诗中"松风朱炉，提壶相呼"中的"壶"，即为紫砂提梁壶，因此又被人们称为"东坡壶"。

明代紫砂提梁壶

明代周高起《阳羡茗壶系》中记载其创始人为金沙寺僧人："金沙寺僧，久而逸其名矣。闻之陶家云：僧闲静有致，习与陶缸翁者处，抟其细土，加以澄炼，捏筑为胎，规而圆之，刳使中空，踵传口、柄、盖的，附陶穴烧成，人遂传用。"

后来，一位名龚春的人见寺内老僧炼土制壶，亦仿学之："供春，学宪员颐山公青衣也。颐山读书金沙寺中，供春于给役之暇，窃仿老僧心匠……"

相传，龚春本名"供春"，是明正德甲戌年进士吴颐山的家仆，随吴仕读书于金沙寺中。寺内一和尚好制陶器，供春因之从和尚学艺，且其所造器皿极具造型之美。从此供春制壶名声大噪，遂与嘉定濮仲谦的刻竹、苏州陆子冈的治玉、姜千里的螺钿器同为明代士大夫所推崇。供春以后，宜兴紫砂器的制作更加迅速发展，至明代万历年间已是百品竞新，名匠辈出。《阳羡茗壶系》中曰："近百年中，壶黜银锡及闽豫瓷，而尚宜兴陶。"李渔也在《杂说》中指出："茗注莫妙于砂，壶之精者，又莫过于阳羡。"在紫砂器中，最受称颂的是紫砂茶壶，显然是和当时文人士大夫阶层盛行的饮茶风尚分不开的。明代中期以后，除了使用瓷壶外，紫砂壶逐渐成为风尚并延续至今。

明代的饮茶风尚，不仅讲究茶质、制茶的方法、贮存的场所及用水的好坏，而且还讲究喝茶的环境。因此，对茶具的要求，也就越来越高了。在紫砂器未盛行前，茶壶以瓷壶为最好，但当紫砂壶问世以后，其优点就愈来愈显现出来，并日益为人们所认知、所喜爱。

前人总结紫砂壶有七大优点：其一，用以泡茶不失原味。"色香味皆蕴"，使"茶叶越发醇郁芳沁"。其二，壶经久耐用，即使空壶以沸水注入，也有茶味。其三，茶叶不易霉馊变质。其四，耐热性能好，冬天沸水注入，无冷炸之虞，又可文火炖烧。其五，紫砂壶传热缓慢，使用提携不烫手。其六，壶久用反而光泽柔润美观。其七，紫砂泥色多变，耐人寻味。

饮茶必有器具，紫砂壶能备受文人士大夫的青睐，原因何在？

《阳羡茗壶系》载："近百年中，壶黜银及闽豫瓷，而尚宜兴陶……陶曷取诸？取诸其制。以本山土砂能发真茶之色香味。不但杜工部云'倾银注玉惊人眼'，高流务以免俗也。"

紫砂壶能发真茶之香味是其次，最重要的是紫砂泥壶经过1100℃左右的高温烧制后，器物表面光挺平整之中有小颗粒的变化，有种眼看表面砂质起伏，手摸确如婴儿肌肤的视错觉。更奇特的是，别的物件久用必旧，但紫砂壶却是用之愈久，则愈光亮柔润，色彩越古朴典雅，深沉而不俗，拙而不笨，色沉而灵动，有玉的特质。而这些古朴、深沉而又不失典雅的紫砂特殊材质，正体现了文人士大夫们清新的品格风韵。有道是"人间珠玉安足取，岂如阳羡溪头一丸土！"如果说玉有"五德"，那么紫砂也具有"五美"。一曰和之美，和一切茶。紫砂壶适合于各种茶，能冲泡出较好的效果。对一切人，无论饮茶者身份高低贵贱，紫砂壶一视同仁。二曰融之美，融金木水火土。三曰用之美，紫砂壶是收藏中的另类，它永远不会丧失实用功能，其美就体现在与你朝夕相处的饮茶起居中，而且越用越美。四曰奇之美，紫砂材质特殊，可以独立成陶，是世界上泥土中最奇特的一种。五曰隐之美，虽不是金子却一样闪光。一把好的紫砂壶流落到哪里都不怕被埋没，它在日月精华中休养生息，等待着人们发现其真正价值。而一旦被发现，它尊贵的气质，即使放在皇宫里也不会失色。虽然仅是一抔泥土，却能化高贵于泥土之中。紫砂壶表面无釉色，不以浮华悦人而藏温润光泽于泥内，只有在不断使用当中才会越来越美。这种含蓄、深沉的姿态与中国传统文化中儒家的中庸不事张扬，道家的上善若水、水利万物而不争的思想一脉相承。

(3) 宜兴荟萃

紫砂壶是一种精致的手工艺品，随着紫砂壶制作的风行，艺人辈出。陶瓷艺人的姓名见于记载的，以紫砂艺人为最多，这与明末及清代文人的爱好习尚有一定的关系。供春以后，见于文字记载的早期著名紫砂制作艺人有时朋、董翰、赵梁、元畅和李茂林。时朋之子时大彬，万历时人，是供春以后的最著名紫砂器巧匠，善制小巧玲珑的紫砂壶。明末人文震亨在《长物志》中说："茶壶以砂者为上，盖既不夺香，又无熟汤气。供春最贵，第形不雅，亦无差小者。时大彬所制，又太小……"这是对供春、时大彬制作风格的一种概括。当时，与时大彬齐名的，有李仲芳、徐友泉，称为"三大"。徐友泉，名士衡，是时大彬的弟子，善作仿古铜器型及蕉叶、莲房、菱花、鹅蛋、分裆等各种式样的紫砂壶。

万历时的知名紫砂工匠，还有欧正春、邵文金、邵文银、陈用卿、陈信卿、闵鲁生、陈光甫、邵盖、邵二荪、周后溪等。

万历年间，除了紫砂壶，用紫砂制作雕塑和其他工艺品也很有成就。其中特别著名的如陈仲美，万历时安徽婺源人，先在景德镇制瓷器，制品以玩具为多，有"类鬼工"之誉。后至宜兴，把瓷雕艺术和制壶巧妙结合，善于重镂叠刻，同时还制各种紫砂香合、花杯、辟邪、镇纸等小件器物。与陈仲美齐名的还有沈君用（名士良）。

万历以后的名家有陈俊卿、周季山、陈挺生、承云从、陈和之、陈辰、沈君盛、徐令音、沈子澈、项不损、陈子畦、惠孟臣、徐次京、葭轩、郑子侯等。

上述这些紫砂巧匠的艺术作品，在清初时已经极为珍贵，由于人们的喜爱与珍藏，后代仿制的作品非常多。这些传世的明代紫砂壶真伪难辨，给后人研究紫砂壶的出处造成了很大的困难。

明代许次纾《茶疏》曰："往时龚春茶壶，近日时彬所制，大为时人宝惜，盖皆以粗砂制之，正取砂无土气耳。"明代的紫砂壶是否属较粗的一类，需要深入研究，因为这对于鉴别传世的一些带有时大彬、徐友泉等名家款的紫砂壶有很大的指导作用。

由于紫砂器制作的日益精进，到了清代，紫砂器已不仅是文人的使用与玩赏品，也因受宫廷皇室的喜爱而成为贡品。紫砂器的泥色有多种，主要有朱泥、紫泥，还有白泥、乌泥、黄泥、梨皮泥、松花泥等。

清代紫砂器的著名匠师也成就斐然，群星荟萃。见于文献及实物记载的也比较多，其中最著名的有明末清初的陈鸣远，他号鹤峰，亦号壶隐，所制茶具、陈设品有数十种不同类型，是一个善翻新样、雕镂兼长、技艺精湛的匠师。

雍正、乾隆时期的陈汉文、杨季初、张怀仁也都是著名的紫砂器制作者。此外，像王南林、杨继元、杨友兰、邵基祖、邵德馨、邵玉亭等都承制宫廷御器，并善制彩釉砂壶。彩釉砂壶的制作方法是一种雍正前后开创的紫砂装饰新工艺，是在烧成的紫砂器上加以色釉彩绘，再经低温焙烤。这种工艺是把紫砂工艺和景德镇的釉上彩工艺结合起来的尝试，但不够雅致，紫砂固有的文气特点被破坏殆尽，因而此类品种在宜兴并没有得到深入发展。

乾隆时，有署款"陈文伯""陈文居""寄石山房""荆溪水石山人"等所制紫砂花盆，远销日本。还有"陈觐侯"款的红砂雕花觚、陈滋伟制的紫砂梅枝式笔架都是极精致的上品。

乾隆、嘉庆之际的惠逸公、范章恩、葛子厚、潘大和、吴月亭、贞祥、华凤祥、吴阿昆、君德、许龙文是著名的紫砂器巧匠。嘉庆、道光时期的杨彭年及其妹杨凤年和陈鸿寿、邵大亨则是稍晚的名家。

乾隆年间陶瓷艺术的繁缛之风渐行，同时对紫砂器的制作形式也产生了很大的影响，紫砂壶在造型装饰上出现了"炉钧釉"等华丽装饰，即在紫砂胎上贴花、彩绘、泥绘、描绘、镂空、包嵌等，以适应世俗需求和宫廷趣味，使紫砂陶的质朴无华荡然无存，显得不伦不类。

有一位紫砂名匠陈鸿寿①，极力扭转了这种颓势。他设计的紫砂壶，改变了当时繁复粗俗的格调，洋溢着青春自然之风。随之而来的邵大亨，以其不俗的审美取向和强劲的人文精神，加上出众的制陶技艺，开创了一片雄健挺拔的艺术天地；他与黄玉麟一起，在晚清制陶历史上留下了浓墨重彩的一笔。

中国传统的陶业界，大部分采取的是分工制度，把器物的制造工艺程序进行分段制作，很少由一个人完成整套工艺流程，原则上是没有艺匠铭款的；而紫砂陶则打破了这一行规，陶器上有作者落款，使紫砂器的创作者有了更为自由的联想空间和创造激情。

---

① 陈曼生名鸿寿，字子恭，又号老曼、曼寿、曼公，嘉庆年间任溧阳县宰，是一个"善书画""精篆刻"的小官吏。他收藏紫砂壶较多，平时喜欢琢磨钻研，设计了很多新的壶样，由同时期的杨彭年或杨家其他人制壶，待泥半干时，由陈鸿寿以竹刀雕刻，把紫砂工艺和诗词、书画、雕刻结合起来，创造了一种更适合于文人情趣的新境界。自此，紫砂壶从民间工艺正式推入文人艺术品行列，并且可以和中国文人绘画平分秋色。其紫砂器有时刻"阿曼陀宝"铭，壶底或壶柄下刻"彭年"两字，世称"曼生壶"。

参 考 文 献

［1］［美］薛爱华：《神女：唐代文学中的龙女与雨女》，程章灿译，北京：生活·读书·新知三联书店2024年版。

［2］中国硅酸盐学会：《中国陶瓷史》，北京：文物出版社1982年版。

［3］耿宝昌：《明清瓷器鉴定》，北京：紫禁城出版社·两木出版社1993年版。

［4］冯先铭：《中国古陶瓷图典》，北京：文物出版社1998年版。

［5］叶喆民：《中国陶瓷史》，北京：生活·读书·新知三联店出版社2006年版。

［6］肖发标：《景德镇枢府窑作品集》，武汉：湖北美术出版社2006年版。

［7］滕磊、达微佳：《中国古窑的故事》，济南：山东画报出版社2008年版。

［8］雷国强、邵文礼、陈新华：《婺州窑韵》，北京：中国书店2010年版。

［9］王梦林：《历代名窑诗谱》，武汉：华中科技大学出版社2017年版。

［10］李洪涛：《古蜀遗韵》，北京：中国文化出版社2012年版。

［11］李铁锤：《巴蜀古陶瓷文集》，成都：四川美术出版社2013年版。

［12］商晏雯、王梦林：《历代名窑图谱》，武汉：华中科技大学出版社2017年版。

［13］但新球、但维宇：《湿地生态文化》，北京：中国林业出版社2014年版。

［14］龙泉市博物馆：《比德尚玉》，杭州：西泠印社2014年版。

［15］王梦林、商晏雯：《湖田白瓷美境》，北京：人民出版社2020年版。

［16］湖北省汉川县地方志编纂委员会：《汉川县志》，北京：中国城市出版社1992年版。

［17］吴瑞、郑泽群：《江西鹰潭角山窑址出土印纹陶片的科技研究》，见

《古陶瓷科学技术·5·国际讨论会论文集》，上海：上海科学技术文献出版社2002年版。

[18]李正文：《即将消逝的文明——湖北马口·麻城·蕲春民间陶艺研究》，武汉：湖北美术出版社2005年版。

[19]汉川县文化馆：《汉川南河汉墓清理简报》，载《江汉考古》1984年。

[20]杨永善：《论民间陶瓷的属性与特征》，载《新美术》1988年第4期。

[21]湖北省汉川县文管所：《湖北汉川严家山发现西晋墓葬》，载《考古》1989年第9期。

[22]李家和、杨巨源、黄水根：《江西鹰潭角山窑试探简报》，载《华夏考古》1990年第1期。

[23]孝感地区博物馆：《湖北省汉川县考古调查简报》，载《考古》1993年第3期。

[24]张嗣介：《赣州七里镇窑青釉瓷的烧造工艺》，载《南方文物》1993年第4期。

[25]摩根深：《试论角山窑的年代、分期及其相关问题》，载《考古》1996年。

[26]韩振飞：《赣州现存的宋代文史古迹》，载《南方文物》2001年第4期。

[27]陈俊荣：《浅谈陶瓷釉下彩陶》，载《瓷科学与技术》2014年第9期。

后　记

中华文化聚宇宙之精华，积乾坤之道理，溢漫天地，循环之中可自醒、自变及自发展。中国古代陶瓷属其冰山一角，对于本书作者来说却是浩如烟海，恐难深知一二。

研究古代陶瓷，是一项既深又广的艰难工作。由于付出毕生精力也无法知其全貌，因而不敢以专家学者自居。只是我生在长江边，长在长江岸，江水养育着我，深深的长江情结促使我开始了对长江文化的探索。上善若水，知恩图报！

在本书的写作过程中，由于本人只是热衷于古代陶瓷的爱好者，愿望是尽力整理出一部关于长江流域古陶瓷演变脉络的著作。但长江流域古窑址甚多，无法一一列举，窑窑成章。只能从历史的角度、地域的角度、文化的角度、技术的角度和艺术的角度来进行分类归纳，以求得将具有代表性的陶瓷展示给大家。由于研究能力和相关知识有限，疏漏之处难以避免，望读者不吝指正。

每每想到写作过程中曾经遇到的困难，要特别感谢西班牙巴塞罗那大学博士、艺术家王者先生加入本卷的写作及图片制作；感谢研究生魏佳佳、常道义、扬帆、王曼曼和陶金钰对资料文献的收集工作及窑址考察的采样工作；感谢研究生陈思、陆艺欣、高子贤、周亚飞、周芷媛、张清湄和董子菲所做的图片整理工作。我的夫人商晏雯副教授在我写作过程中给予生活上、精神上极大的帮助与鼓励，使我能顺利地完成本卷的写作，在此一并感谢！

于武汉南湖畔居